毛泽东

MAOZEDONG
SHICI JIEDU

诗词解读

王晓东 编著

陕西新华出版传媒集团
陕西人民出版社

图书在版编目（CIP）数据

毛泽东诗词解读 / 王晓东编著. —西安：陕西人民出版社，2015

ISBN 978-7-224-11773-8

Ⅰ. ①毛… Ⅱ. ①王… Ⅲ. ①毛主席诗词—诗词研究 Ⅳ. ①A841. 4

中国版本图书馆 CIP 数据核字（2016）第 024789 号

毛泽东诗词解读

编　　著　王晓东

出版发行　陕西新华出版传媒集团　陕西人民出版社

（西安北大街 147 号　　邮编：710003）

印　　刷　西安市建明工贸有限责任公司

开　　本　787mm×1092mm　16 开　20印张　2插页

字　　数　261 千字

版　　次　2016 年 3月第 1 版　2020 年 4 月第 5 次印刷

书　　号　ISBN 978-7-224-11773-8

定　　价　39. 00 元

自　序

毛泽东同志不但是伟大的马克思主义者，伟大的无产阶级革命家、战略家和理论家，近代以来中国伟大的爱国者和民族英雄，而且是中国传统文化的杰出代表，一个伟大的革命现实主义和革命浪漫主义的诗人，他的诗词达到20世纪古典诗词的最后一个高峰。对此，连英国传记作家菲力普·肖特和美国传记作家罗斯·特里在他们写的《毛泽东传》里，都不得不佩服。

对于毛泽东诗词所达到的境界，我国现代著名诗人郭沫若和柳亚子曾给予高度评价。

郭沫若曾在《满江红·读毛主席诗词》中说："充实光辉，大而化，空前未有。经纶外，诗词余事，泰山北斗。"意思是毛泽东诗词充满光昌流丽，豪放大气，出神入化，从未有过。毛泽东除治理军国大事之外，业余爱好还写点诗词，但也称得上像泰山一样高大，如北斗星一样灿烂。郭沫若尚能如此推崇毛诗，足见其不同凡响。

1945年8月28日，毛泽东从延安飞赴重庆与国民党举行和平谈判，谈判期间，毛泽东会见了柳亚子，柳亚子向毛泽东"索句"，毛泽东将九年前创作的《沁园春·雪》赠给他，他"和词"的下阕这样称赞："才华信美多娇，看千古词人共折腰。算黄州太守，犹输气概；稼轩居士，只解牢骚。更笑胡儿，纳兰容若，艳想浓情着意雕。君与我，要上天下地，把握今朝。"

为了表达他的诚心诚意，1945 年10月21日，柳亚子又应尹瘦石之邀，在自己的“和词”上欣然命笔，加了一段跋，云：“毛润之沁园春一阕，余推为千古绝唱，虽东坡、幼安，有喈乎其后，更无论南唐小令、南宋慢词矣。……余词坛跋扈，不自讳其狂，技痒效颦，以视润之，稍逊一筹，殊自愧汗耳。”这里，柳亚子不仅评价北宋著名散文家和诗人苏轼，南宋著名爱国诗人辛弃疾、宋朝婉约派代表诗人李清照、清朝婉约派诗人纳兰性德、南唐后主婉约派诗人李煜的诗词，同毛泽东诗词相比显得逊色，就连他这一介狂狷之士都誉毛泽东诗词为千古绝唱，自愧不如。

为什么毛泽东诗词有如此巨大魅力，竟令像郭沫若、柳亚子这样的诗词大家都惊叹不已、赞不绝口呢？

诗史合一　相得益彰

毛泽东用史写诗，也是以诗写史，正事写史，余事写诗，诗史合一，堪称史诗。19 世纪俄国革命民主主义者、文学批评家、唯物主义哲学家别林斯基说过：“历史事件构成史诗的内容。”纵观毛泽东诗词的内容，正是用文学艺术形式记录，再现了风雷激荡、波澜壮阔的中国革命和建设光辉历程，也是毛泽东本人那艰苦卓绝的革命生涯、人生风景的写照。其中饱含着凝聚着他那不凡的心志、崇高的精神、丰富的情感、伟大的理想，遂成为他所继承的中国传统诗学思想——“诗言志”“诗缘情”的光辉典范。毛泽东这位农民的儿子、故交的挚友，在他的诗词中，反映出他跟人民大众的思想感情息息相通，心潮跟随时代而潮汐涨落，跌宕起伏。

为了深入理解毛泽东诗词诗史合一，我在撰述《毛泽东诗词解读》过程中，总是力图把中国共产党的历史与毛泽东诗词联系起来，融会贯通，互相参证，相得益彰，尽量将中国革命和建设的每一个重大事件，每一步关键进程，直至一些重要的战略、策略、部署，都通过对毛泽东诗词的解读体现出来。

正是因为毛泽东诗词诗史合一，才有了如下的巧合：从1918年25岁的毛泽东写下《送纵宇一郎东行》明确表明革命心志起，到1949年56岁的毛泽东领导中国共产党和人民大众推翻蒋介石反动政权，写下《七律·人民解放军占领南京》，在这30年的风雨历程中，毛泽东有28首诗词问世，正好对应和记录了从1921年中国共产党成立起到1949年中华人民共和国成立的28年来，毛泽东探索、开创和领导以农村包围城市，最后武装夺取全国政权，创立了将马克思列宁主义同中国革命具体实践相结合的毛泽东思想的历史过程。

这期间及以后的社会主义革命和社会主义建设中，毛泽东领导中国共产党人和人民大众进行艰苦卓绝、惊天动地、波澜壮阔、翻天覆地的伟大革命斗争和社会主义建设，并用自己大气磅礴、瑰丽多姿、文采风流、光昌流丽的诗词，将其真切地记录下来，用文学艺术形式再现出来，给我们展现了如下的宏伟历史画卷：

毛泽东从青年起，作为一介书生，起于布衣，走上救国救民的革命道路，在千难万险中艰苦备尝。

1927年，毛泽东高举秋收起义的武装斗争旗帜，在同党内右倾机会主义和"左"倾冒险主义的斗争中，在反击蒋介石反动军队的五次"围剿"和战略转移的二万五千里长征中，勇立潮头，掌舵指航，以大无畏的精神，超群的智慧，机动灵活的战略战术，星火燎原，以弱抗强，竟然在以卵击石的悬殊较量中，在波诡云谲的形势变化中，石破天惊，横空出世，转危为安。

在八年抗战和三年解放战争中，毛泽东领导中国共产党和人民军队不断发展壮大，由弱到强，海纳百川，众志成城，形成汹涌澎湃、排山倒海、势不可当、所向披靡的革命洪流，取得了抗日战争和解放战争的伟大胜利。

1949年10月1日，毛泽东领导中国共产党和人民大众再造乾坤，在推翻代表封建地主、官僚资本、帝国主义利益的蒋家王朝的基础上，建立了中华人民共和国,“中国人民从此站起来了”,开创了一个历史新纪元。

中华人民共和国成立后,毛泽东领导中国共产党和人民大众医治战争创伤,完成了以三大改造为主要内容的社会主义革命,在中国土地上建立了社会主义制度,全面开展社会主义建设和对中国社会主义道路的曲折而艰辛的探索。

纵观毛泽东诗词的创作生涯,有这样一种奇特现象:从量和质两方面来看,中青年时期胜于老年时期,新中国成立前胜于新中国成立后,战争年代胜于和平年代。可以这样说,毛泽东诗词创作的高峰大约在1925年的《沁园春·长沙》和1936年的《沁园春·雪》这11年期间。这一时期,毛泽东诗情空前迸发,前后写下了《贺新郎·别友》《沁园春·长沙》《菩萨蛮·黄鹤楼》《西江月·井冈山》《渔家傲·反第一次大“围剿”》《渔家傲·反第二次大“围剿”》《菩萨蛮·大柏地》《采桑子·重阳》《清平乐·会昌》等词作。尤其是在千难万险的二万五千里长征途中,更是惊人地写出了《十六字令·山》《忆秦娥·娄山关》《七律·长征》《念奴娇·昆仑》《清平乐·六盘山》等华彩篇章。值得注意的是,从1925年至1935年遵义会议之前这十年时间,是蒋介石反动政权“黑云压城城欲摧”,企图把星星之火的红色革命政权扼杀在摇篮里的十年,是以陈独秀右倾机会主义和王明“左”倾冒险主义危害党危害革命,几乎断送中国革命前程的十年,也是毛泽东本人处于遭打击、受排挤,被剥夺了军事领导权,凶险莫测、九死一生、前途未卜的十年。虽然政治环境恶劣,创作条件艰难,但毛泽东却出乎寻常地写出堪称千古绝唱的佳作。

开始我对这种现象不理解,后来仔细琢磨,才明白了这其实也符合“文章憎命达”“写忧而造艺”的艺术创作规律。这一艺术规律早在2000年前司马迁的《报任安书》中就有过阐释:“盖文王拘而演《周易》;仲尼厄而作《春秋》;屈原放逐,乃赋《离骚》;左丘失明,厥有《国语》;孙子膑脚,《兵法》修列;不韦迁蜀,世传《吕览》;韩非囚秦,《说难》《孤愤》;《诗》三百篇,大抵圣贤发愤之所为作也。此人皆意有所郁结,不得通其道,故述往事，思来者。”司马迁在文中还叙述了自己因李陵事件受到牵连，遭到宫刑，忍受屈辱，隐忍苟活，发奋著书，创作《史记》，以实现“究天人之际，通古今之变，成一家之言”的宏伟抱负，委鉴后世的愤郁之情和奋发之志。

毛泽东诗词的“写忧而造艺”，不是个人之忧，而是国家之忧，天下之忧，中华民族前途命运之忧，这样就使他的诗词成为大气磅礴的豪放造艺，成为大手笔、大意境。

豪放婉约　珠联璧合

毛泽东曾说：“我的兴趣偏于豪放，不废婉约。”在他的诗词里，首先充满了中华民族的浩然之气：“富贵不能淫，贫贱不能移，威武不能屈。”诗词中体现的是革命英雄主义和革命乐观主义，天风海浪，大气如虹。只要仔细品读，就会发现用的都是天呀、江呀、海呀、洋呀、山呀、亿呀、万呀、千呀等宏大字眼，表现出豪迈气魄。如《念奴娇·昆仑》的“横空出世，莽昆仑，阅尽人间春色”，“安得倚天抽宝剑，把汝裁为三截”。这是何等的雄伟气魄！毛泽东在诗词中四次用到过大鱼大鸟的鲲鹏形象，表达自己的远大志向和宏伟抱负。三十而立之年，在《沁园春·长沙》中，他发出了“问苍茫大地，谁主沉浮”这样问鼎天下大势之诘问。词中这种蓬勃的青春活力，给人以强烈的心灵震撼。词的结尾以设问句作结：“曾记否，到中流击水，浪遏飞舟？”这种气概又是何等的豪迈！毛泽东于四十不惑之年，在《沁园春·雪》里评价了中国古代有作为的秦皇、汉武、唐宗、宋祖、成吉思汗五个帝王的丰功伟业与缺憾之后，同这些帝王比肩，豪情满怀，充满自信地回答了十年前他在《沁园春·长沙》发出的“问苍茫大地，谁主沉浮”的诘问，庄严宣告：“数风流人物，还看今朝。”这首诗曾引起蒋介石的极大恐慌和不安，以致他气急败坏，布置重庆一流的诗人、作家、教授、学者批毛泽东的帝王气。这首诗隐寓了毛泽东和他领导的中国共产党已江山底定、伟业将成，显现出毛泽东对中国革命前途的豪情满怀、无比自信，以及他的领袖气质和宏伟胸怀。当时，在重庆的一位西方记者说毛泽东的诗词《沁园春·雪》震动了山城。

毛泽东诗词的主流风格是豪放，是浩然大气，但也不乏儿女情长、缠绵悱恻、凄美情态、楚楚动人等富有想象力的革命现实主义和革命浪漫主义的上品。其代表之作要算三首情词:《虞美人·枕上》《贺新郎·别友》《蝶恋花·答李淑一》。如果把《虞美人·枕上》喻作思妻，那《贺新郎·别友》和《蝶恋花·答李淑一》就分别是别妻和悼妻，三篇构成爱情三部曲。《虞美人·枕上》这首词，是25岁的毛泽东写给爱妻杨开慧的。新婚别离、长夜难眠、辗转反侧，忍受失眠之痛，其炽热真挚深情跃然纸上，真切感人。《贺新郎·别友》写于1923年，三十而立的毛泽东为了革命事业，不得不离妻别子，出门远行，面对凶险莫测、生死难卜的茫茫前程，离别之痛、后顾之忧顿生心头。临别之际，杨开慧那幽怨难舍的神情和毛泽东那“从此天涯孤旅”的依依惜别之情，真挚深切，感人肺腑，催人泪下。那“凭割断愁丝恨缕。要似昆仑崩绝壁，又恰像台风扫寰宇”迸发出强烈的革命激情，表达了要坚决割断儿女之情，义无反顾地奔向革命征程的崇高思想境界。“重比翼，和云翥”展示了热切地期待着不久后与爱妻在革命斗争中重新团圆、比翼齐飞的无限深情和美好愿望。1957年，当新中国成立的第九个年头，毛泽东写出《蝶恋花·答李淑一》，这时的毛泽东早已从儿女情长、生离死别的情绪中超脱出来。虽然腥风血雨的历史已成为往事，但革命的英烈却羽化登仙，“寂寞嫦娥舒广袖，万里长空且为忠魂舞”，展现出英烈的到来，使冰清玉洁、宁静怡人的广寒宫增华溢彩，美丽的嫦娥仙子以万里蓝天为背景，以千朵祥云为舞台，为欢迎慰藉英烈的忠魂而轻舒长袖，翩翩起舞。毛泽东这种浪漫不羁、豪迈无涯、优美动人的驰骋想象，将其虽然刚肠烈火的豪放，但却柔情似水的婉约的丰富内心世界和情感内涵展现得淋漓尽致，感天动地。毛泽东诗词的婉约审美感还表现在对色彩的美及其丰富形态的描绘上。“战地黄花分外香”是本色,“俏也不争春”是丽色,“雨后复斜阳,关山阵阵苍”是对比色,《七律·答友人》中“九嶷山上白云飞,帝子乘风下翠微。斑竹一枝千滴泪,红霞万朵百重衣。洞庭波涌连天雪,长岛人歌动地诗。我欲因之梦寥廓,芙蓉国里尽朝晖”则是缤纷多姿的五色,而“赤橙黄绿青蓝紫,谁持彩练当空舞”更是飞动于天的七彩色。

名句格言　光彩照人

毛泽东的诗词作为他革命生涯和人生历程的写照及思想的升华,寓意深刻,文采华美,光昌流丽,许多名篇名句已经成为中华民族传统文化长河中的瑰宝,成为陶冶人们精神、升华人们思想、坚定胜利信心、鼓舞人们前进的警句格言、人生哲理。比如:

树立远大理想、雄心壮志和坚定革命胜利信心的有:“丈夫何事足萦怀,要将宇宙看稊米”,“沧海横流安足虑,世事纷纭从君理”,“名世于今五百年”;“要似昆仑崩绝壁,又恰像台风扫寰宇。重比翼,和云翥”;“问苍茫大地,谁主沉浮”,“到中流击水,浪遏飞舟”;“今日长缨在手,何时缚住苍龙”;“万丈长缨要把鲲鹏缚”,“踏遍青山人未老,风景这边独好”;“数风流人物,还看今朝”。

发扬革命英雄主义,敢于斗争、敢于胜利的进取精神的有:“山,刺破青天锷未残,天欲堕,赖以拄其间”;“雄关漫道真如铁,而今迈步从头越”;“红军不怕远征难,万水千山只等闲”;“敌军围困万千重,我自岿然不动。早已森严壁垒,更加众志成城”;“独有英雄驱虎豹,更无豪杰怕熊罴”;“可上九天揽月,可下五洋捉鳖”,“世上无难事,只要肯登攀”;“金猴奋起千钧棒,玉宇澄清万里埃”;“不到长城非好汉,屈指行程二万”;“为有牺牲多壮志,敢教日月换新天”;“宜将剩勇追穷寇,不可沽名学霸王”;“无限风光在险峰”。

赞颂祖国壮美山河,进行爱国主义教育的有:“看万山红遍,层林尽染，漫江碧透，百舸争流。鹰击长空，鱼翔浅底，万类霜天竞自由”；“战地黄花分外香”，“寥廓江天万里霜”；“赣水苍茫闽山碧”；“赤橙黄绿青蓝紫，谁持彩练当空舞？雨后复斜阳，关山阵阵苍”；“苍山如海，残阳如血”；“横空出世，莽昆仑，阅尽人间春色”；“北国风光，千里冰封，万里雪飘，望长城内外，惟余莽莽，大河上下，顿失滔滔。山舞银蛇，原驰蜡象，欲与天公试比高。须晴日，看红装素裹，分外妖娆”，“江山如此多娇，引无数英雄竞折腰”；“云横九派浮黄鹤，浪下三吴起白烟”；“芙蓉国里尽朝晖”；“风雨送春归，飞雪迎春到”。

弘扬革命乐观主义的有：“牢骚太盛防肠断，风物长宜放眼量”；“不管风吹浪打，胜似闲庭信步”；“暮色苍茫看劲松，乱云飞渡仍从容”。

描绘时空观的有：“多少事，从来急，天地转，光阴迫。一万年太久，只争朝夕”；“三十八年过去，弹指一挥间”；“坐地日行八万里，巡天遥看一千河”；“人猿相揖别。只几个石头磨过”；“歌未竟，东方白”。

歌颂太平盛世的有：“春风杨柳万千条，六亿神州尽舜尧”；“一唱雄鸡天下白”；“萧瑟秋风今又是，换了人间”；“到处莺歌燕舞，更有潺潺流水”；“旧貌换新颜”。

咏读上述名句格言、人生哲理，意境深邃，含英咀华，会使你荡气回肠、身心愉悦、精神振奋、思想洗礼、斗志昂扬，无疑是一种隽永的文化享受。

寓意深刻　发人深省

诗词不像理论文章或小说那样开门见山，直截了当，容易理解，而是往往有一种藏形匿影、隐而不露的象征意义，让读者去意会领略，毛泽东词诗更是如此。以毛泽东诗词为表征的巨大文化底蕴形成了一种势能，转化成了他多方面的优势，包括在诗词方面也是胜出一筹，先声夺人，以至于他有意无意地把这种优势作为一种武器和谋略，这一点在他早期写的诗词里，在他晚年即 1958 年以后到“文化大革命”初期所写的反映总路线、大跃进、反修、防修、“文化大革命”的诗词里体现得尤为突出，以致给人们造成一种“从来天意难高问”的玄妙感，其象征意义的具体所指并不直露，而是需要读者对其中境生象外的本意与动机予以深思和揣度，进行意会和领悟。比如，1927 年毛泽东写的《菩萨蛮·黄鹤楼》，表面上写登黄鹤楼之所见景色和自己的苍凉心情，而实际上隐含着反对危害党危害革命的陈独秀右倾机会主义路线。又如，1933 年夏写的《菩萨蛮·大柏地》，表面上描绘大柏地的美丽自然风光，而实际上隐含着反对危害党危害革命的王明“左”倾冒险主义路线，表达了他以史喻今，对于“教条主义者把权，不知兵却要染指军事，不知政权却又钦差大臣满天飞”这一现状的不满。再如，1934 年夏毛泽东写的《清平乐·会昌》，表面上是抒写登临会昌城外岚山岭高峰对所见之景的感受，而实际上暗示了红军长征开始的战略大转移方向。还有 1959 年他在中共八届八中全会，也就是庐山会议前写的《七律·登庐山》和之前一个月写的《七律·到韶山》，表面上抒写的是毛泽东以乐观的情绪、革命的豪情歌颂当时的大好形势和美好社会，实际上暗藏着反击他所认为的“右倾机会主义猖狂进攻”……如果我们不懂得党的历史，不熟悉毛泽东诗词的写作历史背景，不读毛泽东当时的讲话和著作，不了解毛泽东当时的心绪，不进而思索揣度毛泽东的本意和动机，是很难把握其诗词的笔锋所向和内在寓意的。

开国领袖　诗词大家

毛泽东为什么能成为诗史合一的千古一人，既是“运筹帷幄之中，决胜千里之外”的军事统帅、开国领袖，又是集豪放婉约于一体，将革命现实主义与革命浪漫主义有机统一的风流倜傥的诗词大家？这里既有客观因素，又有主观条件，还有其性格使然。

从客观条件而言，是毛泽东所处的时代造就的。毛泽东生于 19 世纪末半殖民地半封建的旧中国,施展雄才大略于20世纪20年代至70年代风云际会的政治大舞台,这半个多世纪是传统中国向现代中国过渡的时期,是从半殖民地半封建社会向社会主义新中国沧桑巨变的时期,它需要民族英雄,也产生了民族英雄。“江山代有才人出,各领风骚数百年。”毛泽东顺时代潮流,应运而生,乘势而上,成为其中最杰出最重要的代表。在西方传记作家菲力普·肖特的心目中,“毛是同整个欧洲差不多大小的土地居住的约四分之一的人类的无可争辩的领袖,他掌握着只有中国历代那些最威严的皇帝才能与之相比的权力,在中国历史上,短短一代人的时间所发生的浓缩了的变化,需要西方用几百年的时间才能完成……”在中国台湾作家李敖的心目中,“毛泽东精神就是一种强烈的自信、自尊、自主、自立、自强的精神,就是一个人、一个民族要活得顶天立地的精神,它是自唐朝以来久失了的浩然之气和天行健、自强不息的精神,是1840年以来中华民族面对保国、保种、保教三重危机的挑战而激应出的勇敢的应战精神”。

就主观因素来说,毛泽东胸怀天下,早在1919年7月18日《湘江评论》发表的《民众大联合》中就放声呐喊:“我们觉醒了,天下者我们的天下。国家者我们的国家。社会者我们的社会。我们不说,谁说?我们不干,谁干?”他生性好学,博闻强记,成为中国优秀传统文化的重要传承者和中华民族生存智慧的集大成者。他熟读背诵包括屈原、曹操、李白、李贺、李商隐、苏东坡、王勃、刘禹锡、辛弃疾、陆游、汤显祖等大诗人的著作,将其烂熟于心,融会贯通。他的诗词所采撷的名句频度和意境,颇得曹操之气魄雄伟、慷慨悲凉,李白之奔逸潇洒,李贺之斑斓多彩,李商隐之沉博绪密,苏轼之豪迈奔放,辛弃疾之慷慨纵横,刘禹锡之逆境乐处。诵读毛泽东诗词,会发现其中的不少名句都是化自中国古代名家的诗句。诸如:《浣溪沙·和柳亚子先生》的“一唱雄鸡天下白”,化用的是唐代诗人李贺《致酒行》诗:“我有迷魂招不得,一唱雄鸡天下白”;《七律·人民解放军占领南京》的“天若有情天亦老”,化用的是李贺《金铜仙人辞汉歌》:“衰兰送客咸阳道，天若有情天亦老”；《七律·登庐山》的“云横九派浮黄鹤，浪下三吴起白烟”，化用的是唐代诗人李白《庐山遥寄侍御虚舟》：“登高壮观天地间，大江茫茫去不还，黄云万里动风色，白波九道流雪山”；《沁园春·雪》的“江山如此多娇，引无数英雄竞折腰”，化用的是宋代诗人苏东坡的“江山如画，一时多少豪杰”。在毛泽东诗词中，像这样化用中国古代名家的诗句不胜枚举。这些例证充分说明，毛泽东心有灵犀，在读书中广采博收，含英咀华，古为今用，画龙点睛，汲取中国优秀传统文化的深厚学养，因此成就了他“腹有诗书气自华”。

毛泽东天赋个性是蛮霸和豪气，以天下为己任。这种性格源自近代影响中国历史命运的湘人文化精神，可谓与生俱来。这种浩然之气不仅体现在他的政治生涯和生命历程中，而且也反映在他的诗词中。他 13 岁写的《井蛙》：“天井四四方/周围是高墙/清清见卵石/小鱼囿中央/只喝井里水/永远长不长。”表明他从小就志向远大，立志走出小天地，奔向大世界，1919 年当他 26 岁时，在《湘江评论》上发出振聋发聩的呐喊：“思想的解放，政治的解放，经济的解放，男女的解放，教育的解放，都要从九重冤狱，求见青天。我们中华民族原有伟大的能力，压迫愈深，反动愈大，蓄之既久，其发必速。”由此可见，青年毛泽东的性格极富挑战性和斗争性，他把与天斗，与地斗，与人斗，当作人生最大的乐趣，而且是愈挫愈奋，压迫愈深，反抗愈烈。这大概就是他“处在生死存亡关头”“处于极度考验、身心交瘁之时”，居然还有诗兴来表达这样严峻的现实。这正是毛泽东的性格使然。

编著此书　初衷由来

2013 年 12 月 26 日，是毛泽东同志 120 周年诞辰纪念，为了表达对一代伟人的崇敬、缅怀和追思之情，传承文化血脉，建设精神家园，从 2010 年 10 月到 2012 年 5 月，我用了将近两年时间，编著了《毛泽东诗词解读》,从胡乔木主编的权威版本《毛泽东诗词全编》的67首诗词中选编了49首,基本上包括了毛泽东诗词的经典之作,涵盖了毛泽东青年时代、第一次国内革命战争时期(1923年6月至1927年7月)、第二次国内革命战争时期(1927年8月至1937年7月)、抗日战争时期(1937年7月至1945年8月)、第三次国内革命战争时期(1945年8月至1949年10月)、中华人民共和国成立和向社会主义过渡时期(1949年10月至1956年9月)、社会主义建设的全面展开和对中国建设社会主义道路的艰辛探索时期(1956年9月至1966年5月)、"文化大革命"初期(1966年)的主要诗词作品,在这些诗词中,集中体现和隐含了毛泽东一生的远大革命志向,真挚高尚的爱情、亲情、友情,艰苦卓绝的南征北战,艰难曲折的政治生涯,以及对中国建设社会主义道路艰辛而曲折的探索,这些凝聚着毛泽东的志向、精神、情感、理想、愿望。

为了能够在鉴赏毛泽东诗词中学习党的历史和毛泽东的革命建设实践活动,又能通过学习党的历史和毛泽东的革命建设实践活动,深入领会毛泽东诗词的丰富深刻内涵,我在解读过程中,首先较为详细地阐述诗词写作的历史背景,即毛泽东写该诗词时所处的政治、军事、经济形势,并同毛泽东当时所进行的艰苦卓绝、波澜壮阔的革命和建设实践活动紧密联系起来,互相参证,融为一体,以更好地体现诗史合一,以史写诗,以诗记史,使中国革命和建设的每一个重要历史事件,每一步重大历史进程和毛泽东的一道道人生风景和心路历程,都嵌留在毛泽东诗词之中,成为中国革命和建设的艺术再现,成为毛泽东人生经历、天赋性格、精神风貌、思想感情、智慧才华、理想愿望的真实写照。其次,充分展现"意境赏析",包括简介词牌,解释题目,揭示主题思想,结合写作历史背景,对词按上阕、下阕的内容,对律诗分首联、颔联、颈联、尾联的内容,分别予以鉴赏分析,努力展示诗词意境。最后,对毛泽东诗词的解读见仁见智,鉴赏者完全可以有自己的鉴赏心得,包括对名句的理解,寓意的领略感悟。我在编著《毛泽东诗词解读》的过程中,力图准确把握写作的历史背景、原作丰神,并在此基础上，解读感悟其深刻内涵和寓意。

对毛泽东诗词的解读是件不容易的事，它不仅要有丰富的历史知识，扎实的理论功底，较好的古典文学修养，还要了解毛泽东一生的革命建设实践活动、思想感情，且要具备理性分析能力，而我在这些方面都显得乏力，我的解读感悟只能说是管窥蠡测，略陈已见，起个抛砖引玉的作用而已。加之我进入老年后患过脑中风，肢体活动不灵便，脑力受损，记忆减退。思维能力受到一定影响，因此在解读感悟毛泽东诗词过程中，总感到力不从心，不足和错误之处，在所难免。敬请读者批评指正，我将深表感激和谢意！

作　者

2012 年 9 月 10 日

目 录 MU LU

七　古

送纵宇一郎东行

一九一八年四月

云开衡岳积阴止，天马凤凰春树里。
年少峥嵘屈贾才，山川奇气曾钟此。
君行吾为发浩歌，鲲鹏击浪从兹始。
洞庭湘水涨连天，艟艨巨舰直东指。
无端散出一天愁，幸被东风吹万里。
丈夫何事足萦怀，要将宇宙看稊米。
沧海横流安足虑，世事纷纭从君理。
管却自家身与心，胸中日月常新美。
名世于今五百年，诸公碌碌皆余子。
平浪宫前友谊多，崇明对马衣带水。
东瀛濯剑有书还，我返自崖君去矣。

写作背景

《送纵宇一郎东行》，意谓送别纵宇一郎向东远行去日本留学。纵宇一郎是罗章龙（1896—1995）的化名，湖南浏阳人，有“以一人纵横于宇宙中”之意。他早在1915年就与毛泽东相识，同年9月，毛泽东发出“二十八画生征友启事”，“二十八画生”是毛泽东的笔名，因为“毛泽东”三字的繁体共有二十八画。这个征友启事是向长沙各校发出的，启事引句为《诗经》语：“愿嘤鸣以求友，敢步将伯之呼。”内容为求志同道合的朋友。罗章龙被“启事”的文情真挚、辞复典丽所感动，立即书信答应，署名纵宇一郎。三日后，毛泽东复信，表示愿趋前会晤。数日后，二人初次会面，畅谈政治、经济、治学以至宇宙和人生。二人都是才子，一见之下，颇为倾心，彼此给对方留下深刻的印象，自此便多有往来。

1918 年 4 月，毛泽东创建新民学会，罗章龙是最早的会员之一，该会既是政治团体，又是学术团体。当时新民学会大部分会员面临着毕业后的去向问题。由于日本曾是辛亥革命的策源地，又是东西方科学文化交流的桥梁，所以国内赴日本留学之风颇为盛行。4 月下旬，毛泽东暨新民学会干事委派罗章龙去日本留学，费用由新民学会资助。行前，毛泽东“费了三四个夜晚”，吟成这首七言古风。罗章龙从长沙乘轮船直航上海，然后再转航日本，轮船起航前，学会在长沙北门外的平浪宫聚餐，为他饯行。毛泽东到码头送行时，面交一函，内题“为纵宇东渡，有诗一首为赠”。

罗章龙离开长沙后，于 5 月 7 日前到达上海，正好碰上全国人民愤怒声讨袁世凯北洋政府同意日本提出的“二十一条”。这时的日本本土，日本警察侮辱、殴打中国的爱国留学生，迫使他们回国。罗章龙因此中止了去日本留学的旅程，返回湖南。8 月 15 日，他便同毛泽东、李维汉、周世钊、萧子升、罗学瓒、陈赞周、张昆弟等 24 名青年，为筹备赴法勤工俭学的事一道赴北京。

1920 年 10 月，李大钊等同志创建北京共产党小组，罗章龙是主要成员之一。罗章龙 1921 年加入中国共产党，1923 年 6 月在中共三大上当选为中央委员，并成为五人中央局成员。1927 年 4 月，在中共五大上继续当选为中央委员。1931 年 1 月，在六届四中全会前后，因进行右倾分裂主义活动，被开除出党。后历任河南大学、西北联合大学、湖南大学等校教授。逝世前任中国人民政治协商会议全国委员会委员。这首诗最早非正式地发表在 1979 年第 10 期《党史研究资料》由罗章龙撰写的《回忆新民学会 · 由湖南到北京》一文。

意境赏析

七古，中国古体诗的一种，句数不限，每句七字，用韵自由。

这首送行赠诗，真挚地表达了青年毛泽东送友东行的依依惜别深情，热切祝愿朋友像鲲鹏展翅成就一番事业，并明确表示了自己的革命心志。

全诗分为三段。

“云开”至“东指”为第一段，点出送行的目的和对同志远征的热诚鼓励。“云开衡岳积阴止，天马凤凰春树里”，意谓送罗章龙东行日本留学时，南岳衡山积蓄多日的阴云都散开了，岳麓群山中的天马山和凤凰山丽日朗照，春树滴翠，暗寓送行日是个祥瑞之兆，罗章龙此行一定能顺利。“年少峥嵘屈贾才，山川奇气曾钟此”，这两句是赞扬罗章龙的，说他的才华可比屈子和贾生，这都是因为衡岳山川的灵秀奇气，地杰人灵。“屈贾”指战国时楚国的爱国诗人屈原和西汉杰出的政论家贾谊，他们都曾贬谪于长沙，司马迁《史记》将二人合为一传，故后人常将其合称屈贾。在中国历史上，屈贾成了才华的象征。在与毛泽东交谊过程中，罗章龙曾赋诗酬答，有句“文喜长沙赋，骚怀楚屈平”，故云“年少峥嵘屈贾才”。“君行”至“东指”四句，意谓毛泽东为罗章龙东行日本留学赠诗热切勉励，希望他从此开始，事业上要像鲲鹏击浪，长空万里，迎波涨连天之洞庭湘水，乘巨型轮船破万里浪涛，一往无前，东渡日本，义无反顾。以此为罗章龙足壮行色，张扬志气，激励斗志。

“无端散出一天愁”至“诸公碌碌皆余子”这十句为第二段，毛泽东以非凡的胸襟气度给罗章龙做思想工作，开导他打消思想顾虑，并策励其树大志，做大事。“无端散出一天愁，幸被东风吹万里”，这句是嘱咐罗章龙此次离乡背井赴日留学，无须为国势衰微家园动荡而颇多挂牵，放心不下。告诉他值得庆幸的是，在同志们的资助之下解决了罗章龙赴日留学的经济困难问题，同时在平浪宫饯行送别时受到了大家的鼓励，这心中愁绪幸亏被这一阵东风吹散了。这里显示出青年毛泽东善解人意、藐视困难、笑对忧愁的革命乐观主义精神。“丈夫何事足萦怀，要将宇宙看稊米”，这两句是毛泽东借嘱咐罗章龙倾吐自己的伟大抱负，发挥远见卓识，意谓作为大丈夫，有什么事情值得牵挂在心上，应该将广阔无垠的宇宙视为如稊米那样渺小，微不足道。毛泽东在此化用《庄子·秋水》"计中国之在海内，不似稊米之在太仓乎"，说明要把世界大事看成稊米一般小事不在话下。"沧海横流安足虑，世事纷纭从君理"，意谓纵使像巨大社会变化那样的沧海横流，哪里值得顾虑，应该是迎难而上，力挽狂澜。而纷乱的世事正期待你去治理。"管却自家身与心，胸中日月常新美"，意谓要加强自身修养，管住自己的身心，这样就能达到日月新美的境界。这两句道出了精神修养之哲理。"名世于今五百年，诸公碌碌皆余子"，此处化用《孟子·公孙丑》："五百年必有王者兴，其间必有名世者……如欲平治天下，当今之世，舍我其谁也。"名世者是指著称于世，辅佐兴王，治理中国的人物。这两句表明毛泽东以敏锐的眼光，紧随时代的潮流，认识到当时正处在社会伟大变革的前夕，正是革命青年大显身手的好时机，称那些身居高位的官僚，庸碌无为，都是多余无用之徒。显露出青年时代的毛泽东早就胸怀建万世奇功、立千秋伟业的雄心壮志，鄙视那些庸庸碌碌的凡夫俗子。

末四句为第三段，送罗章龙跨海东渡，表明依依惜别深情。"平浪宫前友谊多，崇明对马衣带水"，前句意谓长沙北门外一处叫平浪宫的道观附近有码头，毛泽东怀着深厚友谊，在那里送罗章龙去日本留学。"崇明"指位于长江口的崇明岛。"对马"是日本岛名，在朝鲜海峡内，后句比喻崇明岛与对马岛之间像衣带一样狭窄，距离很近，隔不断同志的情谊与往来书信。"东瀛濯剑有书还，我返自崖君去矣。"东瀛，指代日本，濯剑即洗剑。前句意谓勉励罗章龙赴日留学立志革新，刻苦自励，成就学问，到了日本学习要把收益写在书信里寄回来。后句化用《庄子·山木》之语："送君者自崖而返，君自此远也"。崖，指涯、岸，此句意谓我从送别的江岸返回，而你却远去了。

解读感悟

仔细研读《七古·送纵宇一郎东行》这首诗，我感悟到此诗于沉郁中寓磅礴大气，名为送纵宇一郎东行，实则蕴含着青年毛泽东的宏伟志向和伟大抱负。诗引湖南名胜如衡岳、天马、凤凰、洞庭这些山川奇气，引历史上屈原、贾谊这些著名湘湖人物,象征着在湖南这个人杰地灵、群英荟萃之地将有杰出人才涌现。诗中引用的"鲲鹏击浪""艟艨巨舰""东风万里""宇宙稊米""沧海横流""名世于今""东瀛濯剑"等典故,无不具有朝气蓬勃的强大生命力。这正是青年毛泽东志存高远、精神振奋、意气风发、一往无前、人格境界的诗化表现。"管却自家身于心,胸中日月常新美"的诗句,表明青年毛泽东重视自身修养锻炼,使自己跟上时代前进步伐之宽广胸襟。

毛泽东于1925年写的《沁园春·长沙》:"问苍茫大地,谁主沉浮","到中流击水,浪遏飞舟"。1936年写的《沁园春·雪》:"数风流人物,还看今朝。"这些著名诗句都是他在《送纵宇一郎东行》中"名世于今五百年"宏伟志向的体现和升华。

青年毛泽东身体力行,以实际行动努力奋斗,实现自己在《送纵宇一郎东行》中所表达的胸怀天下的宏愿和志向,他不仅加强体育锻炼,也刻意锻炼意志,走千里路,读万卷书。他是一个天才的组织家和社会活动家,在自己的笔记《讲堂录》中摘引孟子的话激励自己:"如欲平治天下,当今之世,舍我其谁也。"他勇敢地迎接并投入到新的革命风暴中。用他自己的话说就是:"天下者我们的天下。国家者我们的国家。社会者我们的社会。我们不说,谁说?我们不干,谁干?"体现了"天下兴亡,匹夫有责"的爱国精神。

就在送纵宇一郎东行不久,1918年8月19日,毛泽东抵达北京,这是毛泽东第一次离开湖南,来到中国历史悠久的著名古都和人文精英荟萃之地。10月,在他的恩师杨昌济教授的帮助下,被介绍给北大图书馆馆长李大钊,于是他在北大图书馆做了一名助理员,并由此结识了"五四"新文化运动的主将陈独秀、胡适。1919年3月,因母亲病重,毛泽东不得不赶回家服侍母病,在家待了半年,将病未愈的母亲安排给几个舅舅照料。12月18日,毛泽东第二次来到北京。湖南"驱张运动"(驱赶湖南督军张敬尧)的大本营也随之从长沙移师北京。继在长沙响应"五四"运动而创办主编《湘江评论》后，在北京又成立了平民通讯社，并担任社长。在北京，毛泽东继续开展“驱张运动”，组织湖南公民、学生、教职员在新华门总理府请愿。

这次北京之行，毛泽东阅读了包括《共产党宣言》在内的马克思主义的书刊，对社会历史的发展有了比较正确的理解。1936年，毛泽东在跟斯诺谈自己的生平自传时说：“我第二次到北平时，我读了许多关于苏联的事情，同时热烈地寻找当时中国所能见到的一点共产主义书籍。三本书特别深印在我的脑子里，并且建立了我对马克思主义的信仰，我一旦接受它是历史的正确解释后，此后丝毫没有动摇过，这几本书是：《共产党宣言》（陈望道译），这是第一本以中文印的马克思主义书籍，考茨基的《阶级斗争》和柯卡普的《社会主义史》。一九二〇年夏，我在理论上和某种程度的行动上，变成马克思主义者，并且自此以后，我自认为是一个马克思主义者了。同年我与杨开慧结婚。”

1921年2月，毛泽东带着弟弟泽覃回到韶山过春节，这时父母双亡，长兄为父，就是在这个春节，毛泽东做出了一个重要决定——举家迁往长沙。这天晚上，毛泽东召集二弟泽民、小弟泽覃、继妹泽建和弟媳王淑兰等，畅谈家庭和国难当头、民生多艰等情形。毛泽东作为大哥劝泽民把家里的事情安排好，走向社会，参加革命，舍家为国，舍己为民。他说，房子可以给人家住，田可以给人家种，我们欠人家的钱一次还清，人家欠我们的一笔勾销。就这样，青年毛泽东动员全家完全彻底、义无反顾、一心无挂地从韶山走上了革命的道路，为实现胸中的宏愿抱负而英勇奋斗。韶山也因此为中国革命贡献出了叱咤风云的毛泽东兄弟妹四人。

毛泽东从1918年4月写《七古·送纵宇一郎东行》之后的实际行动，充分表明他将自己的一切，包括身家性命都全部献给中国人民的伟大革命事业。诗中所自说的宏愿和志向：“丈夫何事足萦怀，要将宇宙看稊米。沧海横流安足虑，世事纷纭从君理。管却自家身与心，胸中日月常新美。名世于今五百年，诸公碌碌皆余子。”正是我们后来人应大力传承和弘扬的宝贵品格、伟大志向和宽广胸怀。

虞 美 人
枕 上
一九二一年

堆来枕上愁何状，江海翻波浪。
夜长天色总难明，寂寞披衣起坐数寒星。
晓来百念皆灰尽，剩有离人影。
一钩残月向西流，对此不抛眼泪也无由。

写作背景

这首词创作于1921年春夏，词中抒发了28岁的毛泽东对杨开慧那段新婚燕尔的相亲相爱、深切思念之情。为什么毛泽东和杨开慧的夫妻恩爱之情是如此之深厚，毛泽东对杨开慧的思念之情是如此之深切呢？这还得从他们是如何相逢、相识、相知、相助、相爱、相恋的心路历程说起。

1914年春，毛泽东以第一名的优异成绩考入湖南省立第一师范学校。在这里，他认识了受人尊敬并影响他一生的导师杨昌济。杨昌济出生于湖南长沙县隐储山下板仓冲的一个书香门第，曾在日本、英国留学达九年，并游历德国、瑞士。他在国外专门研究教育学和哲学，探求做人的道理。回国后，他谢绝当时担任湖南第一号人物谭延闿的请求——出任教育司长，自愿当一名师范学院的老师，实践他“自闭桃源称太古，欲栽大木拄长天”的教书育人之人生理想。毛泽东、蔡和森等有理想、有抱负的同学，经常来到杨老师的家里——“板仓杨”或讨论治学做人的道理，或纵论天下大事。杨先生听说毛泽东谈自己的家世和经历后，对毛泽东给予鼓励，寄予期望，并在日记中写道：“毛生泽东，言其所生之地为湘潭与湘乡连界之地，仅隔一山，而两地之语言各异。其地在高山之中，聚族而居，人多务农，易于致富，富则往湘乡买田。风俗淳朴，烟赌甚稀。渠之父先亦务农，现业转贩，其弟亦务农。其外家为湘乡人，亦农家也。而资质俊秀若此，殊为难得。余因以农家多出异才，引曾涤生、梁任公之例以勉之。毛曾务农二年，民国反正时又曾当兵半年，亦有趣味之履历也。”

毛泽东在第一师范上学期间，和其时流行的科学救国、实业救国的思想不同，他坚持“要救国就只有革命”。因此，他把主要精力都用在研读哲学、史地和文学等社会科学的书籍、报刊上。毛泽东曾写过一篇名叫《心之力》的文章，备受杨昌济赞赏，并得了100分。而杨先生的改造国家、服务社会、不为个人打算的崇高思想，专心钻研、食必求化的学习方法，有远谋、有毅力、注重实践的办事作风和严谨刻苦的生活方式，对他的学生毛泽东和他的女儿杨开慧，都有非常有益的影响。

1915年，在杨昌济的介绍推荐下，毛泽东成了陈独秀主编的《青年杂志》的热心读者。1917年，正在湖南第一师范上三年级的毛泽东以“二十八画生”的笔名在《新青年》第三卷第二号发表《体育之研究》，这是杨昌济推荐给陈独秀的公开发表的毛泽东的第一篇文章。

也就是在此期间，毛泽东写下了他的名言：“与天奋斗，其乐无穷；与地奋斗，其乐无穷；与人奋斗，其乐无穷。”因此，青年毛泽东常对人说：“丈夫要为天下奇，即读奇书，交奇友，著奇文，创奇迹，做个奇男子。”他不但是这样说的，更是这样做的。1917年6月，学校开展了一次有400名学生参加的人物互选活动，包括德、智、体三个方面近20个项目，当选者34人，毛泽东得票最高。而且在德、智、体三方面都得票者只有他一人。有同学评价说：“我们的‘毛伟人’，真有咬菜根的精神，不讲吃，不讲穿，心里想的，嘴里说的，都是怎样改造国家社会的大事。可惜人物互选的项目，就没有哪一项包括得了。”

在长沙的读书期间，胸怀天下的毛泽东不仅加强身体的锻炼，也刻意锻炼意志，走千里路、读万卷书。壮怀激烈的毛泽东在自己的笔记《讲堂录》中摘引孟子的话激励自己，“如欲平治天下，当今之世，舍我其谁也”。他以天下为己任，担任队长，成功地组织了学生自愿军，吓退了北洋军阀的溃军，保卫了学校的安全；他组织同学与迂腐顽固的校长张干进行斗争；他著文《明耻篇》带头揭露袁世凯与日本签订“二十一条”的卖国罪行；他在长沙办起夜校来提高普通工人的文化；他和志同道合的同学一起下乡调查研究，并组织新民学会……总之，书生意气的毛泽东，以“指点江山，激扬文字，粪土当年万户侯”的气概，“到中流击水，浪遏飞舟”，勇敢地迎接并投入到新的革命洪流中。

对于毛泽东，杨开慧自然是再熟悉不过了，打从毛泽东1914年考上湖南第一师范的那一天起，这位在湖南第一师范学校全校驰名并且常常是杨先生家座上客的得意门生，他的一些故事和传闻不能不从父亲或者其他朋友那里，传到杨开慧耳朵里，这些都会在杨开慧的心目中留下美好印象。

1918年夏天，当杨昌济被聘任到北京大学任教，举家迁往北京的时候，毛泽东也在第一师范毕业了，此年8月19日，毛泽东抵达北京。10月，在杨先生的帮助下，贫困交加的毛泽东被介绍给北大图书馆馆长李大钊，谋了一个月薪八块银元的助理员差事，并因此结识了新文化运动的如李大钊、陈独秀、胡适等领袖人物。也就是在这个时候，25岁的毛泽东重逢他的恩师及其爱女杨开慧。毛泽东和杨开慧在北京的这次见面是在一个周末的午餐会。这时的杨开慧已经不再是长沙时的小女孩了，而是一个妙龄淑女的姑娘了。从此，参加北大新闻研究会的两个年轻人就有了更多的共同话题。闲暇时间，他们一起漫步在故宫护城河边，沐浴在春天北海青绿的杨柳堤岸，徜徉在北大校园的小径，追逐在寒冬倒垂树枝头的冰柱间……

一个是少年英姿、潇洒旷达，一个是青春年华，光艳风华；一个是胸怀天下，探求救国救民真理，一个是聪明好学、钦佩倾慕他乡遇知音。在短暂而又心照不宣的思想情感交流中，两个年青火热的心灵碰撞出了爱情的火花，他们热烈而又真诚地相爱了，你把我看作知己，我把你视为知音。

1919年3月，因母亲病重，毛泽东不得不赶回老家服侍，临行时，两人相约别后互相通信，杨开慧给毛泽东的信，抬头称呼只有一个字：润（毛泽东也叫润之）。毛泽东复信的抬头称呼也只有一个字：霞（杨开慧的小名叫霞姑）。

1919年12月18日，毛泽东探望母病后重返北京。在北京又成立了平民通讯社并担任社长。此时毛泽东就借宿杨家，并公开了与杨开慧的亲密关系。这时恩师杨昌济生病住院，他经常抽空去德国医院探望。在病中，杨昌济给在上海的章士钊写信，推荐毛泽东和蔡和森，称："吾郑重语君，二子海内人才，前程远大，君不言救国则已，救国必先重二子。"由此可见，这位"岳父大人"对自己未来的"乘龙快婿"是褒奖备至，期望高远。以后的事实也正好印证了恩师的预言。毛泽东没有辜负他的老师、岳父的教导和厚望，承担起了救国的责任。

1920年1月17日，将到五十而知天命的杨昌济不幸病逝，毛泽东到法源寺和杨开智、杨开慧兄妹一起守灵，并发起募捐，抚恤遗属，操办后事。

1920年4月11日，毛泽东离京转程上海。6月，在上海《时事新报》先后发表了《湘人为人格而战》等多篇文章，陈独秀在《欢迎湖南人的精神》一文中称毛泽东是"可爱可敬的青年"。从北京到上海，毛泽东与"南陈北李"的交往与晤谈是毛泽东离开湖南的最大收获，也是他青年时的最大转机。

1920年7月7日，毛泽东经武汉回到长沙，从事教学和革命工作。此时，杨开慧一家也由北京搬到长沙城中居住，在同学李淑一父亲的帮助下，入湘福女中选修读书。毛泽东在这里找到杨开慧，邀请杨开慧去省学联帮他做宣传工作，并和他一起经营管理文化书社，经过差不多前后七年相恋的毛泽东和杨开慧志同道合，心心相印。这年冬天，二人在第一师范附小结婚。婚后，毛泽东在湖南岳阳、华容、南县、常德、湘阴一带考察学校教育和进行社会调查，二人聚少离多，长时间见不到新婚刚半年的爱妻杨开慧，经常辗转反侧，夜不能寐，于是在 1921 年春夏创作了这首饱尝相思之苦的词《虞美人·枕上》。

意境赏析

“虞美人”，词牌名。又名“虞美人令”“一江春”“玉壶冰”，因最初为咏项羽的宠姬虞姬而得名。“枕上”取首句中词语作词题，描写新婚乍别失眠之苦，在枕上思念夫人杨开慧之情。毛泽东生前不愿将此词公开发表，他在做了几次修改后，于 1973 年冬交吴旭君用毛笔抄清。这首词最早发表于 1994 年 12 月26 日《人民日报》。

这是毛泽东创作的第一首爱情诗，它以柔情似水的笔调抒发了对爱妻杨开慧的一片真挚情感，表达了思念妻子的凄恻情状。

上阕写惜别之愁。首句“堆来枕上愁何状”，表明夜深人静，他独自一人在想象中幸福，在回忆里甜蜜，在现实里痛楚。说他躺在床上，夜不能寐，思念妻子的愁绪难以抑制。“堆来”指愁绪积累起来的形状。堆来的愁绪达到什么程度呢？紧接着下句作答：“江海翻波浪”。是说那种愁绪涌来，使人心潮澎湃，简直像长江大海翻腾起来的波浪一样，汹涌澎湃，浩浩荡荡。这句是从南唐后主李煜《虞美人》“问君能有几多愁，恰是一江春水向东流”和《相见欢·无言独上西楼》“剪不断，理还乱，是离愁，别是一番滋味在心头”演化而来的，表达的是相似的离愁别情。词的开头两句，作者极力强调了他思念妻子的愁绪是非常强烈浓厚的。在强烈的愁绪下，怎么也无法入睡。漫漫长夜里，他辗转难眠，备受离愁的煎熬。于是，埋怨夜晚太长了，“夜长天色总难明”表达的就是这种感情。在无可奈何下，只好“寂寞披衣起坐数寒星”。他独自坐在床上，披起衣服，翘首窗外，望着夜凉如水只有数点寒星的天空。这句淋漓尽致地表现出他寂寞孤独的情怀，表明他心中的烦闷和痛苦达到了极点。

下阕写伤别之苦。作者抓住长夜将尽的特定时刻，进一步抒发对妻子的深切怀念。“晓来百念皆灰尽，剩有离人影。”“灰尽”指燃烧后的余渣,"离人"指夫人杨开慧。这两句是说,到了黎明人生的各种念头都化成了灰,不复存在了,唯有妻子的倩影还萦绕在心头,久久难以离去。"一钩残月向西流,对此不抛眼泪也无由"。"残月"化用宋代苏轼《水调歌头·明月几时有》:"人有悲欢离合,月有阴晴圆缺"句,在我国古代文化中,圆月象征人们的团聚,缺月比拟人们的分离。此时作者面对的不仅是一弯缺月,而且正是与妻子离别中,触景伤情,便倍加思念妻子,于是,眼泪便不由自主地流了下来,表现了作者面对黎明前的凄凉景象所产生的思念妻子的痛苦感情。

解读感悟

我们应从毛泽东和杨开慧的相逢、相识、相知、相助、相爱、相恋、相思的爱情中领悟和学习些什么呢?我认为是对爱情的忠贞和真情。请看1929年杨开慧曾在自己写的回忆中谈到她与毛泽东相爱的一些情节:"不料我也有这样的幸运!得到了一个爱人,我是十分爱他。自从我听到他许多事,看了他许多文章、日记,我就爱上了他。不过我没有希望过会同他结婚……直到他有许多信给我,表示他的爱意,我还不敢相信我有这样的幸运……知道他的情形的朋友,把他的情形告诉我,我也完全了解他对我的真意。从此我有了一个新意识,我觉得我为母亲而生之外,是为他而生的,假如一天他死去了,我一定要跟着他去死!假如他被敌人捉去杀了,我一定要同他去共命运!"这段爱情自述直到1983年,也就是杨开慧牺牲53年后在长沙"板仓杨"家住所的墙缝里才被发现的。每个人读到杨开慧的这段爱情自述都会感人肺腑,催人泪下的。

这种对爱情的忠贞超越了门户偏见,超越了一切功利观念,超越了人生最珍贵的东西——生命。

以门户而言,在中国传统婚姻的理念中,讲的是门当户对。杨开慧的家庭是书香之家,父亲杨昌济是曾在日本、英国留学达九年,并游历德国、瑞士,在国外专门研究教育学和哲学,是留学的"海归派",是大学伦理学教授。母亲向振熙同样也是出身书香之家。他们所交往的朋友也都是享誉全国的章士钊、李大钊、陈独秀等社会名流。而毛泽东的家庭是在远离城市贫穷落后的农村,那里流传着这样一首民谣:

韶山冲,长又长,砍柴做工度时光。鸡鸣未晓车声叫,隔夜难存半合粮。

韶山冲,村连村,十户人家九家穷。有女莫嫁韶山冲,红薯柴棍度一生。

毛泽东的祖先世代都是在这个穷乡僻壤种地的农民,父亲毛顺生没读过书,识不得几个字,是个地地道道的乡巴佬,母亲文七妹也是没有文化的农民,家里所交往的亲友,也都是乡间的"草根"阶层。

从经济状况来说,1918年,25岁的毛泽东和18岁的杨开慧在北京开始热恋的时候,毛泽东是北京大学图书馆的一名助理员,负责图书和十几份报纸的借阅登记工作,人微言轻,可谓是一个可有可无谁也不把他放在眼里的小人物,月工资是八块大洋。八块大洋是个什么概念呢?做个比较便可分晓。当时这个图书馆的馆长李大钊月薪是120块、教授胡适为200块、文科学长陈独秀为300块。毛泽东的月薪分别为李大钊、胡适、陈独秀的十五分之一、二十五分之一、三十八分之一。这样的收入,在今天来说,毛泽东任职的这个图书馆的助理管理员角色有点像从农村来城务工的"打工仔",绝对算得上穷得叮当响。

然而,就是这样一个在城市一无所有的毛泽东,却开始了他最初的爱情。而选择与毛泽东谈情说爱的这个女性,竟然是一个曾远渡重洋留学回国的大学教授杨昌济的掌上明珠——唯一的爱女霞姑——杨开慧。这在当时婚姻上重视门当户对的传统礼教社会来说,可谓是凤毛麟角,就是在今天的现代社会,也不易做到,然而杨开慧却做到了。她勇敢地冲破世俗偏见和旧传统的陈腐观念,挚爱自己真爱之人。她爱毛泽东些什么呢?她爱毛泽东的才华,爱毛泽东的学识,爱毛泽东的意气风发,爱毛泽东的胸怀大志,爱毛泽东的坚强意志,爱毛泽东对自己的真心和挚爱,为了这样的爱,她做出了甘愿为毛泽东贡献自己一切直至生命的承诺。

毛泽东和杨开慧是圣洁的纯真的凄美的爱情,它像两朵盛开的鲜花绽放出绚丽的光彩，令人陶醉；它像秋天的丹桂散发出诱人的清香，沁人肺腑；它像阳光下雨后的彩虹，美丽动人。它在人们的心目中，树起了一尊伟岸、纯真而又永不磨灭的爱情丰碑。

贺新郎

别友

一九二三年

挥手从兹去。更那堪凄然相向，苦情重诉。眼角眉梢都似恨，热泪欲零还住。知误会前番书语。过眼滔滔云共雾，算人间知己吾和汝。人有病，天知否？

今朝霜重东门路，照横塘半天残月，凄清如许。汽笛一声肠已断，从此天涯孤旅。凭割断愁丝恨缕。要似昆仑崩绝壁，又恰像台风扫寰宇。重比翼，和云翥。

写作背景

1920年冬，杨开慧与毛泽东在长沙结婚。1921年中国共产党诞生，随之中共湘区委员会建立，毛泽东亲任书记，杨开慧亦于这一年入党。当时的中共湘区委员会设在长沙城东小吴门外清水塘22号杨开慧家里，杨开慧在这里协助毛泽东开展革命工作。将近而立之年的毛泽东此时已确立了他人生的目标和信仰，全身心地投入于工农革命运动之中。在毛泽东的领导下，1922年秋，湖南工人运动和农民运动如火如荼，迅猛发展，建立了20多个工会，毛泽东先后组织安源路矿工人、长沙泥木工人、水口山工人等进行了十多次罢工斗争，请愿游行，积极开展革命活动。

杨开慧无怨无悔地跟随毛泽东投身于革命斗争。这一年的10月24日，长子毛岸英在清水塘出生，青年得子的毛泽东，其欣喜可想而知，但因革命重担在身，工作繁忙，经常奔波在外，很少顾及家庭。做了母亲的年轻妻子杨开慧渐渐地产生了一种难言的挂牵和依恋，表现出青年女性对丈夫毛泽东特有的难舍难分深情。毛泽东何尝不是对哺育幼儿的妻子杨开慧同样也挂牵依恋甚至感到内疚呢，但当这些和对革命事业追求发生矛盾时究竟以哪一方面为重呢？毛泽东面对当时的革命形势和自己肩负的革命重任，只能以革命事业为重，劝说妻子从革命大局出发，对他不要依恋，便抄录了唐代诗人元稹的一首诗《菟丝》赠给妻子：

人生莫依倚，依倚事不成。君看菟丝蔓，依倚榛与荆。

下有狐兔穴，奔走亦纵横。樵童斫将去，柔蔓与之并。

杨开慧看了这首诗以后，觉得丈夫把她比作“菟丝”，误解冤枉了她，伤害了她的自尊，由此产生误会，耿耿于怀，难以释去。此时，长沙街头贴出了湖南省长赵恒惕悬赏缉拿“过激派”毛泽东的布告。为了丈夫的安全和支持丈夫的革命事业，深明大义的杨开慧忍痛割爱，怀着依依惜别的深情，还是同意并支持丈夫远走他方。毛泽东毅然决然地告别爱妻幼子，踏上了更加艰险也更为远大的革命征途。

1923 年 4 月，毛泽东调中央工作，离开长沙去上海。6 月上旬，他离开上海去广州，参加中共第三次全国代表大会。会上，当选为中央执行委员和中央局委员。7 月下旬，他返回上海，9 月 16 日由上海回到长沙，主要任务是贯彻“三大”关于国共合作的决议，指导湘区委员会筹组国民党的湖南地方组织。这时杨开慧仍住在长沙城东小吴门外清水塘 22 号，她在这里上侍奉老母向振熙，下哺育一岁幼儿毛岸英，同时还怀着身孕。他们在这里常常受着敌特的监视骚扰，日子过得极为艰难，毛泽东此次回湘，夫妻久别重逢，杨开慧的孤独之感顿消，11 月 13 日顺利生下次子岸青。12 月底，刚刚同爱妻重逢相聚三个月的毛泽东接到中共中央通知，要再次离开长沙去上海，然后转赴广州参加国民党第一次全国代表大会，不得不与爱妻杨开慧再度离别，临行写下这首发自肺腑感人至深的《贺新郎·别友》，同爱妻告别。这首词最早发表于 1978 年 9 月 9 日《人民日报》。

意境赏析

《贺新郎》，词牌名，又名《贺新凉》《金缕歌》《风敲竹》《雪月江山夜》等。《别友》，词的题目，意谓告别爱妻杨开慧。毛泽东 1923 年 12 月间写的这首词作,描述了和爱妻杨开慧之间难舍难分的离情别绪、自己肩负的历史重任、毅然决然踏上革命征途的宏大志向和崇高精神。

上阕抒写毛泽东与夫人杨开慧的离情别绪。

“挥手从兹去”点明词的主题,意谓挥手告别妻子从此离别而去。“兹”即此,此句化用唐代李白《送友人》:“挥手自兹去,萧萧班马鸣”,“更那堪凄然相向,苦情重诉”。意谓哪能忍受这离别时内心的酸楚痛苦,此句化用宋代柳永《雨霖铃》:“多情自古伤别离,更那堪冷落清秋节”。“眼角眉梢都似恨,热泪欲零还住”,意谓夫妻二人脸上挂满离愁别绪的伤情,将要掉下来的泪珠,噙在眼眶里,强忍住没有掉下来。“恨”,这里指离愁别绪的怨恨,“零”是落下。“知误会前番书语”,意谓我意识到你对我前次曾书唐代元稹《菟丝》那首诗产生了误会。“过眼滔滔云共雾,算人间知己吾和汝”,意谓误会虽如过眼滔滔江水和云雾一样大,但也会像云雾一样很快消散。算起来在这个世界上,真正最相互了解、志同道合、情投意合的还是你和我。“过眼”,从眼前掠过。过眼句化用宋代苏轼《吉祥寺僧求阁名》:“过眼荣枯电与风。”“人有病,天知否”,意谓因夫妻离别和误会而产生的内心隐痛,老天知道不知道?这里的病指心病,即内心的凄苦与酸楚。作者为什么仰天而问“人有病,天知否”,这就不能不提到《史记·屈原贾生列传》:“人穷则反本,故劳苦倦极,未尝不呼天也。”古代中国的哲学思想是天人合一,天人感应,人们视天最大,认为天主宰一切,所以在最为艰难的时候,都仰呼苍天。这是毛泽东在抒发他内心极度的凄苦、酸楚。

下阕追溯送别时情景。“今朝霜重东门路”,点明凌晨毛泽东在凝结一层厚霜的东门路上,前往长沙火车站。此句化用唐代李贺《雁门太守行》中“霜重鼓寒声不起”和白居易《秦中吟》“寂寞东门路”。古诗词中常以东门泛指送别之地。“照横塘半天残月,凄清如许”,意谓天空挂着行将隐没的月亮,照着横塘,是如此的凄凉冷清。此句化自唐代崔颢《长干曲》:“君家住何处?妾住在横塘。”横塘在诗词中多指妇女所居之地或情人送别的地方。词中的横塘指长沙城东小吴门外的清水塘，1921年至1923年，毛泽东和杨开慧曾在此居住。“汽笛一声肠已断，从此天涯孤旅”，意谓火车离站时汽笛一声长鸣，让人撕心裂肺，肝肠寸断。自己从此以后便孤身一人浪迹天涯，不知何时才能与爱妻相见。“肠已断”喻极度伤心。此句化用南朝梁江淹《别赋》中“是以行子肠断，百感凄恻”。天涯：犹天边，极远的地方。化用《古诗十九首》：“相去万余里，各在天一涯。”“凭割断愁丝恨缕”，意谓劝爱侣不要陷入离愁别绪、难舍难分的儿女情肠。凭：请。化用唐代杜牧：“凭君莫射南来雁，恐有家书寄远人。”“愁丝恨缕”，以丝缕形容两情深厚，不忍离别。“要似昆仑崩绝壁，又恰像台风扫寰宇。重比翼，和云翥”，意谓要以崩裂高大陡峻昆仑山脉的坚强革命决心，如台风一般气势横扫天下的宏大政治抱负，彻底摧毁旧世界，双双重逢，比翼齐飞。“重比翼”，化出三国魏阮籍《咏怀诗》，“愿为双飞鸟，比翼共翱翔”。在词中，“重比翼”比喻恩爱夫妻，相伴不离。“和云翥”喻直冲云霄，随同云彩一起飞翔。“和云”，挟带云朵。“翥”，鸟向上飞举。最后几句词，表达了毛泽东要以巨大的决心，坚定的意志，期待同杨开慧重新团圆，比翼双飞，共同为革命事业而英勇奋斗。

解读感悟

自古以来，多少文人骚客都在抒写与亲人的离情别绪，把这看作世界上最凄婉伤情的事情。江淹《别赋》中说：“黯然销魂者，唯别而已矣”。唐代诗人杜甫也说：“生离与死别，自古多辛酸。”对于生离死别，有的人哀怨：“此去经年，应是良辰好景虚设，便纵有千种风情，更与何人说？”有的人悔忏：“早知恁么，悔当初，不把雕鞍锁。”有的嘱咐：“语已多，情未了。回首犹重道：记得绿罗裙，处处怜芳草”；有的期盼：“后回君若重来，不相忘处，把杯酒浇奴坟土。”这些抒写依依惜别、劝慰亲友的诗句无不为离别而悲伤凄婉。虽然唐初诗坛“四杰”之一的王勃在《杜少府之任蜀州》一诗中慰勉友人不必伤别："海内存知己，天涯若比邻。无为在歧路，儿女共沾巾"，一反"有别必怨"的感伤情调，境界从狭小转为扩大，情调从凄恻转为豪迈，但同毛泽东的"凭割断愁丝恨缕。要似昆仑崩绝壁，又恰像台风扫寰宇。重比翼，和云翥"相比，则相形见绌、格调低了许多。在毛泽东《贺新郎·别友》中，我们不仅看到毛泽东和杨开慧这对青年夫妻依依惜别时的儿女情长，更展现了把自己的爱恋情感升华到一个崇高的精神境界，这就是以革命事业为重，个人利益服从革命利益，立志为改造旧社会，建设新中国而挥泪告别。以后又重新相聚五个春秋，比翼齐飞，肩负历史赋予的重任，共同踏上革命征途，把自己的一切包括宝贵的生命，都献身于人类最壮丽的革命事业。

毛泽东和夫人杨开慧在以后的革命斗争中是怎样践行了"要似昆仑崩绝壁，又恰像台风扫寰宇。重比翼，和云翥"的凌云壮志呢？

毛泽东 1923 年年底离开长沙清水塘的家以后，取道上海，转赴广州参加中国国民党第一次全国代表大会，在这次实现国共合作的大会上，毛泽东当选为国民党中央委员会候补委员，之后又到上海。1924 年 6 月初，与毛泽东分别半年的杨开慧，同母亲携儿子岸英、岸青来到上海，结束了魂牵梦绕的夫妻两地分居生活，得以"重比翼，和云翥"。杨开慧除担负家务、赡养老人、抚养幼儿之外，还帮助毛泽东整理材料，誊写文稿，并经常到小沙渡路工人夜校去讲课。

在上海，毛泽东难得和妻子团聚了半年。因积劳成疾，患病在身，毛毛泽不得不请假回湘疗养。12 月 6 日，他们一家回到长沙。

1925 年 1 月在岳母家过了春节之后，2 月 6 日，毛泽东、杨开慧携两个儿子回到韶山，毛泽东一边养病一边做社会调查，遍访朋友、同学、亲戚和左邻右舍，谈家常，论时事。6月中旬，中共韶山支部在毛泽东家中成立。

8 月，毛泽东组织农民开展"平粜阻禁"谷米斗争。28 日，湖南省长赵恒惕接到土豪成胥生的密报，立即电令湘潭团防局派人逮捕毛泽东，毛泽东在湘潭、韶山党组织和群众的掩护下，乔装打扮，离开韶山前往长沙。

9 月上旬，毛泽东由长沙出发，于中旬到达广州。10 月，在汪精卫的推荐下，毛泽东代理国民党中央宣传部部长。12 月 5 日，主编的《政治周报》创刊，毛泽东以润之为笔名发表了七篇杂文，揭露和抨击广东军阀、政客和以戴季陶为首的国民党右派的反革命宣传。是年底，杨开慧同母亲携岸英、岸青由湖南到广州，协助毛泽东从事革命活动和编辑《政治周报》，并担任联络工作，与周恩来、邓中夏、恽代英、林伯渠、李富春等人有过密切交往。

1926 年 3 月 19 日，国民党中常委第十三次会议批准毛泽东任第六届农民运动讲席所所长。3 月 12 日，蒋介石制造了“中山舰事件”。毛泽东直到 11 月上旬才离开广州去上海。此间，毛泽东多次参加国民党高层会议，并在讲席所、黄埔军校等地方讲课。

北伐战争开始后，杨开慧于 1926 年 10 月回到长沙，毛泽东也由广州前往上海，之后再到武汉。12 月 17 日，毛泽东回到长沙，与杨开慧住在望麓园。1927 年新年伊始，毛泽东就开始在湖南五个县农村进行 32 天的调查研究，写下著名的《湖南农民运动考察报告》。

1927 年 2 月，毛泽东一家先后由长沙来到武昌。杨开慧带岸英、岸青和保姆陈玉英也到武昌，4 月 4 日，三子毛岸龙在武汉出生。

1927 年 4 月 27 日至 5 月 9 日，毛泽东出席中共第五次全国代表大会，当时任候补中央执行委员的毛泽东提出的《关于农民运动决议案的建议》，不但没有被执行共产国际右倾机会主义路线的总书记陈独秀采纳，反而对毛泽东进行排斥。这时，贤惠的妻子杨开慧同情支持忧郁不得志的丈夫，还默默无语地陪丈夫登上黄鹤楼，毛泽东的内心如长江波涛，汹涌澎湃，写下了忧国忧民的《菩萨蛮・黄鹤楼》。

1927 年“八七会议”上，毛泽东当选为中央政治局候补委员。8月 12 日他以特派员身份从武汉回到长沙，住在杨开慧的娘家。8 月 18 日，在长沙市郊沈家大屋召开中共湖南省委会议，决定以中共的名义来发动秋收暴动。

8 月 13 日晨，毛泽东乘火车去安源部署武装起义，由于走得匆匆，没来得及向杨开慧告别，然而这一别竟是永诀，成了生离死别。

9 月 9 日，秋收起义爆发，后来毛泽东把这次秋收起义的队伍拉上了井冈山，建立了中国共产党领导下的第一个农村革命根据地，开始了他真正的“枪杆子里面出政权”的伟大革命实践。

毛泽东没有忘记在长沙“板仓杨”家中苦苦为他守候、抚育三个幼儿的妻子。他用暗语给妻子写了一封信，说“我出门以后，开始生意不好，亏了本，现在生意好了，兴旺起来了”。然而这封信直到1928年年初才辗转到了杨开慧的手中。她在家中翻箱倒柜找到了一张地图，终于找到了这个从来没有听说过的井冈山在哪里，知道了丈夫还活着，还在牵挂着她和孩子，可这也更令她牵肠挂肚，于是在“板仓杨”家中坚持地下活动的杨开慧，在接到信后的不久默默写下一首哀婉缠绵的思夫之情——《偶感》。

天阴起朔风，浓寒入肌骨。
念兹远行人，平波突起伏。
足疾已否痊，寒衣是否备？
孤眠谁爱护，是否亦凄苦？
书信不可通，欲问无人语。
恨无双飞翮，飞去见兹人。
兹人不得见，惆怅无已时。

这种深切的思夫之情，何其是一次“偶感”，这该是她年年岁岁、日日夜夜、时时刻刻对丈夫魂牵梦绕的思念吧！

就在杨开慧写思夫的《偶感》后不久，因受到毛泽东的牵连而被国民党反动当局逮捕杀害英勇就义，以 29 岁的青春年华，走完了她人生的里程。临刑前，她对前去探望她的亲人说：“死不足惜，但愿润之革命早日成功。”杨开慧用她的实际行动，践行了丈夫毛泽东勉励她“要似昆仑崩绝壁，又恰像台风扫寰宇。重比翼，和云翥”的嘱托。

沁园春

长沙

一九二五年

独立寒秋，湘江北去，橘子洲头。看万山红遍，层林尽染；漫江碧透，百舸争流。鹰击长空，鱼翔浅底，万类霜天竞自由。怅寥廓，问苍茫大地，谁主沉浮？

携来百侣曾游。忆往昔峥嵘岁月稠。恰同学少年，风华正茂；书生意气，挥斥方遒。指点江山，激扬文字，粪土当年万户侯。曾记否，到中流击水，浪遏飞舟？

写作背景

这首词创作于1925年深秋。从大的社会背景来看，当时中国大地上正在形成一股向帝国主义和封建军阀势力猛烈冲击的革命洪流，革命阵营内部的矛盾也逐渐暴露出来，国民党右派提出了《弹劾共产党案》，公开反对反帝反军阀的政治纲领，疯狂进行反共分裂活动，不遗余力地篡夺革命领导权，竭力排斥年轻的中国共产党。随之，全国革命形势也日益高涨，1925年5月30日，上海各大学、中学校学生2000多人在公共租界各马路进行反帝宣传。租界当局出动巡捕肆意逮捕爱国学生，上海各界民众数千人涌向巡捕房，要求释放被捕学生。早有戒备的英国巡捕开枪射击，当场打死13人，打伤几十人，逮捕53人，这就是震惊中外的五卅惨案。

面对工农革命运动的严峻形势，毛泽东的心情十分沉重，深入思考中国革命面临的许多重大问题，特别是无产阶级在民主革命中的领导权问题。此时，毛泽东、杨开慧夫妇在韶山做社会调查，建立了中共韶山支部，在农村组织了以反对日本帝国主义为旗帜的雪耻会(即农民协会前身),领导农民开展“平粜阻禁”谷米斗争,引起反动当局的极度恐慌,下令“逮捕毛泽东就地正法”。毛泽东不得不离开韶山来到长沙,然后南下广州主持农民运动讲席所。就在南下广州前夕,他重游橘子洲。风华正茂、意气风发的毛泽东站在橘子洲的北端,看百舸争流的湘江北去,览层林尽染的万山红遍,望鹰击长空的矫健雄姿,视鱼翔浅底的自由自在,忆往昔激扬文字、指点江山、中流击水的峥嵘岁月。这物是人非的景观,激发他忧国忧民、壮志难酬的郁郁感慨顿生,惆怅不已,心潮激荡,不由得追思往昔,豪情满怀,抒发对人生、对社会、对国家命运的无限感慨和深刻思考,引吭吟咏出这首委婉而豪放的词作。

这首词最早见于1949年8月出版的《毛泽东同志的青年时代》(萧三著),最早正式发表在《诗刊》1957年1月号。

意境赏析

《沁园春》,词牌名,又名《东仙》《洞庭春色》《寿星明》等,原是唐教坊曲名,后用作曲调名,双调,114字,因东汉明帝之女沁水公主的园林而得名。此曲牌的旋律有反抗压迫、正义终将战胜邪恶之意。题目之所以为《长沙》,是因为描绘的是长沙旅游胜地——橘子洲(又名长岛)的景观,回溯的是毛泽东青年学生时代在长沙的初期革命活动。

上阕描写湘江绚丽多彩的秋色,寓情于景。

首句“独立寒秋,湘江北去,橘子洲头”,表明毛泽东这次游览正值深秋来临、寒气袭人季节,感到天下之大竟无容身之地的悲凉,独自伫立在橘子洲头,远望滔滔北去的湘江流水。“看万山红遍,层林尽染,漫天碧透,百舸争流”,展现的图景是:眺望连绵起伏的岳麓山群峰,从山脚到山顶,是一层层经霜染红的枫林。近看清澈的江水,成百上千的大小船只扬帆竞逐,争渡中流。“鹰击长空,鱼翔浅底,万类霜天竞自由”,意谓举首仰视雄鹰在长空奋翅冲击,俯察湘江鱼儿在清澈见底的水中旋游,天地间的一切生灵都在这南国的深秋自由自在，互竞生存，各显本领。“怅寥廓，问苍茫大地，谁主沉浮”是诗人怅然地面对广阔无际的宇宙，把思维的触角由山水相映、鱼鹰相伴的自然境界投向现实社会，叩问苍穹：谁是这个世界的主宰？

下阕回首往事，重在抒情。

“携来百侣曾游，忆往昔峥嵘岁月稠”，是毛泽东深切缅怀当年在长沙第一师范学校求学期间，满腔热情地从事社会政治革命活动、积极修炼身体、磨砺意志的那些不平常岁月。“恰同学少年，风华正茂，书生意气，挥斥方遒”，这四句写毛泽东和同学们正值青春年少、血气方刚、风度翩翩、才华横溢的青年学生的意志气概，正处于奔放强劲之际。“指点江山，激扬文字，粪土当年万户侯”，这三句是说毛泽东同他的同学以天下为己任，关心国家大事，爱憎分明，涤荡社会污泥浊水，弘扬时代清正风气，创办刊物，发表文章，对黑暗社会现实进行无情揭露批判，对那些位高权重钱丰的达官贵人、富豪，以及追求功名利禄的旧文人，蔑视如粪土一般，同时表达了新一代的青春少年彻底摒弃了旧知识分子对于个人功名利禄的追求。词的结尾一组设问句：“曾记否，到中流击水，浪遏飞舟”，就字面讲，是说还记得吗，到湍急的水流中游泳，奋臂划水击起的浪花阻遏了飞驰的行舟？就其潜藏的深意喻示，是毛泽东运用夸张的手法，以充满浪漫色彩的遐想和情思，表达的是人定胜天的道理，是毛泽东豪迈的气质、无比的自信、顽强的斗志，以及对于光明前途的坚定信念。

如果把下阕的结尾“曾记否，到中流击水，浪遏飞舟”同上阕的结尾“怅寥廓，问苍茫大地，谁主沉浮”相比较，二者都给人以最强烈的震撼，这就是以朝气蓬勃的青春活力，对社会、人生和国家命运的积极探索和追求，这也正是全词的要旨和精气神所在。

解读感悟

毛泽东词中“怅寥廓，问苍茫大地，谁主沉浮”是面对祖国大好河山，将积蓄胸中已久的忧国忧民情怀发出的惊天震地的呐喊，又是向广阔宇宙和苍茫大地发出的哲理性诘问。壮怀激烈的毛泽东早在湖南第一师范学校求学期间就确立了以天下为己任，拯救祖国于危难的伟大抱负，抒发了为实现崇高理想而努力奋斗的坚强决心。他在自己的笔记《讲堂录》中摘引孟子的话激励自己："如欲平治天下，当今之世，舍我其谁也。"为了反对日本的"二十一条"，他在看到揭露袁世凯卖国罪行的《明耻篇》时，愤然在封面上写下了："五月七日，民国奇耻，何以报仇，在我学子。"为了加强身体和体育锻炼，刻意磨炼意志，他经常约同学畅游湘江，直到隆冬犹在江中，以诗咏志：自信人生二百年，会当水击三千里。这期间毛泽东还在日记中写道：与天奋斗，其乐无穷！与地奋斗，其乐无穷！与人奋斗，其乐无穷！在勇敢地迎接并积极投身到新的革命大风暴之时说："天下者我们的天下。国家者我们的国家。社会者我们的社会。我们不说，谁说？我们不干，谁干？"

究竟谁是这个世界的主宰？毛泽东在词中已做了明确的回答，这就是"指点江山，激扬文字，粪土当年万户侯"，"到中流击水，浪遏飞舟"的风华正茂的青年知识分子。

毛泽东创办的《湘江评论》是他们这群青年对于混乱不堪的旧中国进行批判的主要阵地。毛泽东担任这个刊物的主编和主要撰稿人，在一系列的文稿中，他以诗人的激情熔铸诗歌的语言，手握饱蘸激情的笔，充满了进取精神和高涨的革命热情，对当时的统治者进行了无情的鞭挞和鄙视。1918 年到 1920 年是毛泽东 25—27 岁青年时期十分精彩的三个年头，从发起到组织新民学会、湖南学生联合会，出版《湘江评论》，成立马克思主义研究会，组织平民夜校和文化书社，到"五四"运动爆发后组织和领导湖南的学生运动，他们激昂慷慨，奋笔疾书，评论国事，宣传真理，向军阀官僚、帝国主义展开英勇斗争。1919 年到 1920 年，毛泽东和何叔衡等领导了湖南人民驱逐反动军阀张敬尧的斗争，接着又向湖南军阀谭延闿、赵恒惕展开英勇斗争。这些反动军阀就是毛泽东视之为粪土的

“当年万户侯”。正是通过这些革命实践活动，毛泽东羽翼丰满，逐渐走向成熟，振翅冲击长空，搏斗阴霾乌云，由一个青年学生成为马克思主义活动家。他的青年同伴也在这些如火如荼的革命斗争中，经风雨，见世面，受锻炼，大多成为革命的中坚力量，如蔡和森、何叔衡、陈章甫、罗学赞、萧子升、罗章龙、张昆弟等，都成为中共建党初期的重要骨干，有的还担任党的高级领导职务。

一位诗人在他的诗作中，是这样来评价《沁园春·长沙》中“问苍茫大地，谁主沉浮？”这样两句诗的：

在这阳光明媚的季节
读这两行诗
同样需要勇气。
面对太阳，
您的光芒，比太阳更耀眼！
您从生命中提炼出这九个字，
向世界提出了一个中国式的反问
从此，破碎的山河
在您的诗中变得分外妖娆

真正的诗人，已感觉到新世纪的曙光
您总是把手高高地举过头顶
漫漫长夜
天塌下来 有您顶着！

在建设中国特色社会主义的今天，我们深刻领悟解读“问苍茫大地，谁主沉浮”的深刻含义，仍有着巨大现实意义。

解读《沁园春·长沙》，宜同《沁园春·雪》相互比较着解读。这是因为：第一，二者词牌相同，表达的意境和情感相近，且这个词牌，在毛泽东词作中是唯一采用同样词牌的两首词。第二，二者的风格相同，都是偏重豪放，不废婉约。第三，二者都是借景抒情，《沁园春·长沙》描写的是南国的秋色景观,表达的是“忆往昔峥嵘岁月稠”;《沁园春·雪》描绘的是北国的冰天雪地风光,表达的是“江山如此多娇,引无数英雄竞折腰”。第四,二者的主旨一脉相承,《沁园春·长沙》提出“问苍茫大地,谁主沉浮?”《沁园春·雪》是对前者提出的发问作答:“数风流人物,还看今朝。”第五,从词作时间来看,两首词都产生于毛泽东诗作数量和质量的高峰期(1925—1936年),如果说《沁园春·长沙》是这个高峰期的开端,那么《沁园春·雪》就是这一高峰期之巅。

菩 萨 蛮

黄 鹤 楼

一九二七年春

茫茫九派流中国，沉沉一线穿南北。
烟雨莽苍苍，龟蛇锁大江。
黄鹤知何去？剩有游人处。
把酒酹滔滔，心潮逐浪高。

写作背景

1927年前后，不仅是中国革命的重大转折时期，而且是毛泽东革命生涯的低谷时期。

1926年到1927年，发生了不少与中国革命存亡攸关的重大事件，使正在向积极方面发展的革命事业危机四伏，形势极其严峻。

先是1926年3月，国民党借口“中山舰事件”逮捕海军代理局长共产党员李之龙，还拘捕了周恩来等黄埔军校和国民革命军第一军的全部中共党员。

之后，发生了震惊中外的“四一二”反革命政变。1927年4月12日凌晨，全副武装的青帮打手从租界冲出，冒充工人，向上海各区工人纠察队发动突然袭击，工人纠察队奋起自卫。蒋介石早已布置好的军队以调解工人“内讧”为名，收缴了工人纠察队的武器，占领了上海工人总工会，逮捕和杀害工人领袖和革命群众。前后被杀害的工人达300多人，被捕者500多人，失踪者5000多人。4月18日，蒋介石在南京另行建立“国民政府”，同武汉国民政府分道扬镳，走上全面反共的道路。

继“四一二”反革命政变之后，四川、江苏、浙江、安徽、福建、广东、广西等地也相继出现以“清党”为名，大肆捕杀共产党员和革命群众的反革命事件。4月28日，中国共产党的主要创始人之一李大钊等20位革命者，在北京被奉系军阀张作霖处以绞刑。中共北方局同时遭到严重的破坏，被迫停止工作。接着，由原军阀部队改编过来的国民革命军第三十五军三十三团团长许克祥率部队在长沙叛变，捣毁拥护“三大政策”的国民党湖南省党部、省总工会和省农会，大肆捕杀共产党员和革命群众，是为“马日事变”。国民党右派逐渐占据统治地位，迫使国共分裂，两党由合作关系走向敌对关系。

在这关系到大革命生死存亡的关键时刻，中共于1927年4月27日至5月9日在武汉召开第五次全国代表大会。然而这次大会未能解决挽救时局的最紧迫问题。大会虽然对陈独秀的右倾错误进行了批评,但仍然选举他为总书记，使其继续把持着中央的最高领导权、决策权、指挥权。当时作为候补中央执行局委员的毛泽东只有发言权，表决权被剥夺。他所提出的加速土地革命、广泛重新分配土地、大力建立农民武装、建立苏维埃政权的一系列建议，都被陈独秀拒绝采纳。党内继续执行陈独秀的右倾机会主义错误路线，不仅对蒋介石的反动气焰没有坚决打击，而且对汪精卫武汉政府的阴谋活动也一味退让，甚至还收缴工人纠察队和农民自卫军的武装，给革命带来了严重危机，神州大地处在“山雨欲来风满楼，黑云压城城欲摧”的危机之中。

毛泽东面对中共高层领导正在走着的一条错误路线和大革命面临即将失败的危险，心急如焚，可自己的主张不能实现，无法挽救危局，扭转乾坤，革命成果将丧失殆尽，毁于一旦，倍感忧虑、苍凉，于是在妻子杨开慧的陪同下，他默默无语地登上黄鹤楼，俯瞰滚滚长江东逝水，心潮激荡如潮涌，吟咏充满沉痛、忧愤、焦虑、苍凉的词作《菩萨蛮·黄鹤楼》。毛泽东后来回忆当时的心境时说：“一九二七年，大革命失败前夕，心境苍凉，一时不知如何是好，这是那年的春季。夏季，八月七号党的紧急会议，决定武装反击，从此找到了出路。”

意境赏析

《黄鹤楼》,唐教坊曲名,后用为词牌名,又名《子夜歌》《花溪碧》。此词牌原出于外来舞曲。《黄鹤楼》是词的题目。原址在武汉蛇山黄鹄矶头,相传昔费祎登仙,每乘黄鹤于此憩驾,故号为黄鹤楼,有“天下绝景”之称。楼上有很多题诗,以唐朝崔颢的七律《黄鹤楼》最为有名。本词最早发表于 1957 年 1 月号《诗刊》。

词的上阕描写登楼纵目所见之景色。“茫茫九派流中国”意谓诸多支流汇集于波涛滚滚的长江,横贯祖国东西大地。“派”,江河的支流,“九派”是长江流经湖南、湖北、江西三省的九条支流。“沉沉一线穿南北”,意谓深邃绵长的京汉、粤汉铁路,穿越神州南北山河。“沉沉”,沉重深远,指铁路。“一线”,指当时的京汉、粤汉铁路,今贯通为京广铁路。“烟雨莽苍苍”意谓如烟似雾般的细雨阴沉、迷茫。“龟蛇锁大江”,意谓位居汉阳的龟山和雄踞武昌的蛇山夹控着滚滚东逝的长江。上阕的自然景色:九派之“茫茫”,一线之“沉沉”,烟雨之“莽苍苍”,龟蛇之“锁大江”,此时在毛泽东的眼里,已不是朦胧的美丽,而是沉重的压抑,是雾气蒙蒙、妖气腾腾的扑朔凄迷。暗喻着 1927 年大革命失败后,中国革命前途面临的迷茫、险恶形势及蒋介石右派反动势力的猖獗疯狂。表达了登临者毛泽东此时此刻心情苍凉忧愤,一时不知如何是好,对革命前途的困惑和焦虑。

下阕怀古思今,由境及心,直抒胸怀。“黄鹤知何去? 剩有游人处”,这两句化用唐代著名诗人崔颢的诗句:“昔人已乘黄鹤去,此地空余黄鹤楼。黄鹤一去不复返,白云千载空悠悠。”作为一个在历史转折关头沉稳执着,胸罗万象,长于哲理思辨,勇于继往开来的毛泽东,以“黄鹤知何去? 剩有游人处”为转机,直抒胸怀:面对如磐风雨,不畏龟蛇镇锁,屹立于历史经纬上英雄际会、挥斥八极的黄鹤楼,虽然鹤去楼空,只剩下一些“悠闲”的游人,是何等寂寞,何等悲凉! 但是,作者奔泻于上阕的雄浑郁勃之气,忧患焦灼、失落彷徨之情,经由“流”“穿”“莽”“锁”所酝酿和积蓄起来的感情波涛，终于冲破感情郁结的闸门，奔腾呼啸、势不可当，发出意气酣畅的“把酒酹滔滔，心潮逐浪高”的时代强音。“把酒酹滔滔，心潮逐浪高”，意谓把酒洒在滔滔的江水里，心情像滚滚的潮水一样起伏，一浪高过一浪。此句化用宋代苏轼《念奴娇·赤壁怀古》：“一尊还酹江月”。“酹”，原为古代用酒洒在地上祭奠鬼神或对着天上神明设立誓言的一种习俗，后泛指洒酒。下阕四句蕴含着毛泽东对陈独秀右倾错误路线对敌屈让、葬送革命的愤懑激情，以及对革命前途的深切担忧。他在面对腥风血雨的危急环境中，面对滚滚长江，把酒临风抒怀，百感交集于胸，心潮起伏难平，缅怀革命先烈，感受着“一尊还酹江月”的苍凉，生发着“要似昆仑崩绝壁，又恰像台风扫寰宇”盟誓般的激昂，看着东逝的长江水一浪高过一浪，滚滚推进，坚信革命会走出低谷，革命高潮定会如火如荼，蓬勃发展。

解读感悟

面对国民党蒋介石右派反动势力背叛大革命的险恶局势，毛泽东没有被吓倒，对于党内陈独秀右倾机会主义的打击排斥，毛泽东没有被压服。他虽然在中共第五次代表大会上提出的加速土地革命，并大力建立农民武装等真知灼见建议没有被陈独秀采纳，反被剥夺了表决权，从而“心境苍凉，一时不知如何是好”。但是作为坚定革命政治家的毛泽东对于革命前途的忧患意识和斗争到底的精神，并没有丝毫减弱，反而愈挫愈奋，胸中激荡的革命浪潮越发汹涌澎湃，一浪高过一浪。

在一代伟人毛泽东的脑海里翻起怎样的一浪高过一浪的心潮呢？是对蒋介石发动反革命政变、大肆屠杀共产党人和革命群众的无比愤慨；是对陈独秀右倾机会主义在国民党反动势力面前，节节退让，葬送革命的愤懑之情；是对革命前途痛彻肺腑的担忧，是胸中激荡的以湖南为中心的全国农民运动正在轰轰烈烈开展起来的波澜壮阔、如火如荼的热潮：“很短的时间内，将有几万万农民从中国中部、南部和北部各省起来，其势如暴风骤雨，迅猛异常，无论多么大的力量都将压抑不住，他们将冲决一切束缚他们的罗网，朝着解放的路上迅跑。一切帝国主义、军阀、贪官污吏、土豪劣绅，都将被他们葬入坟墓”；是吸取大革命失败的惨痛教训，正在胸中酝酿的“枪杆子里面出政权”、建立农民武装、为中国革命寻找出路的构想。

通观全篇，毛泽东看着东逝的长江后浪推前浪，一浪更比一浪高，坚信革命定会走出低谷，迎来胜利曙光，心潮由沉郁转向豪迈。一个“逐”字，不但形象地描绘出了长江浪潮的滚滚推进，而且隐喻汹涌澎湃、如火如荼的革命高潮的正在到来。读诵此词，领悟精神，倍感毛泽东在外遇强敌的险恶形势，内遭错误路线打击排斥的境况下，能够很快走出苍凉和失落彷徨的情绪低谷，以伟人才有的自信和顽强抗争精神，坚持不屈不挠的斗争，这足以令人感到巨大的震撼。果然，正如他自己所言，三个月之后，在“八七”紧急会议上，对陈独秀右倾投降主义进行了拨乱反正。此后，毛泽东领导的工农武装斗争揭开了中国革命新的一页。

在解读《菩萨蛮・黄鹤楼》过程中，我一直在求索，是什么力量支撑一代伟人毛泽东度过大革命失败前后那段危急、艰险、困难的日子呢？我终于悟到了是革命领袖那种对共产主义事业的崇高信仰；是对光明必将战胜黑暗，正义必将战胜邪恶的坚定信念；是“富贵不能淫，贫贱不能移，威武不能屈”的浩然正气和坚强性格。我总是在想，如果我们今天的人能够汲取这些宝贵精神营养，并坚决付诸行动，在前进道路上不屈不挠，顽强奋斗，还有什么困难不能克服，还有什么障碍不能逾越，还有什么事业干不成功的呢？

我认为，应将毛泽东 1927 年春写的《菩萨蛮・黄鹤楼》，同 1933 年夏的《菩萨蛮・大柏地》放在一起对照解读，这是因为：第一，两首词的题旨相同，都是反对危害党、危害革命最严重的两次错误路线的，前者是反对陈独秀右倾机会主义路线的，后者是反对王明“左”倾冒险主义路线的。第二，两首词的词牌相同。《菩萨蛮》是个涉外的词牌，从字面意义理解，“蛮”有蛮横、霸道、不讲理的含义，而这两次错误路线都与共产国际派往中国指导中国革命的代表背离中国实际，对中国革命蛮横干涉和错误指导有关。毛泽东选用这一词牌，有暗喻反对外来势力蛮横对中国革命瞎指挥的含义。第三，写这两首词的处境相同，都是毛泽东处于人生和革命事业的低谷时期写的。只有将这两首词放在一起对照解读，才会领悟到其中深刻的政治含义。

西 江 月

秋收起义

一九二七年

军叫工农革命，旗号镰刀斧头。
匡庐一带不停留，要向潇湘直进。
地主重重压迫，农民个个同仇。
秋收时节暮云愁，霹雳一声暴动。

写作背景

1923 年 6 月起，中国革命进入了第一次国内革命战争时期，中国共产党与国民党合作，把工作重点放在城市，先后建立了以广州、武汉为中心的革命根据地，胜利地推动着革命运动向全国发展。但在这一时期，党的领导者陈独秀坚持右倾机会主义路线，始终没有坚持革命的领导权，特别是不懂得“枪杆子里面出政权”和领导武装斗争的极端重要性，没有创建自己的工农武装队伍，使党在 1927 年“四一二”蒋介石叛变革命和“七一五”汪精卫叛变革命时陷于极大被动，面对国民党残酷镇压屠杀共产党人和革命群众的白色恐怖，妥协退让，导致了第一次大革命的失败。

1927 年 8 月 7 日，在共产国际帮助下，中共中央在汉口秘密召开紧急会议，即著名的“八七会议”。会议总结了大革命失败的经验教训，批评和清算了以陈独秀为首的党中央对国民党妥协退让，没有武装工农，没有积极支持和领导农民运动，未解决农民土地等右倾错误，以及党内缺乏民主生活等问题，彻底结束了陈独秀右倾投降主义在党中央的统治，会议确定了土地革命和武装反抗国民党反动派的总方针，并确定把发动湘鄂粤赣四省农民举行秋收起义作为当前党的最主要的任务。在会议讨论中，毛泽东做了重要发言。他着重批判了右倾机会主义者不抓军队、不要武装斗争的严重错误,强调指出:今后党“要非常注意军事,须知政权是由枪杆子中取得的”。会议选举了瞿秋白、李维汉、苏兆征等组成中共临时中央政治局,由瞿秋白主持中央领导工作。

“八七会议”后,各地武装起义相继展开。中共中央派毛泽东为特派员立即去湖南领导秋收起义。8 月 18 日,湖南省委开会,由毛泽东传达“八七会议”精神,讨论并制定了秋收起义的计划,并成立了以毛泽东为书记的秋收起义前敌委员会。9 月 9 日,在以毛泽东为书记的前敌委员会领导下,爆发了湘赣边界秋收起义。

参加这次起义的主力是原武昌国民政府警卫团,平江、浏阳的农军和安源的工人武装,合编为工农革命军第一军第一师,下辖四个团,共 5000 多人。领导机构是前敌委员会,毛泽东任党代表、卢德铭任总指挥。

起义爆发后,工农革命军曾取得白沙、醴陵、浏阳等战斗的胜利。接着,按照中共中央的原定方针,起义部队分别从修水、铜鼓、安源等三路进攻长沙。《西江月·秋收起义》这首词,就是在进攻长沙过程中写的。它以秋收起义为主题,描绘出一幅波澜壮阔的革命历史画卷。该词最早见于 1956 年 8 月出版的《中学生》杂志中谢觉哉所撰《关于红军的几首词和歌》,词题为《秋收暴动》,1986 年人民文学出版社出版的《毛泽东诗词选》改词题为《秋收起义》,最早正式发表在 1989 年版《毛泽东诗词选》。

意境赏析

《西江月》,唐教坊曲名,后用作词牌名,又名《白苹香》《江月令》等,由李白《苏台怀古》“只今唯有西江月,曾照吴王宫里人”而得名。后人填词,上、下阕的头两句,一般用对仗。《秋收起义》为词题。

这首词描绘的是工农革命军成立,并从江西开往湖南进攻长沙的历史画卷,它以平实凝练之语,自然纯朴之美,返璞归真之感,雅俗共赏之效,记述了秋收起义的军魂、过程、原因、声势,蕴含着对工农武装暴动的热情赞颂,表达了惊世骇俗的革命情怀。

首句“军叫工农革命，旗号镰刀斧头”，开宗明义点明了“秋收起义”这支革命军队的军魂。秋收暴动之前，何长工和师参谋兼一团团长钟文璋等三人奉命设计军旗的样式。他们很快制作完成，样式是：红色的底子象征着革命；中央有一颗五角星，代表中国共产党；星内是镰刀斧头交叉的图案，代表的工人和农民。旗面左侧沿旗杆的长条白布上，竖写着“工农革命军第一军第一师”。从而确定了毛泽东领导的中国共产党第一支革命军队的特征和性质。

“匡庐一带不停留，要向潇湘直进”，意谓秋收起义的这支工农革命军不在江西停留，而是直接进攻湖南省会长沙。表明了工农革命军的进攻目标和行军路线。“匡庐”，即庐山，据东晋慧远《庐山记》（一作《庐山记略》）记载，商周间有名士匡俗（一说叫匡绪）在今江西庐山结庐，因称匡庐或庐山，代指江西。“潇湘”，指潇水和湘江，通常“潇湘”二字联用代指湘江流域或湖南。“要向潇湘直进”，化用唐人元稹《奉和窦容州》“明公莫讶容州远，一路潇湘景气浓”。词中用匡庐代指江西，用潇湘代指湖南，使词的意境更加含蓄，视野更为广阔，语句更加典雅，诗情画意愈浓，不仅加大了字段时空的纵深感，将行军活动同大自然的青山秀水融为一体，相得益彰，而且更加显示出工农革命军的风姿神威。

“地主重重压迫，农民个个同仇”揭示了秋收起义的社会根源，说明工农武装起义是当时阶级矛盾和阶级斗争发展激化的必然趋势。在半殖民地半封建的旧中国农村，社会主要矛盾是地主阶级与农民阶级之间的矛盾。地主阶级代表着封建主义，他们凭借着对土地的所有权，在国家政权的保护下，残酷压榨农民的血汗，搞得广大农民处于水深火热之中，住不安居，衣不遮体，食不果腹，在饥寒交迫的生死线上挣扎，严重阻碍了中国社会的发展，逼得劳苦大众不得不拿起武器奋起反抗，在中国共产党的领导下，举行武装起义。首先完成推翻地主阶级为代表的封建主义统治的民主革命，土地革命就属这一革命范畴。“地主重重压迫”，揭示了地主阶级对农民阶级的压榨手段花样繁多，层出不穷。“农民个个同仇”，显示出农民阶级广泛发动组织起来，投身于反抗地主阶级的火热斗争，万众一心，同仇敌忾，势不可当。

“秋收时节暮云愁，霹雳一声暴动”，这两句看似描绘日暮夕云、霹雳雷声的自然现象，实则点出了秋收起义的导火索和惊天震地的巨大声势。秋收时节是一个怎样的境况呢？农民一年辛苦，收获将要到手，这本是大家翘首盼望、值得高兴的时节，但是地主逼租，收获的稻谷交租之后所剩无几，农民依靠这剩得不多的粮食，又将如何度过即将来临的漫长寒冷的严冬，熬过来年青黄不接的春季，等到第二年的秋收呢？这怎能不令广大农民发愁？物极必反，愁到忍无可忍的极点，就发出“霹雳一声暴动”的怒吼！只能走武装革命的战争道路，自己拯救自己，自己解放自己。中国封建势力盘踞已久，根深蒂固，农民阶级灾难深重，蓄势待发，唯有惊天震地如霹雳一样的武装革命，才能震撼、摧毁旧中国，创建一个新中国。

解读感悟

解读《西江月·秋收起义》，要同《西江月·井冈山》《清平乐·蒋桂战争》《采桑子·重阳》三首词放在一起解读。这不仅在于四首词的创作时间相邻，《秋收起义》在1927年，《井冈山》在1928年秋，《蒋桂战争》在1929年秋，《采桑子》在1929年10月。而更为重要的是：这四首词所记述的历史事件有着不可分割的内在逻辑联系。1927年9月9日爆发的秋收起义，是毛泽东执行“八七会议”决议，为中国革命创建的第一支工农武装，是对自己“枪杆子里面出政权”论断的伟大实践。同年10月，这支武装起义队伍经过三湾改编，在毛泽东率领下进入井冈山地区，成功地创立了第一个农村革命根据地，使中国革命进入到工农武装割据的时代，开辟了在农村建立根据地，用农村包围城市，最后夺取城市的中国革命道路。而代表帝国主义各国利益的中国内部各派军阀的矛盾和战争，则给中国革命工农武装割据局面的形成、发展创造了有利条件，使之成为可能。另外，要把解读这首词同学习毛泽东1928年10月至11月写的

《中国的红色政权为什么能够存在?》《井冈山的斗争》及1930年1月写的《星星之火,可以燎原》结合起来,从而使我们深刻理解:毛泽东的这四首词实际上是运用诗歌语言的文学表现方法,形象地阐释上述理论著作,揭示出建立农村革命根据地,走武装割据道路,实行土地革命等思想所具有的强大生命力。

毛泽东的《西江月・秋收起义》这首词之所以有着非同寻常的意义,因为它是毛泽东"枪杆子里面出政权"著名论断的伟大实践,谱写了以武装斗争、建立政权和深入土地革命为主要内容的"工农武装割据"光辉思想和以农村包围城市胜利道路的序章,是充满强烈的战斗性、鼓动性的号角。关于应以怎样的坚定信念来理解秋收起义的意义,1927年9月20日,也就是发动秋收起义的第十一天,毛泽东站在操场上对工农革命军第一师官兵动员时这样讲:"我们有千千万万的工人和农民群众的支持,只要我们团结一致,继续勇敢战斗,胜利一定是属于我们的。我们现在的力量很小,好比是一块小石头,蒋介石好比是一口大水缸。总有一天我们这块小石头,要打破蒋介石那口大水缸。"

星星之火,可以燎原,继南昌、秋收和广州三次大的武装起义之后,各地工农革命武装起义,如雨后春笋,蓬勃兴起。如1927年10月,彭湃等在广东海丰地区领导农民自卫军举行的武装起义;同月,杨善集、王文明、冯白驹在海南岛的安定、琼山等地发动的农民起义;11月,潘忠汝、吴光浩等领导的湖北黄安、麻城起义等;1928年1月,方志敏、邵式平、黄道等在江西弋阳、横峰领导的农民武装起义;同月下旬,朱德、陈毅等率领南昌起义保留下来的部分队伍在湖南地区地方党的配合下举行了宜章、郴州等县的年关起义。其他各地较大的起义还有:3月,贺龙、周逸群领导的洪湖、湘鄂边地区农民起义;3月至6月,郭滴人、邓子恢、张鼎丞领导的闽西龙岩、永定等地的起义;5月,刘志丹、谢子长、唐澍等在陕西渭南、华县领导士兵和农民的武装起义;7月,彭德怀、滕代远、黄公略等领导的湖南平江起义;1929年10月至1930年初,邓小平、张云逸、李明瑞、俞作豫等先后在广西左、右江地区领导的百色起义和龙州起义。此外，山东、河北、江苏、四川等省，在当地党组织领导下，都发动了多次武装起义。

从全局来看，这些武装起义的力量还很弱小，革命形势仍处于低潮。但是，经过这些起义，越来越多的革命者开始认识到：到农村去，特别是到那些受过大革命风暴影响的农村中去，会有革命发展的广阔天地。各地的起义虽然大部分都失败了，只有少数取得了成功，但各地保留下来的一部分革命武装深入农村，开展游击战争，为后来建立、发展红军和农村革命根据地，奠定了初步的基础。

西 江 月
井 冈 山

一九二八年秋

山下旌旗在望，山头鼓角相闻。
敌军围困万千重，我自岿然不动。
早已森严壁垒，更加众志成城。
黄洋界上炮声隆，报道敌军宵遁。

写作背景

1927年9月11日，中共中央命令毛泽东领导的秋收起义部队驻修水的一团、驻铜鼓的三团、驻安源的二团，兵分三路向平江、浏阳、萍乡推进，目标是会攻湖南省长沙。由于兵力分散，对敌情估计不足，缺乏在敌强我弱形势下的作战经验，使起义军进攻长沙遭到重创，损失严重。于是，毛泽东为了保存革命实力，及时将部队撤出会攻长沙的战斗，9月19日，余部1500人到浏阳以东的文家市集结。在这里，毛泽东主持召开前敌委员会会议。会上，工农革命军第一师指挥三个团的师长余洒度，仍主张部队继续向长沙进攻。毛泽东则认为：在革命处于低潮时，攻打长沙这样的中心城市是不现实的。他主张放弃原来进攻长沙的计划，将余部1500人的工农革命军转移到敌人力量薄弱的农村山区，在那里保存革命力量，求得队伍的发展壮大。当晚经过激烈的争论，起义部队前敌委员会通过了毛泽东关于放弃进攻长沙的主张，决定转向敌人统治力量薄弱的农村山区，寻求落脚点，保存实力，再图发展。

1927年9月29日，部队到达江西省永新县三湾村，前敌委员会决定对千人的队伍进行改编，由原来的一个师缩编为一个团；建立党的各级组织和党代表制度，党的支部建在连上，班排有小组，连以上设党代表，营团建立党委;在连以上建立各级士兵委员会,实行民主制度,在政治上官兵平等。三湾改编从组织上确立了党对军队的领导,是新型军队建设的重要开端。

经过三湾改编的工农革命军究竟向何处进发呢?毛泽东此时早已心中有数。先前,他从参加安源矿工起义的一名北伐军军官王新亚那里了解到,井冈山袁文才和王佐的队伍以及罗霄山脉的地理位置,得知井冈山的群众基础和地形条件比较好,便于 1927 年 10月,率领湘赣边界秋收起义部队到达井冈山北麓的宁冈县茅坪,开始了创建以宁冈为中心的井冈山农村革命根据地的艰苦斗争。

井冈山,位于罗霄山脉中段,在湘赣两省的宁冈、酃县、遂州、永新四县之交,南北绵延 90 里,东西间隔 80 里 ,面积 550 平方公里,号称“五百里井冈”。山势险峻,峰峦环抱,森林茂密,遮天蔽日,易守难攻,非常有利于工农革命军的固守、发展和壮大。

1928 年 4 月中旬,朱德、陈毅率领南昌起义保留下来的一小部分部队和湘南起义军陆续转移到井冈山地区,与毛泽东领导的部队在宁冈砻市会师,这就是后来中国革命历史所说的“井冈山会师 ”。促成朱、毛会师的有两个重要“联络人”,一个是由毛泽东派出找朱德的何长工,另一个就是由朱德派出找毛泽东的毛泽东小弟毛泽覃。这两支会师部队合并成立了工农革命军第四军(后改称为中国工农红军第四军),下设三个师。朱德任军长,毛泽东任党代表,陈毅任政治部主任,王尔琢任参谋长。5 月,湘赣边界党的第一次代表大会在宁冈茅坪召开,会议选举产生湘赣边界党的最高领导机关——中共湘赣边界特委,毛泽东任书记,统一领导湘赣边界红军和根据地的革命斗争。到 6 月间,湘赣边区进入了全盛时期。

就在革命斗争形势极为有利的时候,湖南省委派代表杜修经来到井冈山根据地,他坚决主张红军毫不犹豫地向湘南发展,只留 200 支枪同赤卫队保卫井冈山边界。7 月中旬,杜修经强令红军主力二十八团和二十九团进攻郴州,8 月,红军遭到惨败,改编后的二十八团退往桂东。时任红军党代表的毛泽东闻讯后,亲自带三十一团的第三营前去迎还红军大队,只留下袁文才、王佐和人数不多的第一营坚守井冈山。这时,湘敌吴尚第八军第一师三个团及赣敌的一部,乘红军主力欲归未归、内部空虚之际,以比红军多十几倍的兵力进犯井冈山,从酃县赶至黄洋界下桥村。我守军第一营闻讯后,于 8 月 28 日星夜兼程赶往迎击。29 日,动员井冈山全体军民组织暴动队、少先队、妇女队,加固黄洋界工事。30 日,敌军以绝对优势兵力先后向黄洋界发动四次猛烈进攻,井冈山军民凭黄洋界天险抵抗,英勇奋战。敌人一个团被打垮,死伤 100 多人。次日中午,红军由茨坪调来唯一的一门迫击炮进行增援,打出仅有的两发炮弹,弹弹命中目标。敌军以为红军主力回到山上,于是乱放一阵炮,趁着夜幕的掩护撤退了。井冈山军民取得了黄洋界保卫战的胜利。

9 月 26 日,毛泽东率领红军主力返回井冈山,在回山的路上,喜闻胜利捷报,豪情满怀,欣然命笔,写下了《西江月·井冈山》。这首词最早发表于《诗刊》1957 年 1 月号上。

意境赏析

西江月,是词牌名,见前注。“井冈山”,是词的题目。

《西江月·井冈山》这首词高度赞扬了保卫井冈山的英勇军民,洋溢着对革命的必胜信心和乐观精神,是描写红军早期胜利的光辉革命史诗。

上阕写我军严整的部署和昂扬的士气。

“山下旌旗在望,山头鼓角相闻”,描写了守卫井冈山军民的严阵声势。“旌旗”指中国工农红军的战旗,“鼓角”指鼓舞中国工农红军士气的战鼓和军号声。两句洋溢着工农红军阵地上严阵以待、从容应敌的热烈场面。俯瞰山下,我军战斗的旗帜依然鲜明而稳固地插在阵地上;仰望山上,我军的战鼓咚咚,军号嘹亮,响彻云霄。

“敌军围困万千重,我自岿然不动”,此句描绘了敌我双方严重对峙,向远望去,敌军正密密麻麻、层层叠叠地向井冈山阵地进犯,气势汹汹,不可一世;看山上,面对敌人的嚣张气焰,在黄洋界的防御阵地上,井冈山根据地的军民巍然挺立,勇猛果敢,毫不动摇。

下阕写军民万众一心,粉碎敌人的围攻,取得战斗的胜利。“早已森严壁垒,更加众志成城。”在黄洋界保卫战之前,指挥员和根据地军民早已做好充分准备,动员井冈山全体军民,组织暴动队、少先队、妇女队,加固黄洋界工事。在保卫战开始的前一天下午,第三十一团的党代表何挺颖召集留守井冈山的第一营连级以上干部开会做战前动员:“目前全国革命低潮时期,广州暴动失败了,海陆丰苏维埃区,湖北黄(安)麻(城)、湘东湘南暴动都暂时受到了挫折,湘西未发动起来,全国目前只剩下井冈山这一小块红色政权。现在湘赣两省敌人全面向我进攻,企图乘我主力不在之际拿下井冈山,我们必须以生死与共的决心坚守住井冈山。只要这一小块根据地还保存着,这面红旗不倒,就向全国人民说明,反动统治阶级永远消灭不了革命。”根据地的指挥员和军民认识到黄洋界保卫战的重要性, 团结一致, 齐心协力、加固黄洋界工事。不但万众一心 、众志成城,而且铸就了固若金汤的防御阵地。“黄洋界上炮声隆,报道敌军宵遁”,这两句宣告黄洋界保卫战的结果:以我军胜利敌军败退而告结束。黄洋界在井冈山西北部,海拔1342米,是当年根据地五大哨口(其他四个哨口是:东面桐木岭、南面朱砂冲、西面双马石、北面八面山)之一,是进入井冈山的交通要道,地势最为险要。左临深谷,右靠峭壁,有“一夫当关,万夫莫开”之概。当时守卫黄洋界哨口的三十一团一营的两个连,激战一昼夜,打出仅有的两发炮弹,弹弹命中目标,敌人以为红军主力回到山上,连夜撤退逃跑。

黄洋界保卫战的规模在战争史上,虽然算不上什么一个大战役,但其胜利的意义是极为重大的,如果黄洋界失手,国民党军队趁红军主力不在山上乘虚而入,扑灭这中国革命的星星之火,红四军将痛失苦心经营了一年多的井冈山革命根据地,中国革命史很可能就要改写。黄洋界保卫战的胜利，在革命危急关头为中国革命保存下这宝贵的星星之火，这怎能不令创建这块革命根据地的毛泽东欣喜万分，踌躇满志，豪情满怀，慷慨激越地谱写下这战地华章，革命史诗！

解读感悟

在黄洋界保卫战中，为什么工农红军能够凭借哨口天险，以少胜多，以弱胜强，击退兵力比我军多出十多倍的敌人数次进攻呢？

第一，是三湾改编从组织上确立了党对军队的领导，在红军中建立了各级组织和党代表制度，党的支部建在连上，班排有小组，连以上设党代表，营、团建立党委。各级党组织强有力的思想政治工作，加强了党组织的战斗堡垒作用，党员的先锋模范作用。保卫战开始前夕，党代表何挺颖召集连级以上干部开会做动员，使大家充分认识黄洋界保卫战的重要意义。这对当时驻守井冈山红军官兵团结一致，同心协力，勇敢顽强，拼守阵地，击退敌人进犯起了关键作用。

第二，井冈山的斗争主要是军事斗争，前敌委员会十分重视军队建设。1927 年年底，毛泽东规定部队必须执行打仗消灭敌人、打土豪筹款子、做群众工作三项任务。红军来了，贫苦的农民不但拥有了土地，可以享受土地上的收获，他们甚至还知道了“苏维埃”（人民代表大会）和“无产阶级革命”这些从未听到过的新鲜事，在政治上翻身当家做主人。当他们眼见为实地认为值得而且必须付出的时候，就会毫无保留和不计代价地付出自己的一切，包括流血牺牲誓死捍卫革命根据地，捍卫苏维埃政权，捍卫自己来之不易的革命胜利果实。正如毛泽东 1934 年 1 月 27 日在瑞金第二次全国工农兵代表大会上所做总结《关心群众生活，注意工作方法》所言：“同志们，真正的铜墙铁壁是什么？是群众，是千百万真心实意地拥护革命的群众。这是真正的铜墙铁壁，什么力量也打不破的，完全打不破的。反革命打不破我们，我们却要打破反革命。在革命政府的周围团结起千百万群众来，发展我们的革命战争，我们就能消灭一切反革命,我们就能夺取全中国。”这就是所谓的“众志成城”。当时,红军刚在井冈山站住了脚,就施行了一系列“打土豪、分田地”的举措,赢得群众真心实意地拥护。将群众发动、组织起来,迅速建立了一个农民拥护的革命政权,心甘情愿地保卫这个政权,保卫革命带来的胜利果实,他们就同红军一道保卫井冈山革命根据地,一次次打退敌人的进犯。

第三,红军纪律严明,深得群众拥戴。1928 年 4 月,毛泽东规定红军部队必须执行三大纪律、六项注意。三大纪律是:第一,行动听指挥;第二,不拿工人农民一点东西;第三,打土豪要归公。六项注意是:一是上门板;二是捆铺草;三是说话和气;四是买卖公平;五是借东西要还;六是损坏东西要赔。后来,六项注意又增加洗澡避女人、不搜俘虏腰包两项内容,从而发展成三大纪律、八项注意。红军模范地遵守执行了这些纪律。就在 1928 年 8 月底,毛泽东率领的三十一团三营和二十八团余部在回井冈山的途中,战士因为饥饿吃了农民的玉米,毛泽东马上通知部队原地休息并进行了纪律教育。他当着官兵的面在一块竹牌上写着:“因为我军肚子饿了,为了充饥,把你的苞米吃了,违犯了纪律。现在把两元钱(光洋)埋在土里,请收下。”这样的军队怎能不得民心!群众怎能不把这样的军队当成自己的军队,怎能不同这样的军队心连心,同呼吸,共命运,并肩战斗,保卫革命根据地,保卫胜利果实。

清　平　乐
蒋桂战争
一九二九年秋

风云突变，军阀重开战。
洒向人间都是怨，一枕黄粱再现。
红旗跃过汀江，直下龙岩上杭。
收拾金瓯一片，分田分地真忙。

写作背景

1927年7月15日，汪精卫在武汉召开"分共会议"，宣布同共产党决裂，公开叛变革命。但国民党与国民政府并未因此而马上统一起来，在全国960万平方公里的土地上，由帝国主义列强操纵，形成了大大小小的军阀封建割据的局面。所谓军阀，是专指在帝国主义和国内买办豪绅阶级支持下进行武装割据，不惜残害人民的军事官僚政客。本词所说的军阀是指国民党新军阀，即相对于以袁世凯、段祺瑞、冯国璋等为代表的旧北洋军阀而言。这种四分五裂的军阀割据是一种什么样的局面呢？在南京，有蒋介石控制的"国民政府"和"中央党部"以及由其直接操纵的中央军，势力最大；在广东，粤系军阀陈济棠掌控局面；在广西，桂系军阀李宗仁、白崇禧独霸一方；在河南、陕西和陇海铁路一带，是冯玉祥的势力范围；在山西，阎锡山不准他人染指，成为针插不进、水泼不进的独立王国；在东北和华北，奉系军阀张作霖盘踞，称王称霸；依附于奉系军阀张作霖的张宗昌盘踞山东。此外，云、贵、川等地也有大大小小的军阀割据。军阀与军阀之间不时地轮番明争暗斗，兵戎相见，此起彼伏，此伏彼起。正如毛泽东于1928年10月5日所作的《中国的红色政权为什么能够存在?》一文指出："国民党新军阀蒋桂冯阎四派，在北京天津没有打下以前，有一个对张作霖的临时的团结，北京、天津打下以后，这个团结立即解散，变为四派内部激烈斗争的局面。蒋桂两派且在酝酿战争中。中国内部各派军阀的矛盾和斗争反映着帝国主义各国的矛盾和斗争。故只要各帝国主义分裂中国的状况存在，各派军阀就无论如何不能妥协，所有妥协都是暂时的。今天的暂时的妥协，即酝酿着明天的更大的战争。”

不出毛泽东所料，果然，1929 年 3月，蒋介石集团为争夺湖南、湖北这个华中地区，打击桂系，发动对桂系军阀李宗仁的战争。当时以李宗仁为首的武汉政治分会，对蒋介石是名义上服从，财政、军事却自成一体。蒋介石以桂系撤免鲁涤平湖南省主席职务为借口，调兵西进挑起战争。蒋介石用收买利诱等阴谋手段，将其他军阀拉拢在自己一边，使桂系李宗仁孤立起来，迫使李宗仁、白崇禧逃往国外。4 月初，蒋军控制了两湖大部分地区。5 月以后，蒋介石由湖南、广东追击桂军，6 月初，桂系失败，蒋桂战争结束。8 月间，蒋介石和冯玉祥、阎锡山的第一次战争又爆发了。那么为什么词的题目不用“蒋冯阎战争”而选用“蒋桂战争”呢？这是由此词的主旨决定的。此词的主旨不在叙写军阀战争，而是在歌颂革命形势的发展和土地革命的展开。而对红军大好形势的发展产生直接影响的，在当时主要是蒋桂战争。

毛泽东在《中国的红色政权为什么能够存在?》一文中指出：“我们只须知道中国白色政权的分裂和战争是继续不断的，则红色政权的产生、存在并且日益发展，便是无疑的了。”蒋桂战争期间，新军阀的内讧使江西境内的敌人兵力空虚，毛泽东不失时机地于4 月1 日回师赣南开展游击战争，发动群众进行土地革命，先后占领了兴国、宁都、瑞金、于都、广昌等县，巩固和扩大了赣南苏区。5 月初，蒋介石收买闽西军阀陈国辉，带领主力部队伙同赣南军阀张贞一部入粤讨伐徐景唐，闽西腹地空虚，毛泽东率红军于 19 日再度入闽，21 日自水土渡汀江，向龙岩长驱直入，23 日攻克龙岩，6 月3 日、19 日又两次攻克龙岩，消灭了陈国辉部近 3000 人。9 月21 日拂晓攻克上杭，消灭卢新铭旅3000 人。至此，以龙岩、上杭、永定、连城、长汀五县为中心的闽西革命根据地初步形成,革命力量得以发展。

此时,毛泽东看到革命形势的发展如火如荼,看到土地革命运动轰轰烈烈地开展起来,欣然写了《清平乐·蒋桂战争》这首词。

意境赏析

这首词通过对军阀混战和红军创建革命根据地的对比描写,歌颂了党领导下的红军和根据地人民的伟大革命精神以及广大农民分到土地的欢天喜地景象。

“清平乐”,词牌名,小令,又名《清平乐令》《万年枝》《醉东风》等。“蒋桂战争”是词的题目,指的是1929年春蒋介石南京集团与李宗仁、白崇禧桂系军阀集团为争夺湖南、湖北而发生的战争。这首词最早发表在《人民文学》1962年5月号。

本词分上、下阕。上阕写敌,揭露军阀混战给中国人民带来的深重灾难。下阕写我,描绘红军势如破竹地进军给根据地人民带来翻身分田地的欢腾景象。

上阕一、二句“风云突变,军阀重开战”,借用风起云涌的自然景象,描绘出政治局势的变化莫测,点明政治局势动荡的起因及“蒋桂战争”的性质。“风云突变”的“突”字表现了军阀们欲壑难填,为了抢占地盘,扩大势力范围,不时发动战争。“军阀重开战”的“重”字,既表达了军阀之间的战争频繁,连年不断,又道破了新军阀的好战本性,并为下句的“洒向人间都是怨”埋下伏笔。

上阕三、四句“洒向人间都是怨,一枕黄粱再现”。“洒”字,同第一句的“风云”相承,借助于风云突变酿成催发暴雨来临的自然景观,形象生动地展现了军阀战争带给人民深重而普遍的苦难。“都是怨”一词,反映了人民大众对军阀混战的埋怨愤恨心理和反抗情绪。那么,给人民带来怨恨的军阀战争会给发动战争的军阀们带来什么结果呢?毛泽东用“一枕黄粱”这个典故来暗喻。“一枕黄粱”语出唐代沈既济传奇《枕中记》,

叙述一个落魄读书人卢生，在客店遇一道士，卢生向道士诉说自己的不幸，道士给了他一个枕头，告诉他枕上枕头睡觉可以满足功成名就、青云直上的心愿。卢生照办，果然如道士所言，梦中他中举成为显贵，封妻荫子。高兴之极醒来，却是一场美梦，入梦时店主人煮的黄粱饭还未煮熟。"一枕黄粱再现"指出军阀们妄想依靠武力争权夺利、独占中国的企图，如同卢生的黄粱美梦一样，在人民群众的强大革命力量面前，终将成为泡影，嘲讽并揭示了新旧军阀的野心和必然失败的命运。这句中的一个"再"字与上句中的"重"字相呼应，借助于历史上军阀战争的可耻结局，说明这场新军阀战争是同样的下场。

下阕第一、二句，"红旗跃过汀江，直下龙岩上杭"。红旗代表红军、代表革命、代表胜利的形象。汀江，又称汀水、鄞江，源出福建宁化西南与江西交界处的长汀县上坪山，曲折南流，长210公里，经长汀、上杭等四县，入广东省境，后南注大海。"红旗跃过汀江"，指红军进入闽西。"龙岩"，县名，在福建省西南部，有千年历史，"上杭"，县名，在福建西南部，毗邻广东，有700年历史，是第二次国内革命战争红军的根据地之一，著名的古田会议就是在上杭县古田镇召开的。"红旗跃过汀江，直下龙岩上杭"描写的是红军趁着蒋桂战争，闽西腹地空虚，以迅雷不及掩耳之势神速跨越汀江，势如破竹般地所向披靡，先后于5月23日、6月3日、6月19日三克龙岩，消灭龙岩陈国辉部3000余人，9月21日攻克上杭，消灭卢新铭部3000人，创建了闽西革命根据地。

下阕三、四句"收拾金瓯一片，分田分地真忙"。"金瓯"是成语，指黄金做的小盆、酒杯、茶杯等器皿，语出《南史·朱异传》，南梁武帝时，北魏侯景想带其辖地来降，武帝想接纳，又疑其诚意，犹豫不定，自言自语道："我国家犹若金瓯，无一伤缺。"又闽西古属东瓯，宋置瓯宁，民国置建瓯，均在闽西。词中所谓金瓯一片，兼有闽西地区含义。"收拾金瓯一片"，是说祖国大地在军阀的割据下，四分五裂，犹如将金瓯打成碎片，红军在闽西建立革命根据地，重整山河，收拾了其中的一片，表达了毛泽东对新开辟的闽西革命根据地的极其珍爱。那么,收拾好的一片土地上又是一种怎样的景象呢?同军阀混战造成的“洒向人间都是怨”截然相反,形成鲜明对比。在革命根据地里,共产党领导的苏维埃政府和红军打土豪分田地,实行土地改革,切实解决中国农民最为迫切的土地问题,广大农民正在开会、量地、分地、整地、割稻,一片繁忙景象,呈现出获得土地后广大农民的无限喜悦之情。

解读感悟

如果说毛泽东《中国的红色政权为什么能够存在?》等著作,从理论上论证了建立农村革命根据地、走武装割据道路、实行土地革命等思想所具有的强大生命力,那么,毛泽东的诗词《清平乐·蒋桂战争》,则是用诗歌语言的文学形式阐释了同样的思想。

毛泽东在《中国的红色政权为什么能够存在?》一文中,曾指出:“这种奇事的发生,有其独特的原因。而其存在和发展,亦必有相当的条件。……它的发生不能在任何帝国主义国家,也不能在任何帝国主义直接统治的殖民地,必然是在帝国主义间接统治的经济落后的半殖民地的中国。因为这种奇怪现象必定伴着另外一种奇怪现象,那就是白色政权之间的战争。帝国主义和国内买办豪绅阶级支持着的各派新旧军阀,从民国元年以来,相互间进行着继续不断的战争,这是半殖民地中国的特征之一。不但全世界帝国主义国家没有一国有这种现象,就是帝国主义直接统治的殖民地也没有一处有这种现象。这种现象产生的原因有两种,即地方的农业经济(不是统一的资本主义经济)和帝国主义划分势力范围的分裂剥削政策。因为有了白色政权间的长期的分裂和战争,便给了一种条件,使一小块和若干小块的共产党领导的红色区域,能够在四周白色政权包围的中间发生和坚持下来。……我们只须知道中国白色政权的分裂和战争是继续不断的,则红色政权的发生、存在并且日益发展,便是无疑的了。”这段话详尽地阐明了军阀混战与建立革命根据地实行土地革命之间的内在关系。

诗词的感情倾向是建立在一定的理性基础之上的,这是情与理的关系。毛泽东在《中国的红色政权为什么能够存在?》中所阐述的理,反映在次年写的《清平乐·蒋桂战争》中,当然不能用抽象的议论率直写叙,而是把触发真情实感的景色或事物,用诗歌语言的文学表现方法来形象地阐释。如在解读本词的写作背景部分时所述:新军阀的内讧造成江西境内的敌人兵力空虚,红军在赣南开展游击战争,巩固和扩大了赣南苏区,发动群众进行土地革命,又趁敌人在闽西地区兵力空虚,跃过汀江,占领龙岩、上杭,创建了闽西革命根据地。领导广大农民打土豪,分田地。用诗歌语言的文学表现方法,形象地揭示出毛泽东趁军阀混战之机建立农村革命根据地,走武装割据道路,实行土地革命等思想所具有的强大生命力。由此可见,毛泽东诗词本身就是一部革命史诗。我们在学习毛泽东诗词过程中,应将毛泽东著作和毛泽东诗词结合起来,相互参证,相得益彰,就能从情感抒发和理论分析的结合上更深入地领会毛泽东诗词的真谛,同时更深刻地理解中国共产党的历史。

采 桑 子

重 阳

一九二九年十月

人生易老天难老，岁岁重阳。
今又重阳，战地黄花分外香。
一年一度秋风劲，不似春光。
胜似春光，寥廓江天万里霜。

写作背景

1929 年 5 月至 9 月，毛泽东趁军阀战争闽西腹地空虚，率领红军横跃汀江，先后于 5 月 23 日，6 月 3 日、19 日三克龙岩，开辟了赣南、闽西革命根据地，使之成为建立中央根据地的基础。随着革命斗争形势的不断发展，在转战赣南、闽西的过程中，红军内部在建军原则、建立根据地一系列重大问题上的分歧趋于公开化。6 月 22 日，即在红军 6 月 19 日第三次攻克龙岩的第三天，红四军党的第七次代表大会在龙岩召开。毛泽东原打算利用这次会议解决认识问题。按照毛泽东的主张，中国革命不可能走全国范围的、包括一切地方的、先争取群众后建立政权的道路，而是要通过红色政权来创建红军，使之成为将来大革命的主要工具。这就明确了建立小块红色根据地是将来夺取全国政权的必要条件和必经之路。这在实际上否定了“城市中心论”，提出了“以乡村为中心”的思想，开始形成了共产党在农村先建立和发展红色政权，待条件成熟时再夺取城市、夺取全国政权的关于中国革命道路的理论。

毛泽东的主张，不但没有在党的代表大会上得到认可，反而受到错误路线的排挤。由此，毛泽东在红军第七次代表大会上落选，丢掉了前委书记的职务。他被调离红四军的领导岗位后去做地方政府工作，领导组织实施土地革命,开展"收拾金瓯一片,分田分地真忙"的热火朝天的根据地建设。这期间,毛泽东身染疟疾,后在永定县合溪苏家坡养病,差一点儿被敌人搜捕,险落敌手。9 月 21 日,红军攻克上杭。10 月上旬,红四军决定在上杭召开党的第八次代表大会,前委通知毛泽东去参加,却没有恢复他前委书记的职务。10 日前后,担架抬他来到上杭县城,住在临江楼继续休养。这时,重阳佳节来临(重阳,节令名,古人以九为阳,因日、月都逢九,两阳相重,故称阴历九月初九为"重阳",又叫重九,按照我国传统,民间有登高和赏菊习俗)。这一年的重阳节正值公历 1929 年 10 月 11 日,这是一个秋高气爽的日子,临江楼院子里,黄色的菊花如撒金般盛开。毛泽东登楼赏菊,目接秋色之丽与闻黄花之香,触景生情,借景抒情,遂填词《采桑子·重阳》。本词最早发表在《人民文学》1962 年 5 月号。

意境赏析

本词抒发了无产阶级革命家的战斗豪情,歌颂了革命的战争观,以诗歌的文学语言形式揭示了辩证唯物主义的宇宙观和共产主义的人生观,赋予深刻的哲理意蕴,表达了对革命必胜的坚定信念。

《采桑子》,词牌名,小令,又名《丑奴儿》《罗敷媚》等。重阳即重阳节,词的题目。

上阕写重阳感受。起句以议论入词,宛如一山飞峙,立势突兀。"人生易老天难老",化用唐代诗人李贺《金铜仙人辞汉歌》:"衰兰送客咸阳道,天若有情天亦老",这里说的是兰花的衰枯是情使之然,有情之物都会衰老枯谢。别看苍天日出日落,光景常新,终古不变,假若它有情的话,也照样会衰老。它有力地烘托了金铜仙人(实即李贺自己)的艰难处境和凄苦情怀。毛泽东反其意而用之的"人生易老天难老",是说人是有感情有意志的,自然容易衰老;而天地宇宙无情感无意志,会长久存在下去。正因为如此,就"岁岁重阳",年年都有重阳节。从而在泛论人生与自然规律的基础上,带出"重阳"主题。"今又重阳",即今天又到了重阳节。

这个重阳节在革命者心目中呈现出怎样的景象呢？从毛泽东当时的处境来说，思想上受到批判，政治上被免去前委书记职务，身体上又患疟疾。面临这些事，对一般人来说，会难以承受，情绪低落，甚至一蹶不振。但对久经艰难险恶环境历练，具有无产阶级宽广胸怀、高度革命乐观主义精神、威武不能屈的坚强性格的毛泽东来说，却坚信革命事业胜利前进是不以领导者们的错误意志为转移的，前进道路是曲折的，革命前途是光明的，在“山重水复疑无路”的时候，终会有“柳暗花明又一村”的到来。所以吟出“今又重阳，战地黄花分外香”的词句，意谓在今天的这个重阳节，在刚刚经过战火洗礼的土地上，遍野盛开的黄花，在俊爽的秋光里，就特别香气袭人。

下阕是对秋的赞美。“一年一度秋风劲，不似春光”，这讲的是一般的自然规律和人们对春季与秋季的不同感受，一年一度的秋季到来的时候，秋风遒劲肃杀，黄叶落地，不像春光那样明媚，不像春风那样和煦，不像万紫千红的百花那样盛开。但秋光“胜似春光，寥廓江天万里霜”。你看那天高气爽的秋色里，海阔天空，一片明净，在五彩斑斓的大地上，有金黄的菊花盛开，有红色的枫叶层林尽染，有丹桂散发的馥香扑鼻而来，有累累果实挂满枝头等人采摘，有令人陶醉的稻谷待人收获，有水静波平的汀江展现眼前，有万里严霜的壮美引人神往，更有那革命形势的不断发展、革命根据地的不断壮大、土地革命如火如荼的深入开展。毛泽东在这里绝不是单纯地描写自然秋景比春景壮观，而是以景喻事，以景抒情。“秋风劲”带来“寥廓江天万里霜”，用秋风后自然景观的辽阔壮美，预示革命武装的发展必带来红色根据地和苏维埃政权的巩固和扩大，展现出一幅革命前景的壮阔画卷，再次显示了一代革命家的伟大风范和非凡气度。

解读感悟

“人生易老天难老”是《采桑子·重阳》的纲，是辩证唯物主义宇宙观用诗歌语言的表述，由它发端，引出“重阳”主题。这句词是对唐代诗人李贺《金铜仙人辞汉歌》中“天若有情天亦老”的反其意而用之。唐宋八大家司马光称李贺的这句诗“奇绝无对”。由于其意境辽阔高远，感情执着深沉，文人骚客赞美其为千古名句。但它比起“人生易老天难老”就显得逊色了，思想境界就相对差些了。

李贺的诗句“天若有情天亦老”，意谓别看苍天日出日落，光景常新，终古不变，假若它像人一样有情感的话，也照样会衰老。李贺在这里借用金铜仙人暗喻自己的艰难处境和凄苦情怀。而毛泽东的诗句“人生易老天难老，岁岁重阳”，则讲的是一般的自然规律和人生规律。其意蕴是：人生有常，宇宙无尽。每年的这个时候都是重阳节，沧桑的人世，蹉跎的岁月，多舛的经历，未酬的壮志，在滚滚的时间长河中都显得微不足道。吟诵到这里，我们似乎感到：身处逆境的毛泽东看着遍地经历了战火洗礼的黄花和俊爽的秋光，豪情壮志充满胸间。毛泽东似乎还在昭示我们：一个人的生理年龄虽然有限，容易衰老，但如投身于革命洪流之中，为人民建功立业，便可永葆革命青春，其精神年龄便会像天那样，难以衰老了。

“人生易老天难老”，富有深刻的哲理意蕴：首先，“人生易老”，只是相对于“天难老”而言，丝毫不含有消极感伤的情绪。其次，“天难老”是说宇宙间的一切事物在不断地发展变化，生生不已，光景常新，无穷无尽。由此使我们树立起积极乐观的世界观、人生观。唯物辩证法要求我们将“人生易老”和“天难老”二者结合起来，在人类历史发展的长河中，特别要注意珍惜有限的生命，在鲜活生命存在于世这几十年的宝贵时间，奋发图强，立德、立功、立言，实现人生价值，不要白白活着度过一生，而要像雷锋、郭明义等先进英雄模范人物那样，将有限的生命投入到无限的为人民服务之中去，为多数人做好事，谋福祉。为自己生存的这个社会、这个时代发挥光和热，使生命从小我化为大我、在有限积为无限的过程中绽放光华，使生命的内涵更加充实，更加丰富，更有价值，更放光彩。这样，就会在我们生命走到终点的时候,不因碌碌无为而羞耻,也不为虚度年华而悔恨,便可含笑于九泉。

深入领悟“人生易老天难老”这个富有哲理的格言,将自己的人生升华到一个新的境界。要明白:人生虽易老,但是天难老。所以在人生征程中,始终要以革命乐观主义精神,以对人类发展前景充满光明信念,理智地面对前进道路上的各种艰难险阻和人生危境,特别是在那“山重水复疑无路”的时候,要看到“柳暗花明又一村”,去感受那“今又重阳,战地黄花分外香”的馥郁,去领略那“胜似春光,寥廓江天万里霜”的景象。

如　梦　令
元　旦

一九三〇年一月

宁化、清流、归化，路隘林深苔滑。今日向何方，直指武夷山下。山下山下，风展红旗如画。

写作背景

题中“元旦”，并非指公历1月1日，而是指农历正月初一，即公元1930年1月30日。在此之前的1929年初，毛泽东、朱德率领红四军创建了赣南、闽西革命根据地，蒋介石命令赣、闽、粤三省敌军对红军实行第一次“会剿”，被红军击溃。随着革命形势的迅速发展和红军队伍的壮大，党内成分发生了很大变化，农民和其他小资产阶级出身的党员占了绝大多数，红军队伍中来自农民和从旧军队起义，以及解放过来的士兵也逐渐增多。在这种情况下，各种与无产阶级政党及其军队性质不相符甚至背道而驰的思想观念、作风，如极端民主化、非组织观念、绝对平均主义、单纯军事观点、不重视根据地建设、主张流动游击的流寇主义等非无产阶级思想，大量地反映到共产党和红军内部来，损害了党和军队的团结，妨碍了党的路线的贯彻执行。毛泽东原准备在6月下旬于龙岩召开的红四军第七次党代表大会上对这些问题加以解决。但他的主张未能被多数人所认识，所接受，反而遭到排挤，大会在中央并未指示改组前委的情况下，改选了前委书记，毛泽东落选，随即离开红四军领导岗位，到地方指导土地革命斗争。陈毅当选为前委书记。

大会结束时，前委将大会决议及其他有关文件上报中共中央。8月13日，中共中央政治局决定由周恩来代表中央起草一封给红四军前委的指示信（即八月来信）。信中对红四军党内争论的几个主要原则问题，提出明确意见，明确地赞同毛泽东的观点。接着，由陈毅按照中央政治局会议精神和周恩来的谈话要点，拟发给红四军前委的指示信（即九月来信），指示信充分肯定了毛泽东“工农武装割据”的思想，支持了毛泽东关于红军建设和红军行动策略的主张，强调应将党的一切权力集中于前委指导机关，不能机械地用“家长制”这个名词来削弱指导机关的权力。九月来信对解决当时红四军领导层在若干问题上的认识分歧，统一思想，加强团结，起了重要作用。10 月22 日，陈毅向红四军前委传达了中央九月来信和周恩来的指示精神，随即毛泽东回红四军复职，仍为前委书记。

12 月28 日至30 日，中国共产党红四军第九次代表大会在福建上杭县古田村举行（即古田会议）。会上，毛泽东做了《关于纠正党内的错误思想》的重要报告，陈毅传达了周恩来参与起草的中央“九月来信”。会议总结了红军建军两年多以来的经验教训，通过了由毛泽东主持起草的大会决议案（即《古田会议决议》），选举了以毛泽东为书记的党的前敌委员会。

古田会议决议的核心内容是用无产阶级思想建设军队和党，强调了共产党对红军的绝对领导这一原则，规定了红军的根本性质和宗旨，指出红军是一个执行革命的政治任务的武装集团，是完成共产党的政治任务的工具，它必须服从共产党的绝对领导，全心全意为实现共产党的纲领、路线和政策而努力奋斗。重申了打仗、做群众工作、筹款是红军三位一体的任务。着重分析了当时红四军党内存在着的各种非无产阶级思想的表现、来源及其危害，着重强调了党的思想建设和组织建设的重要性。总之，《古田会议决议》是中国共产党和红军建设的纲领性文献，为党和红军的建设确立了一条正确的道路。从此，红军成为真正的人民军队，纪律性、战斗性大大增强。

在古田会议进行期间，蒋介石调动赣、闽、粤三省敌军 14 个团，对闽西根据地和红四军进行第二次“会剿”。当时福建的敌人占领了龙岩城，先头部队进抵小池，离古田只有 15 公里；广东的敌人进到武平、永定县城；江西的敌人也占领了长汀城。为了粉碎三省敌人的“会剿”，会议刚结束，红四军前委当即决定兵分两路：由朱德率第一、三、四纵队红军主力转移赣南，深入敌后以实现“争取江西的计划”，他们的行军路线由古田到连城而入宁化，挺进江西，于1月16日占领广昌。由毛泽东率领的第二纵队先在小池地区阻击敌军，掩护朱德率领的红军主力转移，后从古田北上，经归化、清流、宁化，翻越赣闽的界山武夷山，于1月24日到达广昌，同朱德率领的主力部队会合，宣告了敌人第二次三省“会剿”的失败。这首词写于两路红军会合之后，毛泽东回想刚结束的古田会议收到巨大成就，看到红四军成功地做了战略转移，使敌人的三省“会剿”归于破产，面对政治军事双丰收，军心士气齐欢畅，写成这首《如梦令·元旦》。这首诗最早见于1956年8月号的《中学生》杂志，由谢觉哉在《关于红军的几首词和歌》一文提供，题作《宁化途中》。1957年1月号《诗刊》发表时改作《元旦》。

意境赏析

《如梦令》，词牌名，又名《忆仙姿》等，此曲调本由五代后唐庄宗李存勖所作，其中有“如梦，如梦，残月落花烟重”之句，宋代苏轼嫌其名不雅，因取庄宗词中“如梦，如梦之句”，改为“如梦令”。《元旦》，词的题目，表明红军这次战略转移的行军时间是在元旦。

《如梦令·元旦》这首词通过典型意象的精心创造与巧妙组合，热情歌颂红军一往无前的革命英雄主义气概和战无不胜的革命乐观主义精神，预示了红军必将粉碎敌人“会剿”取得胜利的美好前景，表达了作者高瞻远瞩的卓识、宽广的胸怀与胜利进军的喜悦心情。

首句用三个双音节词一连排列了三个地名：宁化、清流、归化，次句又用了三个主谓短语描绘出三种情景：路隘、林深、苔滑。这两句既是写实，又是象征。深入研读，可领悟到其中蕴含的寓意：一是指明了红四军的行军路线。这次行军实际经过的路线是先到归化，中经清流，后过宁化。这三个县紧相毗邻，位于福建省西部，武夷山脉中南段的西侧，清流在宁化东南,归化在清流东北,当日的行军路线由东向西顺序当为归、清、宁,其中归化曾改名明溪县。而词作将其行军路线颠倒为宁化、清流、归化,这样的改动,是为求得平仄合律。同时,在途经三个县之后,回过头再来看行军路线,恰是改动后的顺序,在情理上也说得通。需要说明的是,三个县只是举其大概,并非路程全部,更非行军终点,这次行军的终点是朱、毛会合的广昌县。从而写征途之遥远,前路之漫长。二是“路隘林深苔滑”,点出进军沿途道路的峻险艰苦景象:山势高峻,道路狭窄;林深树密,遮天蔽日;绿苔遍地,行进打滑。三是暗示出红四军面临着敌强我弱的形势,红四军为什么不选择宽平大道,而专走崎岖难行的小路,隐蔽地急行军。目的就是绕开三省“会剿”的强锋,避实就虚,尽快地甩开敌人,争取主动。四是两句都是两字一拍,各有三顿,且中间不加任何连接词,曼声与促节相间相重,使人感到红军行进步伐的矫健、急促、飞快、神勇。从而将红四军在战略转移中历尽千辛万苦,不怕流血牺牲的大无畏精神和英雄气概展现在我们面前。

“今日向何方,直指武夷山下”是自问自答。“今日”点明时间是“元旦”,即农历新年初一,公历 1 月 30 日。当日红军要开往什么地方呢?作为红军统帅的毛泽东告诉大家是“直指武夷山下”。武夷山脉是江西和福建的界山,也是赣江和闽江的分水岭 ,武夷山是主峰,相传古神人武夷君居此,故有武夷之名。这两句透露出这样的信息:一是“武夷山下”只是当日的进军方向,而不是最后的进军的终点和驻地。二是这次进军不是盲目地被动流窜,而是主动的清醒的有目的地战略转移,是为实现毛泽东 1930 年 1 月 5 日在《星星之火,可以燎原》中“争取江西的计划”。三是红军向武夷山下进发,已经把三省“会剿”的敌军远远地甩开,取得了战略转移的阶段性胜利。四是隐蔽地急行军已经过去,红军可以从容不迫、镇定自若、秩序井然、步调一致地朝着目的地前进。“直指”二字,表现出红军进军方向之明确,态度之坚决,行动之神速,所向之披靡。

“山下山下,风展红旗如画”,这最后一句很是精彩,“山下山下”,以欢呼的语气表达出红军越过武夷山后，即将到达当日目的地的最后一段路程的无比欢快喜悦。“风展红旗如画”的红旗即是军旗，借以代指红四军，作为意象，红旗又象征革命和工农武装。“风展红旗如画”展现的是这样一幅美丽图景：无数面红旗迎风招展，头戴五角星八角帽，脚穿草鞋的红军队伍，像长蛇阵一样在群山丛林间忽隐忽现地向山下前进，展现出革命事业蓬勃发展的光辉前景。

解读感悟

我是将毛泽东诗词《如梦令·元旦》《减字木兰花·广昌路上》《蝶恋花·从汀州向长沙》三首词放在一起解读的。之所以这样解读是因为：第一，这三首词的写作时间相近，《如梦令·元旦》写于 1930 年 1 月，《减字木兰花·广昌路上》写于 1930 年 2 月，《蝶恋花·从汀州向长沙》写于 1930 年 7 月。第二，它们都是围绕着蒋介石命令由一省或几省国民党军队对红军的“进剿”“会剿”这一重大历史事件的。第三，三首词在内容上有着前后相继的内在联系。《如梦令·元旦》描写古田会议前后红军发展壮大，使蒋介石震惊不已，下令国民党军队对红军实行三省“会剿”，红军主动避实就虚，由闽西向赣南突围转移。《减字木兰花·广昌路上》，描写红军在突破三省“会剿”转移之后，紧接着进攻江西吉安。《蝶恋花·从汀州向长沙》，描写的是毛泽东率红军攻打吉安之后，执行上海中央指示攻打长沙这个大城市时的征途行军及矛盾之情。

解读毛泽东 1930 年 1 月的《如梦令·元旦》，还要同毛泽东 1929 年 12 月底在红军第九次党代表大会上所做的《关于纠正党内的错误思想》和 1930 年 5 月写的《星星之火，可以燎原》结合起来。试想：如果没有红四军党的第九次代表大会，选举以毛泽东为书记的党的前敌委员会，如果不强调共产党对红军的绝对领导这一原则，如果不坚决纠正各种与无产阶级政党要求不相符甚至背道而驰的思想观念作风等，如果不有效解决当时红四军领导层在若干问题上的认识分歧，统一思想，加强团结，步调一致，能够突破蒋介石命令赣、闽、粤敌人三省“会剿”，顺利实现朱德、毛泽东率领红军的战略转移，从而使敌人的三省“会剿”归于失败吗？当然不可能。所以只有在认真深入学习领会毛泽东《关于纠正党内的错误思想》和《星星之火，可以燎原》的基础上，解读毛泽东的《如梦令·元旦》等三首词作，才能理解其写作背景，认识这首词的蕴含的深刻寓意。

文与词同源于现实，虽然加工的形式不同，理论文章在于穷尽物理，以理性逻辑尽量揭示其不依人的意志为转移的客观规律或事物的内在本质。而诗词为文学艺术形式，重在表达性情，是人们感情世界的形象显现。《星星之火，可以燎原》和《如梦令·元旦》源于相同的现实，即土地革命战争，反映的都是土地革命战争时期的内容，试想如果“没有在游击区域建立红色政权的深刻的观念”，“没有用这种政权的巩固和扩大去促进全国革命高潮的深刻的观念”，能有红军“宁化、清流、归化，路隘林深苔滑。今日向何方，直指武夷山下”的急行军，实行战略转移，开辟新的革命根据地吗！如果没有那“星星之火，可以燎原”的高瞻远瞩，能够看到“山下山下，风展红旗如画”的壮丽景象吗！有了前者的理论，才有后者的情感。可见，《如梦令·元旦》这个 33 字的小令，其坚实深厚的思想基础乃是建立在《星星之火，可以燎原》等理论著作之上的，毛泽东的诸多诗词，莫不与其理论著作有此关系，相辅相成。所以，将解读毛泽东诗词同学习毛泽东理论著作结合起来，才能更深刻地解读毛泽东诗词的真谛，反过来又能进一步加深对毛泽东理论著作的理解。

减字木兰花

广昌路上

一九三〇年二月

漫天皆白，雪里行军情更迫。
头上高山，风卷红旗过大关。
此行何去？赣江风雪弥漫处。
命令昨颁，十万工农下吉安。

写作背景

1929年12月28日到29日，我党我军历史上具有重大历史意义的古田会议胜利召开，毛泽东在会上做了《关于纠正党内的错误思想》的报告。古田会议刚结束，1930年1月5日，毛泽东又写出《星星之火，可以燎原》，严肃批评了当时党内存在的悲观思想，在科学分析当时中国国情的基础上，预见在帝国主义列强互相争夺、国民党反动派张牙舞爪、人民不堪欺凌的半殖民地半封建社会的中国，巩固并扩大革命根据地，掀起全国革命高潮是完全可能的，提出了“一年取江西”的计划。

1930年1月，彭德怀率红五军从湘赣边来赣西，与黄公略率领的新成立的红六军对吉安形成包围之势。吉安，这一江西重镇，是江西中部经济文化中心，位于江西省中部偏西，赣江中游西岸，井冈山在其西，相距90公里，战略位置十分重要。就在红五军、红六军对吉安包围之际，毛泽东、朱德率领的红四军也粉碎了赣、闽、粤三省敌军的两次“会剿”，与红五军、红六军会合。2月7日到9日，毛泽东在吉安陂头主持召开了中共红四军前委、赣西特委（1929年11月，赣西特委提出攻打吉安的口号后，吉安即被红色地方武装围困和封锁）和红五、六军军委联席会议，史称“二七会议”。会上，毛泽东做了关于政治形势和今后任务的报告。会议认为,江西省有“首先胜利夺取全省政权之可能”,并决定集中红军第四、五、六军的兵力, 在一年之内江西政权, 以此作为当前行动的总目标,其第一步是攻打吉安。

2 月中旬,毛泽东率红四军挺进吉水,在路经广昌的途中,在马背上吟出这首《减字木兰花·广昌路上》。它是一首典型的军旅进行曲,是一幅威武雄壮的雪山行军图。以“过大关”的“过”,“此行何去”的“行”,“下吉安”的“下”这些动词轻快笔触,表达出红军战士在明确了进攻目标后的欣喜和豪情。

这首词同前首的《如梦令·元旦》是姐妹篇,不但创作时间相近,而且都是写红军行军。所不同的是:《元旦》一词写的是红军被动从“三省会剿”中突围,是战略转移;而《广昌路上》一词写的是红军主动进攻,是“争取江西的计划”的有机组成部分;另外《元旦》一词中红军行军的具体目标是“直指武夷山下”,而《广昌路上》一词的红军进军具体目标是“十万工农下吉安”。

意境赏析

《减字木兰花》,词牌名,又名《玉楼春》《木兰香》。《广昌路上》是词的题目,意谓广昌通往吉安的路上。广昌,县名,在江西东部,与福建毗邻,红四军进军吉安经过此地。这首词最早发表在《人民文学》1962 年 5 月号。

这首词是描写在大雪纷飞、风雪弥漫的恶劣天气下,毛泽东率领十万工农红军,高举红旗,顶风冒雪,渡过重重难关,向着赣江畔的江西重镇吉安急速进军的过程。

上阕描写行军的场面。“漫天皆白,雪里行军情更迫”,展现了天地浑然一体、风雪交加、群山素裹的一片银色世界。在这寒风凛冽、大雪飞舞的冰天雪地里,毛泽东率领的红军战士在古田会议精神的感召下,胸怀“一年取江西”的凌云壮志,豪情万丈,迎接革命高潮的到来,以极大革命热情争时间，抢速度，挺进在革命征程。句中“漫天皆白”的“漫”字、“皆”字充分显示出风雪之广、之大，“情更迫”三字突现了红军战士内心急迫，不畏艰险，勇往直前，争取早日进军到目的地的豪情。

“头上高山，风卷红旗过大关”，这句描绘出红军战士在寒风凛冽、大雪纷飞的银色世界里，正行进于崇山峻岭之中，穿越于峡谷溪流之间。仰望天空，头顶高山夹峙，眺望前方，劲风翻动红旗。一个动词“过”字，将红军战士所向无敌、行动迅速、心情豪迈、奋勇向前、“万水千山只等闲”的气概，渲染得惟妙惟肖，栩栩如生，活画出红军战士的蓬勃生气，显示出一往无前、所向披靡的威武气概。

下阕回答行军的目标任务。首句“此行何去”紧承上片，先是对行军的目的地提出设问，接着以“赣江风雪弥漫处”作答。但这仅指出红军行进的大体方向，而未点明具体地点。从而留下一个悬念，使后面的陈述更显突出，令人注目。这里的“风雪弥漫”与上阕的“漫天皆白”遥相呼应，更显词作的意境雄浑壮阔。这时站在山顶向吉安远远望去，满天飞舞的雪花迷迷茫茫，遮住了人们的视线。虽然风雪弥漫，但红军战士的内心极其明确这次行军的目标任务是“命令昨颁，十万工农下吉安”。这里的一个“下”字显示了工农红军雷霆万钧的气势和攻克吉安的必胜信念，从而也回答了上阕中为什么说“雪里行军情更迫”。原来是红军队伍争相前进，快走快走再快走，为的是攻打赣中重镇吉安，去迎接必将到来的革命高潮，以实现“争取江西”的计划。

解读感悟

《减字木兰花·广昌路上》这首词，展现的是皑皑的白雪，巍峨的高山，险要的关隘，凛冽的寒风，火红的战旗。在这种艰难环境和恶劣气候条件下，为什么毛泽东率领下的工农武装力量红军战士能够不畏艰险，顶风冒雪，高举红旗，勇往直前，英勇顽强，“雪里行军情更迫”呢？究竟是什么样的信念和力量在支撑他们坚决服从命令，“十万工农下吉安”？是毛泽东在《星星之火，可以燎原》这一光辉著作中提出的“一年争取江西”的计划，是指出的革命高潮并非“可望而不可即的一种空的东西，它是站在海岸遥望海中已经看得见桅杆尖头了的一只航船，它是立于高山之巅远看东方已见光芒四射喷薄欲出的一轮朝日，它是骚动于母腹中的快要成熟了的一个婴儿”。正是这样的英明预见和坚定信念极大地激励广大工农和红军战士争分夺秒“雪里行军情更迫”，鼓舞广大工农和红军战士的革命激情和战斗意志，坚决执行命令：“十万工农下吉安。”

蝶 恋 花

从汀州向长沙

一九三〇年七月

六月天兵征腐恶，万丈长缨要把鲲鹏缚。
赣水那边红一角，偏师借重黄公略。
百万工农齐踊跃，席卷江西直捣湘和鄂。
国际悲歌歌一曲，狂飙为我从天落。

写作背景

1929年到1930年间，国民党统治集团内部的矛盾进一步激化，继1929年春爆发蒋桂战争之后，国民党内部不同派系之间、大小军阀之间的争斗甚至战争又频繁发生。特别是1930年春夏爆发的以蒋介石为一方，以冯玉祥、阎锡山、李宗仁、张发奎为另一方的中原大战和湘粤桂边界的战争，双方共投入兵力100万人之多，耗资巨大，波及中原和华南的广大地区。连绵不断的军阀混战，不但加深了中国各阶层人民的苦难，而且也削弱了军阀自身的力量，客观上有利于革命形势的发展。就在这军阀混战的半年多时间，蒋介石无暇东顾，给红军的发展提供了宝贵的机遇。在农村，红军和红军根据地不断扩大；在城市，党的组织和党的工作也有了一定程度的恢复和发展。在这种大好形势下，时任中央政治局常委、中央宣传部部长、实际主持中央工作的李立三在党的机关刊物上发表多篇文章，提出关于中国革命的一系列“左”倾冒险观点，认为中原大战和湘粤桂战争爆发后，革命形势已在全国成熟。于是，在1930年6月11日召开的政治局会议上，通过了由李立三起草的《目前政治任务的决议》（即《新的革命高潮与一省或几省首先胜利》，以下简称《决议》）。《决议》指出：只要在产业区域或政治中心突然爆发一个伟大的工人斗争，就可以立即通过武装起义实现一省或数省的首先胜利，进而夺取全国所有省区的胜利。《决议》虽然承认在农村中组织红军是必要的，但认为红军的主要任务是配合城市武装暴动，所以游击战争必须改变，要统一指挥，实施规模进攻战。《决议》说："没有工人阶级的罢工高潮，没有中心城市的武装暴动，决不能有一省与几省的胜利。不特别注意城市工作，想'以乡村包围城市''单纯红军来夺取城市'，是一种错误的观念。"在这种错误路线指导下，中共中央制定了以武汉为中心的全国总暴动和集中红军进攻中心城市的冒险计划，重点是发动武汉暴动、南京暴动和上海总同盟罢工，要求各路红军"会师武汉"，"饮马长江"，并多次指责毛泽东是"流寇思想"和"不听中央招呼"。命令朱、毛停止游击，实施大进攻。

6 月13 日，毛泽东在汀州主持召开了前委扩大会议，对主力红军进行了整编，朱德任总指挥，毛泽东任总政委，全军 1 万多人。毛泽东对中共中央制定的以武汉为中心的全国总暴动和集中红军进攻中心城市的冒险计划，一直持不同意见，他作为红军的创造人和缔造者，深知这支队伍的来之不易，认为冒险地攻击敌人重兵布防的中心城市（如南昌和长沙），几乎是自投罗网，只能给红军带来灭顶之灾。只有广大的农村和农民才是中国革命的本钱，只有"以乡村包围城市"才是最后夺取全国政权的唯一正确道路。

按照党的组织原则，毛泽东毕竟还是要执行中央的指示，于是 6 月 28 日，朱、毛率部从汀州出发，远征南昌，开始了"争取江西全省""会师于武汉，夺取湘鄂赣数省首先胜利"的尝试。7 月 24 日，红军攻占樟树，因侦察到南昌有重兵把守，恐攻城难以取胜，甚至使红军遭受重大损失，于是放弃进攻南昌计划。8 月 24 日，红一、三军团前委联席会议决定成立红一方面军，朱德为总司令，毛泽东为总政委和总前委书记，总兵力 3 万多人，李立三急令红一方面军进攻长沙。9 月 2 日，红军向长沙发起总攻。12 日撤围长沙，结束围攻长沙的战役。这首词即写于从汀州向长沙进军的途中。

意境赏析

《蝶恋花》，词牌名，本名《鹊踏枝》，因梁简文帝《东飞伯劳歌》“翻阶蛱蝶恋花情”而改今名，又名《凤栖梧》《黄金缕》《卷珠帘》等。《从汀州向长沙》是词的题目。汀州，福建省西南部长汀县城，该词仅用60个字概述了红一方面军从福建汀州出发，首先攻打江西南昌，然后进军湖南长沙的两个多月战斗历程，表现出在高昂的战斗意志中又隐含着忧虑、悲壮的情怀。本词最早发表于1962年5月号《人民文学》。

上阕写红一军团从福建长汀出发进军江西的情况。首句“六月天兵征腐恶”，开门见山，一语点明红军出征的时间和具体征讨目标，时间正值暑热天气的农历6月，出征的红军犹如从天而降的天兵，英勇无比。征讨的目标是外强（恶）中干（腐）的国民党反动军队。“万丈长缨要把鲲鹏缚”，是进而申明征讨采用的手段和征讨的终极目的。征讨的手段是万丈长缨。万丈，极言其长，长缨本指羁马的缰绳，引申指捆绑人的长绳，这里喻工农武装。“长缨”语出《汉书》卷六四下《终军传》：“南越与汉和亲，乃遣（终）军使南越，说其王，欲令入朝，比内诸侯。（终）军自请：‘愿受长缨，必羁南越王而致之阙下。”征讨的终极目的是“要把鲲鹏缚”，鲲指大鱼，鹏指大鸟。语出庄子《逍遥游》。鲲鹏一般用作褒义，而本词用作贬义，这里借喻仍然强大的国民党反动势力。此句暗示出红军发誓消灭国民党反动势力的雄心壮志。“赣水那边红一角，偏师借重黄公略”，这两句是在肯定和表扬黄公略的功绩。黄公略（1898—1931），湖南湘乡人，从黄埔军校毕业后参加北伐战争。1927年，他参加中国共产党，1928年7月，同彭德怀一起发动著名的平江起义。在毛泽东写这首词的时候，黄公略任红一军团第三军军长，这支作为配合主力部队的侧翼部队，在湖南省东南、江西省西南开辟了湘赣革命根据地，建立了苏维埃政权，土地革命进行得轰轰烈烈。1931年9月15日，黄公略在吉安东固与国民党军队作战时，遭敌机扫射牺牲。这两句的喻义是：革命斗争形势的发展如此迅猛，工农红军的到来，将使赣江两岸一片红。

下阕侧重写红军从江西向湖南进军的巨大声势。“百万工农齐踊跃”，这句显示群情振奋的热烈盛况：在红军所开辟的根据地以及红军所到之处，无数工农群众踊跃支持，踊跃拥军，踊跃参军。一个“齐”字，突现了众多的红军、地方武装和工农群众，万众一心，行动一致，凝聚起无比强大的力量。“席卷江西直捣湘和鄂”一句，点出此次出征的路线、进攻的目标。用“席卷”“直捣”四字把江西、湖南、湖北三地贯穿起来，从而把红军进军过程中那种势如破竹、锐不可当、凌厉无前、节节胜利的声势表现得淋漓尽致，神情毕肖。结尾两句“国际悲歌歌一曲，狂飙为我从天落”。以军民雄壮悲怆的《国际歌》作结，不仅表现出饥寒交迫的工农大众满腔热血沸腾，为打破旧中国的枷锁，求得自由解放而英勇战斗的革命激情，而且暗喻出作为率领工农红军的毛泽东自己面对当时中共中央“左”倾盲动的错误路线绝不盲从，而“要做天下的主人，自己救自己”，要以灵活机动的战略战术拯救红军于危难之间的内心活动。

解读感悟

结合《蝶恋花·从汀州向长沙》的写作背景，深入研读词的结尾“国际悲歌歌一曲，狂飙为我从天落”，就会领悟其中的深刻寓意，它透露出毛泽东对于进攻长沙的内心忧虑悲壮，隐喻了他要以超凡的智慧胆识，卓越的独立思考精神，主宰命运，改弦更张，力挽狂澜，挽救红军于危难的坚强决心。何以见得呢？这还要从《国际歌》诞生的历史背景谈起。1871年3月18日巴黎人民武装起义，掌握了巴黎市政权。26日巴黎进行选举，28日正式成立巴黎公社，这是世界历史上第一个无产阶级专政的政权。在以梯也尔为首的凡尔赛政府勾结普军的猛攻下，于5月28日被镇压。公社失败后，法国革命诗人、第一国际成员、巴黎公社委员鲍狄埃于6月创作出气壮山河的《国际歌》歌词。1888年，法国工人作曲家狄盖特为其谱曲，使其从此成为全世界无产阶级团结战斗的歌曲。《国际歌》称：

从来就没有救世主，也不靠神仙皇帝。我们要做新社会的主人，全靠自己救自己。在毛泽东的心目中，从来都藐视陈独秀、李立三、王明、米夫、李德那些以正确路线自居的“救世主”，始终坚持自己的正确主张，从旧中国半殖民地半封建社会的实际国情出发，实事求是，坚持以农村包围城市，在农村建立根据地，实行土地革命，发展壮大革命力量，最后夺取全国政权。他反对李立三“会师于武汉，夺取湘鄂赣数省首先胜利”的主张，在执行李立三进军打南昌、攻长沙的过程中，采取机动灵活自己救自己的变通手段。这从以下历史事实得到证实：

1930年7月28日在攻占樟树后，侦知南昌有重兵把守，毛泽东深知：如果硬碰硬，南昌这座固若金汤的大城市是攻不下来的，只能让红军指战员做无谓的流血牺牲。所以从汀州出发，他就不慌不忙，用了半个多月时间，才率部到达南昌城外，然后派小股部队象征性地进占南昌对岸的牛行车站。8月1日，毛泽东派罗炳辉率两个纵队隔江鸣放了几枪，名义上是纪念“八一”南昌起义三周年，同时向国民政府示威，也算是给上海中央领导人李立三的一个交代，然后就带领部队撤退了。

至于进攻长沙，当时湖南省政府主席何键拥兵4万在长沙坐镇。此时，毛泽东更多考虑的是如何保存革命力量和发展壮大红军，而不是攻城占地，他认为中国革命的全面胜利绝非朝夕之功，于是毛泽东屯兵长沙城下，围而不攻，诱敌一个师出城，一举歼灭。李立三连连催促攻城，无奈之下，9月12日，红军发起强攻，战而无功，伤亡惨重。李立三强令对长沙的进攻，导致了不应有的巨大损失。一是导致了许多红军干部战士的牺牲，这些20岁上下的热血青年从红军的队伍里懂得了无产阶级革命的道理，即使在革命最艰难的时刻也从未动摇过理想和信念，他们在红军的每一次作战中都冲锋在前，杀敌立功，活了下来。但这次在李立三“左”倾冒险路线的强令攻城下，却遇难身亡。二是红军对长沙的强攻导致的另一个后果是杨开慧遭遇不幸。攻打长沙的红军撤离后，国民党湖南省政府主席何键气急败坏，悬赏千元大洋“捉拿毛泽东妻子杨氏”，10月的一天子夜时分，杨开慧被捕，在遭受了种种酷刑之后，11 月 4 日，年仅 29 岁的她被枪杀于长沙浏阳门外识字岭。

在红军按照李立三强令攻城伤亡惨重的危急关头，毛泽东同李立三派来的代表周以栗彻夜长谈，说服周以栗，红一方面军放弃攻城，撤离长沙，但李立三一再指示“回攻长沙”，毛泽东反其道而行之，率领红军向已被红军包围多日的吉安进发。10 月 3 日，攻克赣中重镇吉安，士气大振，旋即连下赣中、新余、峡江、吉水等县城。至此，广大赣南地区除赣州一座孤城外，尽成红军控制区域，不但成立了江西苏维埃政府，还有 8000 多青年农民参加了红军。在这个基础上，以赣西南和闽西为主要地区的中央苏区建立了起来。这不正是正在兴起的革命高潮“狂飙为我从天落”吗！

只有结合当时的军事斗争形势来解读《蝶恋花·从汀州向长沙》，才能深刻体会最后两句“国际悲歌歌一曲，狂飙为我从天落”，才会领悟到其中所蕴含毛泽东的忧虑悲壮的情绪，超凡脱俗的智慧胆识，卓而不群的独立思考和主宰命运、力挽狂澜的坚强决心。

解读毛泽东五次反“围剿”诗词

笔者将毛泽东在红军五次反“围剿”时期的诗词放在一起作为组诗来解读。在五次反“围剿”之前，蒋介石曾命令赣、闽、粤等省的国民党军队对红军进行过两次“进剿”“会剿”，不但没有消灭红军，反而使红军越来越壮大，根据地越来越发展，这引起蒋介石国民党统治集团的极大恐慌和震惊。为了彻底消灭心腹大患，蒋介石就不再像以往那样由一省或几省国民党军队对红军采取“进剿”“会剿”，而是调集重兵，任命14个“剿匪”督办，向各根据地的红军发动了大规模的“围剿”。这是由蒋介石统一调动全国的军事力量对红军进行“围剿”，“围剿”的重点是中央革命根据地和毛泽东、朱德率领的红一方面军。

1930年8月29日，国民党陆海空军总司令何应钦奉蒋介石之命，召集湘、鄂、赣三省的党政军高级官员召开了“绥靖会议”，会议制定了《湘、鄂、赣三省剿匪实施大纲方案》，计划用三至六个月的时间彻底消灭中国共产党人和中国工农红军。

当时，国共两党的军事力量悬殊极大，国民党军队连同各路坚决反共的军阀军队，总兵力至少在200万以上，且掌握政权的国民党政府有充足的经济实力来支撑强大的武装力量。国民党军配备有坦克、飞机等各式先进武器。而当时分散在全国的红军总数不超过20万，且军事装备落后，只是些步枪、大刀、长矛，火炮很少，弹药缺乏，就这还分散在各个根据地内，而每一个根据地都处在国民党统治的包围之中，彼此之间联系十分困难，因此军事上的协同、配合、掩护等根本无从谈起，这就使每一个根据地内的红军都面临着严峻的军事危险。当国民党军对苏区和红军展开全面“围剿”的时候，红军中最强大的一支武装——红一方面军的总兵力不到3万人，而国民党军最终调往江西一地的兵力就达到100多万。

国民党军和红军就是在这样军事实力悬殊的形势下展开“围剿”和反“围剿”的。这样的“围剿”和反“围剿”一直持续了四年之久，第一、二、三、四次“围剿”都被红军粉碎，但第五次反“围剿”却在博古、李德等错误军事路线的指挥下归于失败，于是不得不进行战略大转移——长征。毛泽东在五次反“围剿”期间写的诗词，用文学艺术形式和诗歌语言再现了这段历史。这几首诗词是：《渔家傲·反第一次大“围剿”》（1931 年春）、《渔家傲·反第二次大“围剿”》（1931 年夏）、《菩萨蛮·大柏地》（1933 年夏）、《清平乐·会昌》（1934 年夏）。

渔　家　傲

反第一次大“围剿”

一九三一年春

万木霜天红烂漫，天兵怒气冲霄汉。
雾满龙冈千嶂暗，齐声唤，前头捉了张辉瓒。
二十万军重入赣，风烟滚滚来天半。
唤起工农千百万，同心干，不周山下红旗乱。

写作背景

1930年9月毛泽东指挥红军撤离长沙后，又沿着三年前发动秋收起义的路线退入江西。10月3日攻占赣中重镇吉安，旋即连克赣中、新喻、峡江、吉水等县城，广大赣南地区基本上由红军控制，在这个基础上，以赣西南和闽西为主要地区的中央苏区建立了起来。蒋介石极为恐慌，迫不及待地要把革命火种消灭在日益成长壮大的红色革命摇篮之中。于是在结束了与冯玉祥、阎锡山的第二次战争即中原大战之后，于1930年10月，蒋介石纠集了11个师、两个旅共10万人马，并派出三个航空队，以江西省主席兼第九路军总指挥鲁涤平为南昌行营主任兼“围剿”总司令，江西剿匪总指挥张辉瓒为前线总指挥，从江西吉安至福建建宁一线，分兵八路，由北向南，进犯建立在赣南、闽西的中央根据地。这就是所谓的第一次大“围剿”。

敌军的具体部署是：以罗霖师防卫吉安，在赣江之西；公秉藩、张辉瓒、谭道源三师进攻吉安东南和广昌、宁都西北的富田、东固、龙冈、源头一带；毛炳文、许克祥两师进至广昌、宁都之间的头陂、洛口、东韶一带；刘和鼎师在建宁策应。其中张辉瓒、谭道源两师是鲁涤平的嫡系部队，是“围剿”的主力军，共约1.4万人。张师主力在龙冈，谭师主力在源头。敌军采取“长驱直入、外线作战、分兵合击、猛进猛打”“并进长追”的战略，分兵八路进攻赣南闽西中央根据地。当时红军只有4万人，而且武器装备较差。在敌强我弱的严峻形势下，毛泽东、朱德采取“撒开两手，诱敌深入，歼敌于根据地”和“集中优势兵力，各个歼灭敌人”的战略方针，令国民党10万大军在苏区东奔西跑了一个多月，不但没能接触到红军的主力，而且还不断受到红军小队、农民赤卫队的袭击和骚扰。由于后方补给运输线一次次被切断，苏区内的百姓又早已坚壁清野，国民党军的供给发生了极大的困难。在龙冈战役发起前，毛泽东于12月25日在小布主持召开歼灭誓师大会，毛泽东亲笔手写的大字对联是：

敌进我退，敌驻我扰，敌疲我打，敌退我追，游击战里操胜券。

大步进退，诱敌深入，集中兵力，各个击破，运动战中歼敌人。

12 月 30 日清晨，冷雨霏霏，张辉瓒率部向中央苏区的中心地带前进。上午 9 时许，其先头部队突然遭到红军猛烈阻击，令国民党军无法突破。张辉瓒亲自指挥部队企图发起新一轮的进攻，但就在这时，四面密林中杀声顿起，林彪指挥的红四军，黄公略指挥的红三军和罗炳辉指挥的红十二军已经把张辉瓒的第十八师师部加两个旅包围在一个叫龙冈的山谷中了，红军发动了总攻，漫山遍野的红旗招展，刀枪如林，突围不成的国民党军狼狈逃窜。两个小时之后，龙冈之战大捷，师长张辉瓒被活捉，9000人全部被俘。接着，红军乘胜追击，又攻谭道源部，歼其一半。这样，红军五天内(1930 年 12 月 27 日到 1931 年 1 月 1 日)两战两捷，余敌闻风逃窜，胜利粉碎了敌人的第一次大“围剿”。面对激动人心的龙冈大捷，毛泽东写下了此词的上阕。

蒋介石并未因第一次大“围剿”的失败而死心，之后又调集 20 万大军，以何应钦担任南昌行署主任兼总司令，紧锣密鼓地准备向中央根据地发起第二次大“围剿”，毛泽东对写就的词句修改和补充，便完成了这首《渔家傲 · 反第一次大“围剿”》。此词当写成于反第二次大“围剿”正式开始之前的 1931 年的三四月间。作者以无比激动的心情歌颂了龙冈大捷的巨大胜利，同时表达了对粉碎敌人第二次大“围剿”的坚定信念。

意境赏析

《渔家傲》，词牌名。又名《荆溪咏》《游仙咏》，此词调名出自北宋晏殊词句“神仙一曲渔家傲”。《反第一次大“围剿”》是词的题目：1930 年 10 月至 1931 年 1 月，蒋介石对中央革命根据地发动第一次“围剿”，结果以失败告终，本词最早发表于1962年5月号《人民文学》。

上阕写粉碎蒋介石的第一次大"围剿"首战龙冈大捷。开头一句"万木霜天红烂漫"展示了南方秋冬景色：千山万壑，林木挺立，万里霜天，红叶烂漫，描绘出革命根据地生机勃勃的壮丽图景，洋溢着由衷的无限赞美之情。第二句"天兵怒气冲霄汉"，天兵指红军，霄是云天，汉是银河，霄汉指天空，这句描写正义之师的红军，犹如天兵下，同仇敌忾，以旺盛的战斗精神，以迅雷不及掩耳之势，快速出击，打得敌人措手不及，狼狈不堪，突出了红军的雄壮声威和强大的战斗力。以上两句，气势雄伟地描绘出激战前浓烈的战争气氛，为龙冈战斗的胜利铺垫了基础。"雾满龙冈千嶂暗，齐声唤，前头捉了张辉瓒"，这句描写具体的龙冈战役。"雾满龙冈千嶂暗"描写的是龙冈战地图景：晨雾弥漫山冈，硝烟笼罩战场。"齐声唤，前头捉了张辉瓒"活现了敌酋被擒。群情为之欢腾，在昏暗战场上，军民情不自禁，欢欣雀跃，大声呼喊，奔走相告，把胜利喜讯传遍全军。

下阕写反第二次大"围剿"的序幕，前两句写敌军，后两句写红军，预示了敌军必败红军必胜的前景。"二十万军重入赣" 显示敌军不甘心第一次大"围剿"的失败，调集比第一次大"围剿"多一倍的20万兵力，东山再起，卷土重来，气势更凶。"风烟滚滚来天半"描写敌军来势汹汹，行军的脚步荡起的风尘卷地而来，遮蔽了半个天空，展示敌军一路上耀武扬威，不可一世，张牙舞爪，气焰嚣张，以"黑云压城城欲摧"之势，向中央根据地猛扑过来。"唤起工农千百万，同心干，不周山下红旗乱"，描写敌人的来势凶恶，只能激起广大人民的仇恨，敌人的进逼恰恰起到唤醒和动员千百万工农大众与之血战到底的决心，军民必将同心协力，奋起反击。词的末句，毛泽东用共工的典故，这其中喻示着什么意义呢？在该词后的按语中，毛泽东曾做过详细的解释："诸说不同。我取《淮南子·天文训》，共工是胜利的英雄。你看，'怒而触不周之山，天柱断，地维绝。天倾西北，故日月星辰移焉；地不满东南，故水潦尘埃归焉。'他死了没有呢？没有说。看来是没有死，共工确实是胜利了。"毛泽东是以共工来借喻革命者。他是要红军有共工那种义无反顾、破釜沉舟的精神，同心同德，众志成城，扳倒"不周山"，粉碎敌人的第二次大"围剿"，进而推翻压在中国人民头上的"不周山"，即代表帝国主义、封建主义和官僚资本主义三座大山的蒋家王朝统治。

解读感悟

红军反第一次大"围剿"的龙冈大捷是毛泽东战略战术的经典战例。它以无可辩驳的事实说明,毛泽东"农村包围城市"的思想是符合半殖民地半封建旧中国实际情况的。在半殖民地半封建的旧中国,城市特别是大城市是政治、经济、文化的中心,国家统治机器完整,军事实力强大,防守部署严密,易守难攻,而广大分散的农村贫穷落后,国民党反动派的统治力量薄弱。同时,广大的农民尤其是生活在社会底层的贫农和雇农忍受的压迫和剥削最为深重,革命性强,是工人阶级最可信赖的同盟军和可靠力量,正是党和红军积蓄力量、发展壮大、游刃有余、大有作为的重要活动阵地。李立三不顾这些实际情况采取军事冒险主义,刚愎自用,强令红军在外围把大城市里武装到牙齿严阵以待的国民党军队一口吃掉,这无异于以卵击石,导致 1930 年 8 月红军猛攻长沙久攻不克,损失惨重。9 月,毛泽东主动放弃进攻长沙,转攻赣西和赣南,才使红军转危为安,转败为胜,开辟出一片柳暗花明的新天地。

当红军的根据地再次扩大时,蒋介石组织国民党军队 10 万兵力,对中央苏区进行第一次"围剿",毛泽东采取诱敌深入方针:战斗一开始,先避敌锋芒,渡赣江貌似逃跑,实则把兵力集中到宁都地区,打开口袋放敌人进来,请君入瓮,获得龙冈大捷。关于第一次反"围剿"中采取的作战方针,毛泽东在以后写的《中国革命战争的战略问题》一文中是这样描述的:"我们的第一仗就决定打而且打着了张辉瓒的主力两个旅和一个师部,连师长在内 9000 人全部俘虏,不漏一人一马。一战胜利,吓得谭师向东韶跑,许师向头陂跑。我军又追击谭师消灭它一半,五天内打两仗(1930 年 12 月 27 日至 1931 年 1 月 1 日),于是富田、东固、头陂诸敌畏打纷纷撤退,第一次围剿就结束了。"毛泽东所指的谭师是国民党第五十师师长谭道源。许师指的是国民党第二十四师师长许克祥,亦即 1927 年发动"四一二"反革命政变的帮凶之一。

龙冈大捷反第一次大"围剿"的胜利,是毛泽东"农村包围城市"思想的胜利,是毛泽东"诱敌深入" "各个歼灭敌人"战略战术思想的胜利。所以在解读毛泽东第一、二、三、四次反"围剿"的四首诗词时,要同学习毛泽东《中国革命战争的战略问题》结合起来,深入领会其战略战术思想。

渔 家 傲

反第二次大“围剿”

一九三一年夏

白云山头云欲立，白云山下呼声急，
枯木朽株齐努力。枪林逼，飞将军自重霄入。
七百里驱十五日，赣水苍茫闽山碧，
横扫千军如卷席。有人泣，为营步步嗟何及！

写作背景

反第二次大“围剿”，指的是1931年5月中下旬，中央革命根据地反对国民党军队第二次大规模军事进攻的战役。这首词和前一首《渔家傲·反第一次大“围剿”》是姐妹篇，在历史事件上前后衔接，在创作时间上紧紧相连。

当毛泽东、朱德带领的红军于1931年1月初，粉碎第一次大“围剿”之后，在南昌暴跳如雷的蒋介石就紧锣密鼓地策划第二次大“围剿”。2月，蒋介石派何应钦代理国民党陆海空军总司令职权，指挥南昌、武汉两行营，准备发动第二次大“围剿”，“以冀最短时间，将四省共匪肃清”。这一次，蒋介石调集兵力20万，汲取了第一次大“围剿”中张辉瓒、谭道源部冒进深入的失败教训，采取了“步步为营，稳扎稳打”的战术，兵分四路，紧缩包围，从江西吉安到福建建宁约800里的弧形阵线上，向红一方面军的集结地宁都推进。面对强势进犯的20万敌军，红军对按照反第一次大“围剿”采取的“诱敌深入”战术能否奏效认识不一致，展开了一番争论。1月中旬，刚带着共产国际和中共中央精神来到苏区的项英，不主张继续“诱敌深入”。3月，任弼时领导的一个中央代表团带着六届四中全会决议的原文来到苏区指导工作，他们参加讨论后主张红军干脆放弃中央全部根据地，撤到湘南。

就在中央苏区的领导对于反第二次大“围剿”应采取什么样的战术争论不休的时候，蒋介石调集的20万大军无情地步步逼近。于是4月17日中央局第一次会议及时召开，在多次讨论的基础上，当机立断，会议的决议充分肯定了毛泽东、朱德的功绩和正确主张，否定了“分兵退敌”和退出中央苏区两种错误意见，再次肯定了“诱敌深入”的战略方针，在反“围剿”战斗中，运用“敌进我退，敌驻我扰，敌退我追，敌疲我打”的秘诀和“化众为零，化零为众”的方法，并决定集中优势兵力，先打吉安、富田地区较弱之敌王金钰部，然后从西向东各个歼灭敌人，粉碎国民党军的第二次“围剿”。4月下旬，红一方面军主力3万多人开进根据地的前部吉安县东固地区，迫敌而居。5月15日，敌王金钰部终于离开集结地，向东固进犯。红军主力则分左、中、右三路分别移动，进到规定的阵地隐蔽待敌。5月16日，红军向运动的敌二十八师、四十七师突然发起了猛攻。红军总部设在位于江西省吉安县东固附近的白云山上，开始时，朱德在山下指挥直属队阻击敌人的进攻。为了保存实力，朱德带领直属队且战且退，一直撤到山上的指挥所。经过几次激烈的战斗，直属队剩下的人不多了，敌人则以更猛烈的炮火向白云山顶部袭来。毛泽东和朱德鼓励战士们把敌人顶住，争取时间。敌人的突然出现并向指挥所进攻是毛泽东没有预料到的。这时敌众我寡，兵力相差悬殊，战士和伤员们已筋疲力尽，但他们都在鼓起精神奋力坚持作战，顽强地顶住敌人的进攻。就在竭尽全力打退了敌人的又一次进攻后不久，敌人又一窝蜂地向山上涌来。就在敌我两军激战正在难解难分的千钧一发之际，前来合围的彭德怀指挥的红三军赶到，从敌人的背后包抄上来，形成对敌人的两面夹击，不到一小时便将敌人一个旅全部歼灭，取得了反第二次大“围剿”第一仗的完全胜利。接着，红军由西向东一路横扫，打郭华宗，打孙连仲，打朱绍良，打刘和鼎，在截至6月1日的15天中，红军追歼蒋军行程700余里，接连打了五个大胜仗，共歼敌3万余人，缴枪共2万余支，缴获无线电台数部。

解放了广昌，攻占了建宁，痛快淋漓地粉碎了第二次大“围剿”，蒋介石第二次大“围剿”宣告失败。

6 月 1 日，毛泽东率总部和总前委进驻建宁县城，3 日，召开军民庆祝第二次反“围剿”胜利大会。在此期间，毛泽东住在县城西门外的天主堂楼上，写下了这首词。它生动地描述了白云山战役的景况，再次赞颂了军民保卫革命根据地的英雄气概和取得的辉煌胜利，与前一篇《渔家傲》是一组中央根据地和红一方面军反“围剿”斗争的赞歌。

意境赏析

《渔家傲》，词牌，见前注。《反第二次大围剿》是词的题目。1931 年 4 月，蒋介石调集 20 万大军，对中央革命根据地进行第二次大“围剿”，结果以失败告终。这首词最早发表在《人民文学》1962 年 5 月号。

上阕写反第二次大“围剿”的首战告捷。第一句“白云山头云欲立”写毛泽东在白云山的所见。白云山在江西省吉安县东固附近，主峰 912 米，峰峦特出，挺拔峻秀，常有云雾缭绕，东固反“围剿”时，毛泽东与朱德将指挥所设在此山山顶，毛泽东站在峰巅看见风起云涌，如人马站立，渲染出战云密布、军民同仇敌忾、激愤应战的气概。第二句“白云山下呼声急”，写毛泽东站在白云山巅峰的所闻，朱德在山下指挥直属队阻击敌人的进犯，两军对峙，战斗激烈，到处是喊杀声，透视出正在激烈展开的大战。第三句“枯木朽株齐努力”，这句写毛泽东的所感，枯木朽株这一成语出自《史记・邹阳列传》：“故有人先谈，则以枯木朽株树功而不忘。”词里活用，衬托参战的全体军民齐心协力，拼搏杀敌，并喻山林树木也成为掩护红军的屏障，帮红军的忙。三句词表达了毛泽东在前线与广大军民息息相关的情怀。“枪林逼，飞将军自重霄入。”飞将军，本称汉朝抗击匈奴的名将李广，一般代指骁勇善战的武将，“重霄”喻高空。这句是说山上的红军由和敌军对峙转入反攻，其势锐不可当，红军的枪林弹雨威逼敌人，在敌我双方激战的关键时刻，彭德怀指挥的红三军团，犹如从天而降的神兵，勇猛果敢地冲杀敌人，经过一番激战，全歼敌二十八师，取得第二次反“围剿”战役的第一个大胜仗。首战告捷，为战役拉开了胜利的序幕。

下阕写反第二次大“围剿”战役的全过程：“七百里驱十五日”，写的是从5月16日白云山首战告捷至31日反第二次大“围剿”获得全面胜利的这段时间，红军追歼逃跑的敌人历时15天，从江西的富田一直追到福建的建宁，相当于从井冈山下一直追到武夷山下，这其间的距离从西向东大约为700华里。“赣水苍茫闽山碧”，描绘红军追击敌人的迢迢征途所经之地是苍茫的赣江，碧绿的武夷山。在这山水雄奇秀美景色的映衬之中，饱含着对祖国江山的无比热爱和对胜利进军的喜悦之情。结韵两句，毛泽东用冷隽、犀利的笔锋，以对蒋介石讥讽嘲笑做收全词：“有人泣，为营步步嗟何及！”这里写的是第二次大“围剿”被毛泽东、朱德指挥的红军彻底粉碎以后，蒋介石到达南昌狠狠地发了一通火，他想不通这一次“围剿”的部队可都是他的正规军，且用他的爱将何应钦具体指挥，运用的是自己制定的“稳扎稳打，步步为营”的战略战术，怎么就这么不堪一击，他哭丧着脸，只好大骂手下皆是饭桶，竟然输得如此难堪。为了不让红军发展壮大继续“为患”，也为了挽救最起码的颜面，蒋介石立即整饬部队，亲自出马担任总司令，马不停蹄地筹备第三次大“围剿”。

解读感悟

《渔家傲·反第二次大“围剿”》，体现了兵民是胜利之本。在反第一次大“围剿”取得胜利、第二次大“围剿”的序幕拉开之时，毛泽东就号召红军和工农群众面对国民党“二十万军重入赣，风烟滚滚来天半”的严峻形势，“唤起工农千百万，同心干，不周山下红旗乱”。在白云山的战役阵地上，“枯木朽株齐努力。枪林逼，飞将军自重霄入”。参战的全体军民齐心协力，拼搏杀敌，如同毛泽东自注：“连草木也可以帮我们的忙。”

为了粉碎敌人的进攻，军民齐动员，红军做了大量的准备，包括派出侦察人员，加强战术训练，建立野战医院，甚至在部队集中时，为了节约粮食以减轻补给压力而把官兵的一日三餐改成了一日两餐。与此同时，大批赤卫队员和少先队队员再次出动，对敌人的后方和运输线进行不断的骚扰。这些穷人的孩子生在大山长在大山，翻山越岭如履平地，他们打冷枪，搞偷袭，神出鬼没来去无踪，闹得国民党军昼夜不宁，寝食难安。更让国民党军感到惶恐的是，种种迹象表明，自己的部队里已有共产党派进来的人，可能是士兵也可能是军官，但是难以确凿辨别，于是部队的每一次调动都无法做到保密。而所有通往红军的山路，哪怕是难以行走的小道，也被赤卫队和少先队封锁得严严实实，密不透风，国民党军派出的化装侦察员大多再也没有回来。这真是军民团结如一人，试看天下谁能敌。

菩萨蛮

大柏地

一九三三年夏

赤橙黄绿青蓝紫，谁持彩练当空舞？
雨后复斜阳，关山阵阵苍。
当年鏖战急，弹洞前村壁。
装点此关山，今朝更好看。

写作背景

1931 年 1 月，在党的六届四中全会上，根据共产国际远东局和中共中央政治局事先议定的名单，改组了中共领导机构，以王明为首的"左"倾机会主义路线占据了中共中央的领导地位。王明一方面提拔了一些具有教条主义思想的干部到中央的领导岗位，另一方面又无情打击坚持正确路线的干部，38 岁的毛泽东首先受到排挤，开始进入他政治生涯中最困难的时期。在 1931 年 11 月于瑞金叶坪召开的"赣南会议"上，毛泽东遭到严厉批评，被撤销了中共苏区中央局代理书记职务。1932 年 10 月，在宁都召开的中央苏区中央局会议上，因毛泽东对积极进攻、攻打中心城市的作战方针持不同意见，主张执行专待敌人进攻的"诱敌深入"作战方针和在运动中歼敌有生力量的路线，终被撤销了红一方面军总政委职务，取消了对于红军作战的指挥权，改任为中华苏维埃共和国中央人民政府兼人民委员会主席。之后，让毛泽东去福建汀州休养。行前，毛泽东对周恩来说："军事工作我还愿意做，前方何时电召便何时来。"

1932 年年底，国民党调集 30 多个师的兵力，向中央根据地发起第四次"围剿"，正当中央红军在周恩来、朱德的领导下，采取毛泽东的声东击西、大兵团伏击、在运动中围歼敌军的作战方针之际，1933 年 1 月，由于国民党的捕杀，中央政治局在上海无法立足，王明去了苏联，代替王明的博古带着中共中央的主要领导来到中央苏区，于是毛泽东的人民委员会主席职务被博古代替，改为主持中央政府工作，这就意味着毛泽东被剥夺了党内和军内的主要领导职务，由此开始了“左”倾教条主义和冒险主义在中央根据地的全面推行。大肆开展反对福建省委代理书记罗明的所谓“逃跑退却路线”的斗争，是因为罗明拥护毛泽东比较切合实际的对敌斗争方针，并在福建省委的工作中加以贯彻。随后，迁到中央苏区的临时中央又在江西开展批判打击邓（小平）、毛（泽覃）、谢（唯俊）、古（柏）的斗争，亦即反对江西罗明路线的斗争。这些斗争实际上反对的是以毛泽东为代表的正确路线和主张。在这种形势下，毛泽东无法开展工作，于是写了张假条，中央批示是“暂时请病假，必要时到前方”，批假没有时间界限。40 岁的毛泽东无所事事，每天的工作就是看书、写字和闲谈。再就是签发一些政令和电文，领导查田运动，进行社会调查，这期间完成了《长冈乡调查》和《才溪乡调查》两篇著名的社会调查报告。

虽然毛泽东在不惑之年走入他政治生涯中最困难的时期，但此时的毛泽东无论在实践上理论上还是心理承受能力上都比过去成熟多了。在实践上，他领导建立了井冈山革命根据地，点燃了“工农武装割据”的星星之火，开辟了一条从农村开始武装夺取政权的中国革命新道路。在理论上，他写下了《中国的红色政权为什么能够存在？》《井冈山的斗争》《星星之火，可以燎原》等著作，分析和论证了中国红色政权发生、发展的原因和条件，阐述了在中国共产党领导下的革命根据地“工农武装割据”的基本内容（土地革命）、主要形式（武装斗争）、战略阵地（农村革命根据地）三者密切结合的思想，回答了关系中国革命前途和命运的最重要问题，给中国革命指明了正确的前进方向。这时经过在严酷复杂革命斗争实践中历练和在理论上走向成熟的毛泽东，在心理承受能力上也大大增强了，已经由 1927 年大革命失败后的“不知如何是好”的彷徨、忧虑情绪中走出来，能以良好心态应对遭受批判打击的逆境了。比如，毛泽东在东华山古庙住的一个月时间，不难看出他身处逆境的坦然和从容，给警卫员开列的作息时间表是：上午文化学习两个小时，下午时事学习两个小时，晚上自习一个小时。毛泽东在读书之余，还当起了教员，一天，他和大家一起坐在庙后的大沙石上，风趣地随便念出一段自编的三字经：“天当屋、地当纸、坐石上、学道理……”大家听着都笑了。

1933 年夏天，毛泽东到宁都视察工作，在返回瑞金县城时路过他当年战斗过的大柏地，当时适逢雨过天晴，他健步登上附近的山岭，极目远眺，触景生情，抚今追昔，当年那场有名的“大柏地”战斗，顿时展现在眼前：那是 1929 年 1 月，毛泽东和朱德率领红军由井冈山向赣南进军。2 月 10 日（正值春节正月初一）至 11 日，在大柏地击败尾追的国民党赣军独立第七师刘士毅部独立十五旅，歼敌近两个团，俘获敌团长肖致平、钟桓以下官兵 800 多人，缴获步枪 800 多支，机枪 6 挺。敌之残部仓皇退逃。这是毛泽东和朱德率领的红军部队离开井冈山后打的第一个大胜仗，也是外线歼敌的一个光辉战例，陈毅称“是役我军以屡败之余终获最后胜利，为红军成立以来最荣誉之战争”。毛泽东触景生情，便回忆起当年大柏地战斗。加之，3 月 22 日第四次反“围剿”取得胜利，毛泽东虽然没有直接指挥第四次反“围剿”。但朱德、周恩来运用的仍然是前三次反“围剿”时他制定的战略战术，毛泽东对胜利充满欢欣，心中感慨万千。于是以史喻今，写出《菩萨蛮·大柏地》。在深切颂扬怀念自己和战友朱德指挥的那场歼敌胜利战斗，同时，隐喻了对王明为首的“左”倾错误路线和教条主义瞎指挥的不满。

意境赏析

《菩萨蛮》，词牌，见前注。大柏地，江西省瑞金县城北约25公里的一座山区小村镇。1929 年 2 月，毛泽东曾指挥红军在此进行过著名的“大柏地战斗”。这首词最早发表于《诗刊》1957 年 1 月号。

上阕写景，毛泽东做社会调查路过当年战斗过的大柏地时，天公作美，雨歇天晴，抬头眺望，半弧形的赤橙黄绿青蓝紫七彩长虹展现在天空，鲜艳绚丽，光彩夺目。循着这美丽无比诱人入胜的自然景色望去，不由得发问“谁持彩练当空舞”，这一句将彩虹拟人化了，似乎这彩虹是人舞动着七色彩绸在天空飘动，妙舞翩翩，从而以惊人的想象力，把本来静态的彩虹描绘得活灵活现，栩栩如生。再看雨后初晴，太阳重新露出云层，经过一场新雨洗涤的群山，在夕阳的照射下，一片青翠，格外清丽，苍郁凝重。“阵阵苍”三字，细腻刻画出雨气惝恍迷离之中关山渐渐显露的景象，空中云影飘忽，阳光掩映，青山时浓时淡，闪烁不定。毛泽东将静中有动、动中有静、浓艳轻灵、丰姿盛彩的雨后大柏地岚山，描绘得出神入化，美丽异常，进一步透出了毛泽东喜悦欢畅、精神振奋的情怀。

下阕触景生情，追忆叙事。回忆起四年前在这里曾经进行的一场硝烟弥漫的激烈“大柏地战斗”和艰苦转战诱敌深入的历程，忽然发现了前面村子枪弹打穿墙壁留下的痕迹。这在一般人看来，彩虹依然是平常的彩虹，夕阳和群山依然是往日的夕阳和群山，“弹洞”不外是战争的创伤留下的阴影，但在毛泽东此时此刻的心目中却成为“装点此关山，今朝更好看”。这种非同一般的感受同他轻松愉悦的心情密切相关，这正如一个具有良好心境的人，看春天到处是红艳艳的花朵，看秋天遍地是金黄的硕果，看炎夏有驱暑的冰雪，看冬天周围是团团温馨的暖火。为什么说眼前的彩虹、夕阳和四年前战斗留下的弹洞，装饰眼前的关山显得更加美丽，构成的风景更加好看呢？它隐喻着一个非常深刻的寓意，不仅表明毛泽东同战友朱德、周恩来原来的革命军事策略是正确的，而且暗藏着满腹韬略、胸中自有雄兵百万而又赋闲已久的毛泽东，想象重新奔上战场，直接指挥红军粉碎敌人围剿革命根据地的强烈愿望。

解读感悟

从写作背景看出，毛泽东 1933 年夏写《菩萨蛮 · 大柏地》之前的 1930至1933 年春，尽管他直接或间接指挥工农红军取得第一、二、三、四次反“围剿”的胜利，但还是遭到占据了中共中央领导地位的王明为首的“左”倾机会主义者接踵而来的批判、排挤、打压，使他处于一生政治生涯中最艰难的低谷时期，心事重重，身体生病，消瘦，失眠，甚至有了一些衰老的迹象，他曾对贺子珍说：“他们好像非要整死我不可。”他逐步地调整自己的心态，很快地从郁闷、苍凉的心境中走出来。在 1933 年夏路过当年战斗过的大柏地时，触景生情，抚今追昔，回忆 1929 年在这里进行过的“大柏地战斗，赋写出《菩萨蛮 · 大柏地》”。全词选取七色彩虹、苍翠关山、墙壁弹洞三种景物，运用想象夸张的手法，将自然景物与人为观感融为一体，描绘出一幅明快、开朗、平和的壮丽新景观，表达了毛泽东在政治生涯低谷时期那种特有的革命乐观主义精神和对自己军事战略策略的坚定信心。

以王明为首的“左”倾机会主义者为什么要一而再、再而三地对毛泽东批评、排挤、打压，以至于撤掉他在党内和军内的领导职务，取消他对于红军的直接指挥权呢？原因是毛泽东反对他们盲从共产国际指示、脱离中国实际国情，以教条主义态度照搬俄国十月革命的经验，攻打中心城市的战略方针，而采取符合当时中国敌强我弱形势的“集中优势兵力，各个歼灭敌人”、“诱敌深入”、声东击西、大兵团伏击，在运动中围歼敌军的作战方针。第一、二、三、四次反“围剿”的胜利，也无可争辩地证明了毛泽东军事战略策略思想的正确，对此毛泽东深信不疑，坚定不移，这正是他高度自信心的根源。有了这种自信，自然能在自己处于以王明为首的“左”倾机会主义批评、排挤、打压的政治生涯的低谷时期，表现出不气馁，不妥协，不屈服的浩然正气，在极为艰难的时期，仍然以明快开朗、平和愉悦的笔调赋写出充满革命英雄主义精神和充满豪情壮志的词章。正是因为如此，毛泽东居然还带着欣赏的心情，将“当年鏖战急”的大柏地战斗留下的斑斑伤痕———“弹洞前村壁”，在心目中点缀成了“装点此关山，今朝更好看”的美丽山村。这种心境，只有在一代伟人毛泽东身上才能看到。

毛泽东在逆境中的泰然心态，还与他的一贯性格有密不可分的关系。毛泽东从小就不屈从强势压力，在强力面前总是有一股不屈服的倔强劲，青年时期毛泽东就具有“与天奋斗，其乐无穷！与地奋斗，其乐无穷！与人奋斗，其乐无穷”的快感。他以顽强的斗争精神为支撑不断取得斗争的胜利，同时斗争的胜利反过来又进一步激发了他更加豪迈的革命乐观主义精神，经过在长期艰难困苦逆境中的历练，进入 40 岁的毛泽东更是愈挫愈奋，愈斗愈强。这也是他 1933 年夏面对“左”倾路线批评、排挤、打压的逆境，仍然在《菩萨蛮· 大柏地》中表现出明快、开朗、平和、乐观情绪的一个重要原因。

毛泽东写《菩萨蛮·大柏地》的时间距今近 80 年时间了。那时的中国和今天的中国所处的时代也有很大不同，但是毛泽东坚持一切从实际出发、实事求是的思想路线和为坚持真理而不屈不挠斗争的顽强精神，这些以及在逆境面前的革命乐观主义精神，是留给我们党和民族的宝贵精神财富，是鼓舞我们战胜一切艰难困苦的力量源泉，值得永远继承发扬。

清　平　乐

会　昌

一九三四年夏

东方欲晓，莫道君行早。
踏遍青山人未老，风景这边独好。
会昌城外高峰，颠连直接东溟。
战士指看南粤，更加郁郁葱葱。

写作背景

这首词写于1934年夏，当时正处在反第五次大“围剿”的关键时期。

蒋介石在对中央根据地进行第四次大“围剿”失败之后，便着手对中央根据地发动第五次大“围剿”的准备工作。蒋介石认为这是与共产党人的最后一战。他设立了“国民政府军事委员会委员长南昌行署”，亲自坐镇南昌处理一切“剿共”事务。为了筹集战争经费和改善武器装备，国民政府加重了对人民的税收，向美、英、德、法买了850架作战飞机和其他大量军火物资。蒋介石这一次采取了“三分军事，七分政治”的战略方针：政治上在根据地周围地区推行保甲制和“连坐法”；经济上控制交通，实行禁运，以地主武装加强对苏区的经济封锁；军事上采取持久战和推行“堡垒主义”的新战略，即“以守为攻，乘机进剿，主用合围之法，兼采机动之师，远探密垒，薄守厚援，层层巩固，节节进逼，对峙则守，得隙则攻”。1933年10月，蒋介石调集100万军队、200架飞机，亲自任这次“围剿”的总司令，并聘请一大批德国军事专家当顾问。首先投入50万兵力，分几路“围剿”中央根据地的红军。

这时中央根据地的红军主力有8万多人，地方红军和赤卫队等地方群众武装也有较快发展。在严峻形势下，如果灵活运用前四次反“围剿”

的成功经验，诱敌深入，集中优势兵力，在运动中各个歼灭敌人，打破这次"围剿"仍然是有可能的。

1933年1月，从上海迁往中央苏区的党中央撤了毛泽东的职，此时的毛泽东已经离开红军的领导岗位，年仅26岁的临时中央负责人博古和共产国际军事顾问李德，已从上海来到了中央苏区，他们实际上是这次反"围剿"的最高军事指挥者。他们完全不了解中国实际，生搬硬套地使用了苏联红军正规战争的经验，废弃过去几次反"围剿"中行之有效的积极防御方针，而实行军事冒险主义的方针，主张"御敌于国门之外"，仍然命令红军在根据地以外对敌人的坚固堡垒实行正规的攻坚战、阵地战，致使红军的反击从一开始就连连受挫，遭到很大损失，陷于被动地位。

就在红军陷于军事被动的时候，突然出现了一个有可能缓解甚至扭转危机的大好时机：发生了参加"围剿"红军的国民党第十九路军公开宣布抗日反蒋，在前线调转枪口向蒋介石集团反戈一击的"福建事变"。十九路军派代表同红军谈判合作，双方草签了抗日反蒋的初步协定，蒋介石不得不立即调动部队前往镇压。博古、李德等继续把中间派看成是"最危险的敌人"，既不接受周恩来、张闻天（洛甫）军事上配合十九路军的建议，也不接受毛泽东的主张：红军主力抓住机会立即离开中央苏区，深入敌人后方杭州、苏州、南昌甚至是南京附近的广大无堡垒地区去作战，开辟新的游击区，迫使"围剿"中央苏区的国民党军回防，让红军的作战态势由防御转为进攻，也可以分散蒋介石对造反的第十九路军施加的军事压力。这样做既丧失了与国民党内抗日反蒋派结成联盟的机会，又使红军丧失了借助这次事变打破第五次"围剿"的一个十分有利的战机。

1934年1月中旬，中共临时中央在瑞金召开六届五中全会，博古主持会议并做报告，将"左"倾错误发展到顶点。红军在"左"倾机会主义思潮的指挥下，继续采用"御敌于国门之外"的作战方针，打阵地战、消耗战，死守硬拼，伤亡惨重，丢掉了大片的苏区。1934年4月10日，国民党军集中力量进攻广昌，毛泽东和张闻天都不主张进行广昌保卫战，但李德不采纳他们的正确意见，命令红军主力保卫广昌，同敌人进行决战，参加保卫战的红军在付出高达5000余人的伤亡后，被迫退出广昌。李德等人还违背毛泽东当初制定的土地革命原则，发动了一次红色恐怖运动，杀掉了大量的富农。由于敌人的封锁和形势的日趋紧张，红军内部的种种矛盾相继爆发了出来，悲观情绪日益蔓延，大量的苏区人民包括小部分入伍不久的战士开始逃跑，而国民党军步步紧逼，每攻一处便大建碉堡，大修工事，不停地蚕食苏区。1934年7月上旬，蒋介石发动31个师分兵六路合击苏区腹地，李德又命令红军“六路分兵”“全线防御”，红军寡不敌众，节节败退，更加被动。中央红军不得不实行战略转移。但是往哪里走？从什么地方突围？这个沉重的问题摆在了红军面前。此时，博古、李德等极“左”领导安排毛泽东去粤赣“养病”，实际上是进一步排斥、打击。毛泽东坐视危局却无法插手，他带着王首道、周月麟和朱开铨三个巡视员来到粤赣省委省政府所在地会昌县文武坝。7月23日凌晨，毛泽东在几位干部的陪同下登上会昌城西北的岚山岭，在登高望远中忧时虑事，心潮起伏，思绪万千，下山回到文武坝后，写下了《清平乐·会昌》。1958年12月21日，作者在文物出版社当年9月刻印出版的大字本《毛泽东诗词十九首》上，曾对这首词做了这样回忆性的批注：“一九三四年，形势危急，准备长征，心情又是郁闷的。这一首《清平乐》，如前面那首《菩萨蛮》一样，表露了同一的心境。”批注中所提到的《菩萨蛮》，是指写于1927年春的《菩萨蛮·黄鹤楼》，作者在文物出版社刻印的同一本书上，对此作中的“心潮”也做了批注：“一九二七年，大革命失败前夕，心情苍凉……”这一自注诠释，是我们准确把握和理解《清平乐·会昌》基本内涵的重要依据。在这首词里，也深刻暗喻了即将到来的红军战略转移的突围路线。

意境赏析

《清平乐》，词牌，见前注。《会昌》，词的题目，会昌县位于江西东南部，东连福建，南接广东，距瑞金50公里，战略地位十分重要。1934年7

月23日凌晨,毛泽东曾登上会昌城西北的会昌山。

上阕写凌晨登山的感受。起句“东方欲晓”,点出毛泽东登山的时间是在一个旭日将出、曙光正现、大地即将冲破朦胧、万物充满清新气息的时刻。“莫道君行早”的“君”,毛泽东自注:“指我自己,不是复数,要照单数译。”这两句是说,毛泽东一行几人快要天亮时,出发登会昌城郊的岚山岭,看到远处黛色的青山,听到岭间飕飕的山风,闻到四周清新的空气,顿觉神清气爽,不由自主地感叹:“莫道君行早。”“踏遍青山人未老”,既是实写眼前登山不觉累,又包含了对自己多年来南征北战革命生涯的回忆:自从1927年秋收起义后上井冈山,开展土地革命,建立革命根据地,历时七年,走遍青山绿水、转战四面八方,经历艰难险阻,革命豪情未减,青春壮志犹在。“风景这边独好”,我以为包含三重意思,一是指会昌的自然景色秀丽壮美;二是指会昌优越的地理形势,位于江西南部,历史悠久,东临福建,南经寻乌县通往广东,离中共中央、中央苏维埃政府、中央军委所在地瑞金50公里,离筠门岭前线40公里,具有十分重要的战略地位;三是指政治形势对红军有利,此时中央根据地的东线、北线、西线,蒋介石布满堡垒,形势吃紧,只有赣粤交界的南方战线,由于广东军阀陈济棠与蒋介石矛盾较深,为保存实力,他参与“围剿”不积极,持观望和应付的态度,对红军打打停停,占领筠门岭后就不再进攻了。加上毛泽东多次在此地视察指导工作,利用蒋陈矛盾,指示巩固苏区、扩大发展游击区、加强白区工作,消除赤白双方对立,南方战线因而比较稳定。

下阕写眺望南粤的想象。“会昌城外高峰,颠连直接东溟”,承接上阕,进一步展现会昌“独好”的雄伟壮丽景色,站在会昌岚山岭的峰巅放眼远眺,崇山峻岭,层峦叠嶂,连绵蜿蜒,直接东海。“战士指看南粤,更加郁郁葱葱”,这里的“粤”指广东。这两句是对上阕“风景这边独好”的进一步想象,战士向南粤放眼眺望,满眼更是草木苍翠茂盛、风景怡人的清新绿色。此处看似写南粤景色,实则是为红军面临的严峻困境和危难中的中国革命,筹划新的征程。而南粤这个方向恰恰就是以后长征开始的转移方向。

解读感悟

毛泽东在这首词中的“风景这边独好”,“战士指看南粤,更加郁郁葱葱”,暗喻了危在旦夕的红军的出路:向南方突破重围,做战略转移,去开展新的武装斗争,寻找建立新的革命根据地,创建比中央苏区更美好的前景。这就是毛泽东为危难中的红军所筹划的新征程。

历史的发展证明了毛泽东这一英明预见。

南粤是广东军阀陈济棠的天下,陈不属于蒋介石的嫡系,他除了要时刻防备蒋介石的吞并之外,还有数百里的“边防”要守,因为他的地盘与共产党红色苏区接壤。这就是说,军阀陈济棠深陷于蒋介石与共产党对抗的夹缝中,他觉得必须为自己的生存安全寻找一种最有利的策略。

陈济棠对蒋介石让他出兵参加“围剿”作战的命令,一方面口头表示坚决执行,可给粤军下达的作战原则是:决不主动进攻,即使发生了战斗,也不求有功,只求少受损失。让部队每天的行程绝不能超过 20 公里。另一方面,派出心腹参谋秘密去苏区南大门筠门岭,试图私下与红军达成“互不侵犯”协定。

陈济棠认为,在自己与蒋介石之间存在着共产党苏区,正好是目前蒋介石部署在江西的大军进入广东的屏障,由此得出的结论是:红军不能垮,最好永远在。自己无论如何要想法与红军达成正式协议。如果红军承诺不侵占自己的地盘,自己就和红军一直和平共处。陈济棠还派人秘密地给红军送去弹药和药品以联络感情,使粤军与红军的秘密谈判通道逐渐打开。

1934 年 10 月 5 日,中央红军开始战略转移前夕,红军粤赣军区司令员何长工到瑞金接受周恩来的指示,与赣南省委宣传部部长潘汉年秘密进入粤军阵地,经过三天的密谈,红军与粤军达成五条协议:一、就地停战,取消敌对局面;二、互通情报,用有线电通报;三、解除封锁;四、互相通商，必要时红军可在粤军的防区后方建立医院；五、必要时可以互相借道，红军有行动事先告诉粤军，粤军撤离20公里。红军人员进入粤军防区用陈部护照。

在上述五条协议中，最重要的是第五条“借道”，这个“道”就是让粤军开放红军向南突围进行战略大转移的通道。这样就使红军比较顺利地越过粤军的防线进入了湖南，少受损失地摆脱被蒋介石从北、西、东三面包围的中央革命根据地，开始了史无前例的二万五千里长征，终于为中国革命开辟了全新的征程。

十六字令三首

一九三四年到一九三五年

其一

山，快马加鞭未下鞍。惊回首，离天三尺三。

其二

山，倒海翻江卷巨澜。奔腾急，万马战犹酣。

其三

山，刺破青天锷未残。天欲堕，赖以拄其间。

写作背景

1934年10月初，红军与粤军双方代表达成就地停战、互通情报、解除封锁、相互通商和必要时相互借道等五项协议，所以在中央红军突破敌军第一道封锁线进入广东境内时，陈济棠部基本上没有堵截，使红军比较顺利地通过第二道和第三道封锁线。从11月27日至12月1日，红军经过苦战五昼夜的湘江战役，终于突破敌军重兵设防的第四道防线，粉碎了蒋介石围歼中央红军于湘江以东的企图。湘江战役是红军长征以来最惨烈的一战，红军付出了惨重的代价。渡过湘江后，队伍由8万人锐减至3万人。

渡过湘江以后怎么办？李德、博古无视战争形势的变化，把希望完全寄托在与红二、六军团的会合上，欲与敌人调集来拦截红军的40万兵力死拼硬打，使红军面临全军覆灭的危险。在此危急关头，毛泽东力主放弃与红二、六军团会合的计划，改向敌人力量薄弱的贵州前进。这一主张得到大多数中央领导人的赞成。红军遂在占领湘西南的通道县城后，即向贵州进军。湘江西面有座越城岭，当地少数民族称呼它老山界，这是中央红军军事转移以来遇到的第一座真正的高山。一条狭窄的小路在陡峭的山崖上呈“之”字形盘旋而上，一侧是通天陡壁，一侧是万丈悬崖。1934 年 12 月5日，中央红军翻越老山界主峰，其主峰苗儿山山顶是一小片平地。到达山顶的毛泽东放眼望去，山岭耸入云天，遂吟成十六字令其一：“山，快马加鞭未下鞍。惊回首，离天三尺三。”

从 1934 年 10 月到 1935 年 10 月，中央红军经过的长征路，可说是一直奔走转战于山区，在崇山峻岭之中与敌军周旋，经过的山岭关隘举不胜举，如江西境内之雷岭，广东境内之苗山、大小王山、大盈山，广西境内之永安关、白茅隘，云贵高原的乌蒙山脉，贵州境内的骷髅山、八宝山、紫金关、娄山关，四川境内之小相岭、冕山、猛虎关、花林隘口、大相岭、夹金山、梦笔山、长枝山、打鼓山、拖雷冈、腊子山、分水岭，甘肃境内之朵札里山、岷山、六盘山等。《十六字令》三首写的并非哪一座具体的山，而是从总体上对所经诸山做出具有典型性的艺术概括，是对经历诸山的山形、山势、山魂的升华，是共产党、红军和革命领袖精神的象征。这三首词，作为红军长征的真实记录，必将永载革命史册。

意境赏析

《十六字令》，词牌名，小令，十六字，四句，是字数最少的词牌。又名《苍梧谣》《归字谣》《绛阳春》。毛泽东在长征中登了大大小小不可胜数的名山、大山、高山、险山。《十六字令》所写的山，并非某一个特定的山，而是经过艺术想象而升华出的山的原型，是在马背上创作的，是经过长时间的酝酿、修改和润色才定稿的，故词题下标明写作时间为“1934 年到 1935 年”。

第一首写高大巍峨的山形，表现出红军战士勇往直前，不向任何艰难险阻低头的英雄气概。起句一字点明主题“山”巍然屹立，突兀而起。“快马加鞭未下鞍”，描绘红军跃马扬鞭，翻越峰巅的勃勃英姿。黔北和湖南都有“人过要低头，马过要下鞍”的民谣。毛泽东将其意加以转化，改“要下鞍”为“未下鞍”，仅一“未”字就突现了红军在前有崇山峻岭，后有追兵“围剿”的险恶环境下，必须急促行军，快速前进。“惊回首，离天三尺三”，抒发登上山巅后的惊讶和感叹，仅一“惊”字，把山的高耸、人的无畏、马的骏利同时烘托出来。

第二首写山势磅礴峻险，象征红军所具有的压倒一切敌人的逼人气势和英勇顽强的战斗精神。“山，倒海翻江卷巨澜”，描写那连绵起伏的群山，像江海卷起巨大的波涛，汹涌翻滚。“奔腾急，万马战犹酣”，描写那连绵起伏的群山，又像万马奔腾，正展开一场激烈的战斗。山本来是静止的，词作却将山化静为动，以山喻人，真切地反映了中国工农红军正如铁流千里，万马奔腾，转战于崇山峻岭之间，全国人民反蒋抗日的怒潮也如江海的怒潮一样，势不可当。

第三首写山之魂——顶天立地。象征伟大领袖、共产党、红军是中华民族的中流砥柱。“山，刺破青天锷未残”，这句所说的山与第二首不同，前者是群山，此则为独峰。高耸的山峰势如刀剑，直插云霄，刺破青天，锋刃无损。“天欲堕，赖以拄其间”，这句是说青天被刺破，简直要堕下来了，但不怕，有高大坚挺的山峰能够将其牢牢支撑住，天塌不下来。

三首词，形式上虽然分开，联系却非常紧密。第一首写山之高，如果没有快马加鞭未下鞍的红军英雄转战于其间，又怎么能有“离天三尺三”那“无限风光在险峰”的景象呢？第二首写山之大，如果没有“倒海翻江卷巨澜”“万马战犹酣”，又怎么能显示出二万五千里长征的铁流惊天动地的壮举呢？第三首写山之魂，如果没有“刺破青天锷未残，天欲堕，赖以拄其间”，又怎么能象征出耸立于天地其间的擎天柱坚挺与勇于担当呢？

解读感悟

在十六字令的三首词中，我以为喻义深刻，意境高远的当算第三首，试想，遵义会议上是谁像诸葛亮那样“受任于败军之际，奉命于危难之间”、领导工农红军化险为夷、转危为安、转败为胜呢？是毛泽东！体味领悟此首词的明喻暗示就会发现，它竟与当时发生的历史事件是那样惊人地吻合。遵义会议上，一根擎天大柱，撑起朗朗乾坤。要领会感悟这首词的真正喻义，不能不从遵义会议说起。

长征开始后，广大干部、战士亲自经历了第五次反“围剿”以来红军屡屡失利的作战，这和此前胜利的反“围剿”战争形成鲜明对比。由此，他们逐渐觉悟到这是排斥以毛泽东为代表的正确领导，贯彻错误的军事方针造成的恶果。还在中央根据地时，许多干部就对中央领导人博古在军事指挥上的错误产生怀疑和不满，有的军团指挥员甚至同李德发生激烈争论。随着长征中红军作战的不断失利，这种不满情绪日益增长，到湘江战役之后达到顶点。在干部特别是高级干部中，酝酿着要求纠正错误、改变领导的呼声。在老山界崎岖的山路上行军途中，毛泽东曾与中央领导人张闻天、王稼祥交换意见，建议召开一次不受共产国际干预的政治局会议，分析第五次反“围剿”和长征开始后军事指挥上的错误，赢得了他们的支持。周恩来、朱德等多数中央领导人和高级军事将领也支持毛泽东的意见。因为自中国共产党加入共产国际以来，作为共产国际的57个支部之一的中国共产党，一直处在共产国际的绝对领导和监控下。中国共产党任何重要的会议决议，必须得到共产国际的批准才算生效。尽管毛泽东等红军领导人对此很不认同，但是此前的客观形势没有改变这一现状的机会。自从中央红军离开中央苏区开始长征以来，共产党中央与共产国际的电报联络已经完全中断，毛泽东一直等待的有利契机，即由中国共产党人独立自主地决策自己的事情的时机终于出现了。而眼下迫在眉睫的是红军的生存问题，为此必须在政治局会议分析第五次反“围剿”和长征开始后军事指挥上的错误，及时调整现行的政治和军事策略。

1935 年 1 月 15 日至 17 日，中共中央政治局在遵义召开扩大会议，史称“遵义会议”，参加会议的政治局委员有博古、周恩来、毛泽东、朱德、张闻天、陈云。政治局候补委员有王稼祥、刘少奇、邓发、何克全(凯丰)，红军各总部和各军团负责人刘伯承、李富春、林彪、聂荣臻、彭德怀、杨尚昆、李卓然。邓小平同志先以《红星报》主编身份列席会议，会议中被选为党中央秘书长，正式参加会议。李德只是列席了会议，伍修权作为翻译也列席了会议。

会议首先由博古做关于第五次反"围剿"的总结报告。他强调"敌人的过分强大"，以此对自己"在军事路线上所犯的错误"开脱和辩解。周恩来做副报告，分析了"左"倾领导者在军事指挥上的错误并主动承担了责任。张闻天按照会前与毛泽东、王稼祥商定的意见，做了反对"左"倾军事错误的报告，他尖锐地批评了第五次反"围剿"中的战略战术，不利用福建国民党第十九路军兵变的时机，不顾敌情机械地坚持与红二、红六军团会合等错误。同时，张闻天引用了大量的斯大林语录，详细批驳了把红军的损失归结于敌人过于强大的说法，认为如果这样就会不可避免得出"敌人的'围剿'根本就不能粉碎的机会主义结论"。毛泽东接着发言，主要内容就是那篇收于《毛泽东选集》的《中国革命战争的战略问题》。他从理论到实践，从历史到现实，从国情到军情，从中国共产党的宗旨和中国革命战争的特点到中国内战的政治策略和军事策略，从《水浒传》里的洪教头和林冲的一场打架到共产党红色武装的游击战术，从"丝毫没有马克思主义气味"的"小资产阶级的革命狂热到革命的急性病" 到"保守主义" "逃跑主义" "拼命主义"，等等。毛泽东出口成章，侃侃而谈，他的讲话让与会者，尤其是那些军团指挥员们听了很顺耳，在毛泽东的诙谐幽默中不断愉快地开怀大笑。毛泽东的发言最后落在李德的军事指挥上："只知道纸上谈兵，不考虑战士要走路、要吃饭，也要睡觉，也不问走的是山路、平原还是河道，只知道在地图上一画，限定时间打，当然打不好。"

王稼祥的发言简短而分量很重，他支持毛泽东的观点，建议毛泽东参与军事指挥。会后不久，通过了张闻天起草的《中央关于反对敌人五次"围剿"的总结的决议》，充分肯定了毛泽东等关于红军作战的基本原则。

会议改组了中央领导机构，增选毛泽东为政治局常委，取消博古、李德的最高指挥权，决定仍由最高军事首长朱德、周恩来指挥军事，而周恩来为党内委托的对于指挥下最后决心的负责者。会议在政治局常委的分工中，明确了毛泽东的地位："以毛泽东同志为恩来同志的军事指挥上的帮助者。"接着又由毛泽东、周恩来、王稼祥组成军事"三人团"，以周恩来为团长，在长征的战争环境中，这是中央最重要的领导机构。毛泽东和周恩来的亲密战友关系从此开始确立，这一对中国和当代世界历史都产生了巨大和深刻影响的稳固关系，从1935年初一直持续到1976年两个伟人先后走到生命的终点。

遵义会议还有一个不容忽视的成果。如果站在当代中国的角度回首历史，这一成果便会更加凸显其重要意义。这就是邓小平的命运变化：由《红星报》主编身份被选为党中央秘书长，表明他已经走上中国共产党的领导层，这一变化足以令数十年之后的中国人民感到庆幸。

今天，我们站在回顾中国革命历史发展的高度，77年前毛泽东写的《十六字令》："山，刺破青天锷未残。天欲堕，赖以拄其间。"领悟它的伟大而深远的历史意义，那就是它以明喻暗示回答了一个历史提出的潜在问题，象征着遵义会议确立的以毛泽东为代表的党中央是中华民族和中国革命的中流砥柱和担当。

忆 秦 娥

娄 山 关

一九三五年二月

西风烈，长空雁叫霜晨月。
霜晨月，马蹄声碎，喇叭声咽。
雄关漫道真如铁，而今迈步从头越。
从头越，苍山如海，残阳如血。

写作背景

1934 年 10 月,中央红军(第一方面军)从江西于都附近的铜锣渡出发,迈开了震惊中外的长征的第一步。之后,接连突破了国民党军队的四道封锁线,于 12 月进入贵州省境。1935 年 1 月 9 日进入遵义城,1 月 15 日至 17 日,中国共产党中央在遵义召开了政治局扩大会议,改变了过去"左"倾冒险主义的错误领导,确立了毛泽东同志在党和红军中的领袖地位。从此,毛泽东重新得到了红军官兵的信任,逐渐恢复了对红军的指挥权。但是毛泽东的心情并未因此而轻松愉快,而是感觉到肩上的担子更加沉重,因为红军丢掉中央根据地以后,在突破敌人四道封锁线特别是湘江战役后,损失惨重,短短两个月,原先的 8 万红军锐减为 3 万人,而遵义周围,蒋介石命令他的嫡系部队和地方军阀以武装精良、供给充足的 40 万大军对红军步步紧逼,围追堵截,原先准备建立以遵义为中心的川黔边革命根据地的计划是行不通的,于是经过短期休整,决定继续北上,到四川去与红四方面军实现会师。

1 月 19 日,朱德发布命令,将"军委纵队改为中央纵队"。同一天,红军总部和中央纵队撤离了遵义,1 月 20 日,中央纵队到达了黔北重镇桐梓。在那里,"中央军委关于渡江的作战计划"下达,再次明确了中央红军将冲出贵州进入四川,在川南的泸州和宜宾之间北渡长江,然后横跨整个四川东部,与位于川陕甘边界的红四方面军实现最终会合,建立一个比遵义地盘更大的革命根据地。

就在同一天,蒋介石也向他的中央军和滇黔川军发布了“关于在长江南岸‘围剿’中央红军的计划”。

至此,历史注定中央红军与国民党军狭路相逢,必有一战。

1月26日,中央纵队到达土城,这座小城位于赤水河中游,古称滋州,是黔北的大道要冲,城北3公里处的青冈坡,两座山峰对峙而成险要关隘,一条弯曲的山道是北出贵州进入四川的必经之地。土城一战如若胜利,可以鼓舞士气,突破川军的严密阻截,成功地从土城西北方向的川南宜宾、泸州之间北渡长江,实现与红四方面军的会合。1月27日,中革军委决定集中优势兵力,在土城附近的枫树坝、青冈坡一带与川军进行决战,为中央红军北渡长江开辟道路。

这场战斗朱德亲临前线,由中央干部团团长陈赓直接指挥,一直打到川军指挥部跟前。但是红一军团的攻击很不顺利,川军占据了居高临下的有利地势,把红一军团二师压迫在一个葫芦形的隘口里,后来二师巧妙调动部署,在永安寺的敌指挥所附近与川军形成对峙局面。

1935年1月28日下午5时,在中革军委位于土城后山的指挥所里,中央政治局召开了紧急会议。认为由赤水北上进入四川,从泸州至宜宾之间北渡长江的计划已无法实现。为了保存中央红军的实力,必须轻装脱离战场,西渡赤水河,向川南古蔺方向前进。

1月29日中午12时,中央红军从三个渡口全部渡过了赤水河。然后分三路进入了川南叙永县境内,2月1日,红一军团二师奉命向叙永县城攻击,由于久攻不下,中革军委做出了新的决定:放弃在叙永一带北进的计划,向云南东北部的威信和扎西转移。

土城战斗的失利和北渡长江的夭折使中央红军在叙永以西的川滇黔交界处的荒凉山区中整整徘徊了12天,令红军官兵再度迷茫起来,重新产生了“到底要走向哪里”的疑问。这是中央红军面临的又一个危急时刻。毛泽东走在茫茫的风雪夜里，他知道，土城战斗的失利必会引起部队官兵的议论和不满。这是他恢复军事指挥权后第一场战斗，深思战斗指挥确实存在问题，这就是北渡长江的企图没有隐蔽性，打的是红军不擅长的阵地攻坚战，而目前更重要的问题是中央红军始终没有摆脱被国民党军“追剿”的局面。从战略上讲，在过去的日子里，红军能够取得战斗胜利的原因是什么？是机动灵活，是行踪不定，是动作突然，是出其不意，是在运动战中打击敌人。

1935年2月6日（大年初四），中央红军在天寒地冻中到达云南东北部的扎西镇，毛泽东宿营的那个村庄叫作鸡鸣三省。中央红军在这里停下了一直向西的脚步，又一次召开了政治局会议。扎西会议实际上是遵义会议的继续，讨论通过的会议决议决定“暂缓执行北渡长江的计划”，将中央红军的征战目标改为：“以川、滇、黔边境为发展地区，以战斗的胜利来开展局面，并争取由黔西向东的有利发展。”会议还决定对部队进行整编。

扎西会议迫切解决的问题是：被围困的中央红军要到哪里去？哪个方向才是敌人最预料不到的方向？毛泽东建议：向东，再渡赤水，回到遵义去。从此，中央红军离开云南东北部荒僻的扎西镇重新进入贵州北部，为摆脱纠缠已久的国民党军的追击而进行游动作战。其后，中央红军连续在赤水河的两岸来回穿越，巧妙与敌周旋，一次又一次地化险为夷，到了2月16日，中共中央、中革军委发布了《告全体红色指战员书》，指出：党中央和中革军委决定停止向川北发展，而在云、贵、川三省地区创立根据地。“我们必须寻求有利时机与地区去消灭敌人，在不利的条件下，我们应该拒绝那种冒险的没有胜利把握的战斗。因此红军必须经常地转移作战地区，有时向东，有时向西，有时走大路，有时走山路，有时走老路，有时走新路，而唯一的目的是为了在有利条件下，求得作战的胜利。”在这一毛泽东一贯游击战术思想的指导下，红军进行了一连串叫蒋介石眼花缭乱、捉摸不透的游动作战，中央红军遇到险象环生而又绝处逢生，面临山穷水尽而又柳暗花明的军事行动，这就是一二月间的“二渡赤水”，后来还有两渡，总称四渡赤水，包括后来再占遵义。

2 月 28 日傍晚时分，毛泽东随着中央纵队通过了硝烟正散、血迹未干、寒风凛冽、林涛怒号、夕阳殷红、云海苍茫的娄山关。后来追写了《忆秦娥·娄山关》这首词。毛泽东 1958 年曾在这首词后作注：“万里长征，千回百折，顺利少于困难不知有多少倍，心情是沉郁的。过了岷山，豁然开朗，转化到了反面，柳暗花明又一村了。”这一作注应该是我们赏析该词意境、感悟该词精神的一把金钥匙。

意境赏析

《忆秦娥》是词牌名，又名《秦楼月》，相传因李白《忆秦娥》而得名。诗中有名句“秦娥梦见秦楼月”，讲的是秦穆公的女儿秦娥（名弄玉）吹箫引凤的故事。《娄山关》是词的题目。娄山关位于贵州北部的大娄山上，是防守遵义的要冲，是进出黔川两省的要道，历来为兵家必争之地，《贵州通志》称其“万峰插天，中通一线”，“一夫当关，万夫莫开”。娄山关雄踞娄山山脉的最高峰，关上茅屋两间，石碑一通，上书“娄山关”三个大字。山峰海拔 1440 米，向北距桐梓县城 15 公里，南接遵义县境，一孔之道，险峻异常。川黔公路盘旋其中，一步一弯八步一拐，两侧群峰并立，绝壁千仞。关口西侧是主峰，陡峭如剑，万丈耸立，高不可攀；东侧山峰俨如巨锥，插入云霄，名叫点金山，是控制关口的制高点。

这首词悲壮苍凉，声情激越，在毛泽东诗词中，风格独异，是毛泽东的得意之作，他非常看重这首词。

上阕写红军向娄山关进发途中的艰苦情景。这次娄山关战斗，是在红军由云南回师贵州、再克遵义途中打响的，战斗虽然胜利了，但会师北伐的战略计划还未实现。彼时彼地，其情其境，身为红军统帅的毛泽东不能不感到沉重。这种心境反映在红军向险关要隘进发征途的艰苦情景中:“西风烈,长空雁叫霜晨月。霜晨月,马蹄声碎,喇叭声咽”,这里勾勒了云贵高原早春二月清晨拂晓的悲凉清冷气氛,西风的肃杀、长空的迷茫、雁鸣的凄厉、寒霜的湿重、清晨的冷清、晓月的惨白,不仅点明了进军娄山关的季节、气候和时态,而且再现了声色俱厉、春寒料峭、阴惨酷烈的战争境象,营造了一种红军于残酷险恶中“背水一战”、杀开一条血路的壮烈氛围。接下来的“霜晨月,马蹄声碎,喇叭声咽”烘托出红军披星戴月、冒寒履霜、顶风挺进的英雄形象:战马在崎岖不平的群山乱石间行进的蹄声急促而杂乱,踏踏作响,军号声被凛冽的西风不断切裂,低沉而悲壮。于是,铁军刚毅沉着的军容、哀兵壮怀激烈的意志,立即跃然纸上,动人魂魄,催人奋进。

下阕写跨越娄山关后的胜利豪情及迎接新征程的精神准备,是对全词主题的升华。首句“雄关漫道真如铁,而今迈步从头越”,含意是:莫要说“一夫当关,万夫莫开”的娄山关隘的点金山是那样的高、那样的尖、那样的陡、那样的险、那样的高不可攀,如铁一般坚不可破,也莫要说漫漫长征路像铁一样难以征服,但在英勇善战的红军面前,又算得了什么?不是都一一跨越过去了吗!末句“从头越,苍山如海,残阳如血”。毛泽东1962年5月自注:“是在战争中积累了多年的景物观察,一到娄山关这种战争胜利和自然景物的突然遇合,就造成了自以为颇为成功的这两句话。”“从头越”三字重复,加重语气,寓意深远,表明最重要的制高点点金山攻克下来,全面突破娄山关的胜券操在中央红军手中,红军再次胜利跨越娄山关的目标终于实现。“苍山如海,残阳如血。”意谓苍翠的群山绵延起伏,茫无边际,犹如波涛汹涌、浩瀚汪洋的大海;再看那夕阳沉落在崇山峻岭的那一刻,宛若殷红的鲜血,极为壮美热烈。这既是写实景,更是兼带象征意义的喻示,令人体味无穷。

解读感悟

这首词悲壮苍凉,声情激越,风格独异,是毛泽东的得意之作,他自以为“苍山如海，残阳如血”是颇为成功的词句。“雄关漫道真如铁，而今迈步从头越”，如今已被人民群众视为激励自己正视挫折，克服困难，不断超越自己的格言和警句。

毛泽东当时的这两句词既是在写红军官兵，也是在显示自己的决心和巨大勇气。不要说越过像大娄山那样像铁一样难以克服的雄关狭隘，需要有“而今迈步从头越”的坚强意志和巨大勇气，就是在中央红军重整旗鼓，展开机动灵活的运动战，摆脱优势敌军的围追堵截，渡过金沙江，通过彝族区，强渡大渡河，飞夺泸定桥，翻越夹金山，越过雪山草地无不需要“而今迈步从头越”的坚强意志和巨大勇气。这种坚强意志和巨大勇气也就是毛泽东以后在《愚公移山》中教导的“下定决心，不怕牺牲，排除万难，去争取胜利”的愚公精神，人在掌握了这种正确的世界观之后，是可以克服战胜一切艰难险阻的。

对于毛泽东自以为颇为成功的“苍山如海，残阳如血”这一千古佳句，蕴含着怎样深刻的寓意呢？我以为它所传达的是超越了当时一切艰难的意犹不尽的意蕴和哲思。当时所面临的新的起点和征程、革命的前景、红军的命运吉凶，都凝聚在毛泽东的沉思和举目远望的视野中，但见那群山绵延起伏，山里山，山外山，山叠山，山天山地，酷似波涛翻卷的大海，呈出现天苍苍、野茫茫的景象，无边无垠，壮观不已！而革命的征程又是那么遥远，将面临多少艰难险阻啊！再看那夕阳沉落的崇山峻岭间，宛如殷红的鲜血悲壮惨烈。革命原本就伴随着铁与火的历练，而今新的革命征程不正需要继续付出生命和鲜血的代价，革命的前景不正像大海一样壮阔，像太阳一样光辉灿烂，令人神往与追求吗！此时此刻，毛泽东将这种现实的艰苦斗争和对未来美好前程憧憬的意象融为一体，将在战争中积累了多年的景物观察，同娄山关这种战争的胜利和自然景物突然遇合，抒发出“苍山如海、残阳如血”这样颇为成功的千古绝咏。它震撼人心，气象壮美，既是对激战后的娄山关黄昏景色的真实写照，又预示着革命征程的遥远和胜利道路的艰难曲折。

七　律

长　征

一九三五年十月

红军不怕远征难，万水千山只等闲。
五岭逶迤腾细浪，乌蒙磅礴走泥丸。
金沙水拍云崖暖，大渡桥横铁索寒。
更喜岷山千里雪，三军过后尽开颜。

写作背景

长征，是指 1934 年 10 月到 1935 年 10 月，中央红军从中央苏区向陕甘一带的战略大转移。其中走得最远的部队，走了 25000 多里，史称二万五千里长征。“长征”语出唐代王昌龄的《从军行》：“秦时明月汉时关，万里长征人未还。”

从 1934 年 10 月开始，蒋介石以百万大军对中央苏区实施第五次大“围剿”。由于博古和共产国际军事顾问李德执行“左”倾冒险主义军事战略，推行所谓的“正规原则”，如：以一当十，以十当百，勇猛果敢，乘胜直追；全线出击；夺取中心城市，两个拳头打人，御敌于国门之外；先发制人；不打烂坛坛罐罐；不丧失寸土；六路分兵；革命道路与殖民地道路的作战等，使革命力量遭到极大削弱，红色根据地日益缩小，革命形势出现严重危机。

1935 年 10 月，红军第一军团（军团长林彪、政治委员聂荣臻）、第三军团（军团长彭德怀、政治委员杨尚昆）及第五军团，总称红军第一方面军，亦称中央红军，从福建西部的长汀、宁化和江西西部的瑞金、雩都等地出发，开始战略性的大转移。受博古、李德排斥，失去了红军领导权的毛泽东也离开亲手创建的中央苏区，随中央机关一起长征。

中央红军突破敌人四道封锁线，特别是在湘江战役中，红军损失惨重，由原来出发时的8万多人仅剩3万多人。湘江战役之后，进入贵州。接着红军巧渡金沙江，强渡乌江，占领遵义，四渡赤水，飞夺泸定桥，翻越大雪山，于1935年6月14日到达四川懋功，与红四方军会合。1935年9月18日，红军突破天险腊子口进入甘南，占领岷州。此刻的毛泽东在思索一个问题：下一步红军往哪里走。

毛泽东叫来了红一军团侦察连连长梁兴初和指导员曹德连，让他们出去找点“精神食粮”来，梁兴初明白毛泽东的意思：是让他找近期的杂志和报纸。

他们找来报纸杂志后，毛泽东一页一页翻看着这些报纸杂志，终于看到了令他眼睛一亮的消息：徐海东率领的红军到达了陕北，与刘志丹的陕北红军会合了。毛泽东希望能得到更进一步的消息。果然，一份杂志上刊登了一幅国民党当局绘制的陕北根据地略图。

第二天，红军先头部队占领了哈达铺。在哈达铺，梁兴初又给毛泽东收集了大量的《大公报》，从《大公报》上，毛泽东终于确切地知道：在陕北，红军活动之剧烈犹如当年的江西苏区；而且在陕北存在着一块几乎与江西的中央苏区面积一样大的红色根据地，这将对下一步红军往哪里走，进而对中国历史的走向起到决定性的影响。至此，毛泽东明确了红军的前进目的地——陕北苏区。

9月27日，在榜罗镇召开了中央政治局常委会议，正式决定在陕北落脚。会议还决定对部队进行整编，中央纵队和红一方面军主力正式编为中国工农红军陕甘支队，彭德怀为司令员，毛泽东为政治委员，林彪为副司令员，叶剑英为总参谋长，张云逸为副总参谋长，王稼祥为政治部主任，杨尚昆为政治部副主任，陕甘支队下设三个纵队。

接着，在哈达铺的关帝庙里，红军召开了团以上干部会议，毛泽东讲：“以前有的同志们问，咱们到底要走到哪里去？现在我们有答案了，我们要走到陕北，因为那里有刘志丹和徐海东的红军。……同志们，胜利前进吧！到陕北只有七八百里了。”

10 月 2 日,党中央和毛泽东同志率北上抗日先遣队达到甘肃通渭。在全军排以上干部会议上,长征途中的万水千山和激烈壮阔的战斗情景,激发了他的创作灵感,令他的思绪自由驰骋,感慨万千,即席朗诵了《七律 · 长征》一诗。

意境赏析

七律——七言律诗的简称,每首八句,每句七个字,偶句末字押平声韵,首字可押可不押,一韵到底,讲究平仄,中间四句要求对仗。《长征》,诗的题目,因第五次反“围剿”失利,中央红军在江西根据地无法立足,从 1934 年 10 月开始实施战略转移。

《七律 · 长征》是红军二万五千里长征的真实记录,是红军英雄壮举的热情颂歌,是中国革命的不朽史诗。它集中表现了红军在战略大转移征途中不畏艰险、英勇战胜千山万水和敌军围追堵截所造成的困难的英雄豪迈气概,也是毛泽东和红军指战员高度革命乐观主义精神的象征。

首联“红军不怕远征难,万水千山只等闲”总领全篇,是全诗的基调和主旨。“远征难”的寓意涵盖广泛,包括军事、政治、自然环境等方面种种艰难险阻。其中:有超常远程行军、体力极度疲惫之难,有缺衣少食、疾病伤痛之难,有千山万水、攀缘跋涉之难,有国民党数十万大军围追堵截使红军举步维艰之难,还有革命阵营内“左”倾冒险主义和张国焘逃跑主义、分裂主义所造成的千难万险之难……对这重重困难,红军为什么“不怕”呢？毛泽东曾在总结红军长征为什么能取得胜利时说:“谁使长征胜利的呢？是共产党。没有共产党,这样的长征是不可能设想的。中国共产党,它的领导机关、它的干部、它的党员,是不怕任何艰难困苦的。”这就是说,在长征中,有共产党的坚强领导,有党的基层组织的坚强战斗堡垒,有广大党员的先锋模范作用,那什么艰难困苦都是“不怕”的,都能够战胜的。“万水千山只等闲”是对“红军不怕远征难”的重申和深化,“万水千山”涵盖了“远征难”的基本内容，“只等闲”则进一步补充了“不怕”之意，表现出对千难万险的等闲视之，也就是在战略上藐视它，灭困难的威风，长英雄的志气。

颔联承接首联中的“千山”。红军在长征中攀缘翻越的崇山峻岭数不胜数，这里只以红军的战斗历程为序，选取具有典型性的五岭和乌蒙山脉作为代表，以偏概全。“五岭”指位于江西、湖南、广东、广西、四川之间的大庾岭、骑田岭、萌渚岭、都庞岭和越城岭。这五座大山岭岭相连，最高的越城岭主峰海拔高达 2200 米。“五岭逶迤腾细浪”描绘的是 1934 年 10 月，中央红军从福建、江西出发，沿江西、湖南、广东、广西境内绵延起伏的千里五岭山道，像水面微微泛起的细小波浪，越过敌人的封锁线，向西进军。“乌蒙”指乌蒙山脉，它起于云南省禄劝县东北 280 里，跨越云南、贵州两省交界的13个县，北临金沙江，上有十二峰，雄拔陡绝，平均高度约海拔 2400 米，最高峰石岩尖高达海拔 3800 米，“乌蒙磅礴走泥丸”，描绘的是 1935 年 3 月至 4 月间，红军长征经过高大雄险的乌蒙山，像滚动着的泥丸快速前进。颔联两句中的“腾”和“走”，以拟人化动态描写，使静止的山态变成运动的物象，让大山与红军都灵动起来，可谓想象超群，气象万千。

颈联承接“万水”，红军在长征中所涉渡的河流不计其数，但毛泽东仅取“金沙江”和“大渡河”，这是因为这两道河流的险阻超过其他河流，具有典型性、代表性。“金沙水拍云崖暖”，金沙即金沙江，是长江上游自青海省玉树县至四川省宜宾县的一段，是长征途中一道极为险恶的天然障碍，蒋介石妄图凭借这条天堑，将红军围歼于川、黔、滇边境。1935 年 5 月，中央红军在云南省禄劝县西北的绞车渡巧渡金沙江，从此，红军跳出了数十万敌人围追堵截的圈子，取得了战略转移中具有决定意义的胜利。“水拍云崖”描写的是金沙江水急浪高，拍击着岸边高耸入云的悬崖峭壁。“暖”字体现的是红军在天气渐热的季节渡江，给人以温暖的感受，这既表现了处险不惊的统帅气度，也反映了红军巧渡金沙江之后轻松愉悦的心情。“大渡桥横铁索寒”，大渡河源出青海、四川交界的果洛山，两岸高山峻岭，河中水流湍急，千曲百折地流至四川乐山县汇入岷江。“桥”即四川省泸定县境内大渡河上的泸定桥，桥长约百米，由13条碗口粗的铁索搭成，上铺木板。中央红军在 1935 年 5 月下旬到达之时，桥板已被敌人拆掉，红军先头部队的英雄战士在对岸敌人密集的炮火封锁中攀缘着桥的铁索冲了过去。“桥横”形容铁索桥静陈在大渡河上，给人以冷峻的感受。飞夺泸定桥是长征中继巧渡金沙江之后又一次惊心动魄的战斗。蒋介石严令四川军阀杨森等部坚堵大渡河，并命嫡系薛岳、周浑元部衔尾猛追，妄图使红军成为太平天国将领石达开，覆灭于此。可是红军先头部队是神勇无比的英雄战士，冒着枪林弹雨，在敌军密集炮火的封锁中，在高悬空中的铁索桥上攀缘而过，消灭了敌人，打开了通道，占领了河对面的桥头堡。紧接着，后续红军部队在铁锁上架起木板，顺利通过，使蒋介石妄图使红军变成第二个石达开的阴谋彻底破产。一个“寒”字，既表现了铁索桥的高危使人心惊，又喻示了攀缘铁索险情令人胆寒。

尾联“更喜”二句是对首联的回应。以明快的诗句描述了长征的最后历程和翻越岷山后的喜悦之情。“岷山”，位于青藏高原东部边缘，横跨甘肃、四川两省，是西北—东南走向，嘉陵江的支流白龙江将它分割成平行的两列山脉。其北支有十余座山峰的海拔在 4500 米以上，主峰雪宝顶海拔 5500 米。这些山峰，空气稀薄，山顶终年积雪、鸟兽不栖，人迹罕至。为什么翻越“千里雪”的雪山会“更喜”呢？一是越过岷山，走出草地，就最后脱离了长征途中最艰苦的险恶环境，开始了新局面。二是找到了中央红军的落脚地——陕北苏区，使下一步红军往哪里走有了答案：向北，再向北，红军官兵看见明亮的北斗七星在头顶上方闪烁，尽管现在他们还不知道陕北是什么样子，但是他们每一个人在向北走的时候都充满了希望，看到光明前景，预示着长征的最后胜利。这怎能不令“三军过后尽开颜”，即“红军第一方面军、二方面军、四方面军”长途跋涉后都笑逐颜开。

解读感悟

当人类社会迈入21世纪的时候,《人类1000年》一书由美国时代生活出版公司出版,该书公布了从公元1000年至2000年1000年间,人类历史进程中发生的100件对人类文明发展产生了巨大影响的重要事件,其中中国三件,之一是1934年至1935年的红军长征。

长征是什么呢？为什么“红军不怕远征难,万水千山只等闲”。

长征是人类历史上罕见的不畏艰难险阻的远征,这支军队指挥员平均年龄不足25岁,战士的年龄不足20岁,14岁至18岁的战士至少占百分之四十。他们翻越了20多座巨大的山脉,其中的五座位于世界屋脊之上,且终年积雪。长征渡过了30多条河流,包括世界上最汹涌险峻的峡谷大江。长征走过了世界上海拔最高的人迹罕至的广袤湿地——松潘草地。松潘湿地面积几乎和法国的国土面积相等。而更为严峻的是,红军始终在数十倍于己的国民党军的围追堵截中迂回穿梭,与敌周旋,遭遇的战斗在400场以上,平均三天就发生一次激烈的战斗,平均每天急行军50公里以上,平均每300米就有一名红军战士牺牲。1934年10月,红一方面军即中央红军作战部队86000多人踏上长征路,1935年10月达陕北吴起镇时全军仅剩下8000多人。

面对如此艰难险阻、流血牺牲的漫漫长征路,是什么力量支撑红军官兵忠心耿耿,不惧艰难困苦,不怕流血牺牲,浴血奋战,舍生忘死,英勇战斗呢？我终于解读领悟到:这就是崇高的理想,坚定的信念,顽强的意志。

工农红军指战员,是由哪些人组成的呢？有交不起租税走投无路的农家子弟;有逃自死亡线上的学徒、铁路工、烧瓷工;有飞出牢笼的鸟儿——丫鬟、童养媳;有不满蒋介石独裁统治,起义参加红军的将军;有受过良好教育的学者;有激情澎湃的诗人……他们从共产党人的宣传中懂得了人可以掌握自己的命运,世间可以有没有剥削和压迫的社会。他们跟着共产党走上长征路——是走向一个崭新的中国的启程,这个崭新中国的面貌正像方志敏烈士所描绘和梦寐追求的那样：到那时，欢歌将代替了悲叹，笑脸将代替了苦脸，富裕将代替贫穷，友爱将代替了仇杀，生之快乐将代替了死之悲哀，明媚的花园将代替了凄凉的荒地。正是怀着对这样一个崇高而美好理想的憧憬与追求，就会知道生命为什么历经苦难与艰险，依然能够有视死如归的“不怕”，拥有快乐和自信；就会体验到当一个人把个体的命运和民族的命运联系起来时，胸怀将会多么广阔，生命将会多么光彩！

有了崇高的理想，坚定的信念，顽强的意志，就会具有不惧怕任何艰险的胆量，“独有英雄驱虎豹，更无豪杰怕熊罴”。

崇高的理想，坚定的信念，坚强的意志，独立自主的人格，政治的智慧，非凡的勇敢，这些都是克难制胜、创造人间奇迹的精神法宝。

人总是要有一点精神的，特别是在物质生活不断走向富裕的现今社会，更需要有一种浩然正气——富贵不能淫、贫贱不能移、威武不能屈，这是一种崇高的人生精神境界。

一个具有这种精神的人，是心灵充满一片绿洲的人，是能够经得起各种诱惑、保持清正廉洁的人，是能够“天行健，君子以自强不息”的人。一个具有这种精神的民族，是具有民族自信、自尊、自强、自立，从而屹立于世界民族之林的民族。

一个具有这种精神的国家，是拥有向心力、凝聚力、震撼力和巨大发展力的国家。

从一定意义说，精神决定一个人、一个民族、一个国家的前途和命运。

念 奴 娇

昆 仑

一九三五年十月

横空出世，莽昆仑，阅尽人间春色。飞起玉龙三百万，搅得周天寒彻。夏日消溶，江河横溢，人或为鱼鳖。千秋功罪，谁人曾与评说？

而今我谓昆仑：不要这高，不要这多雪。安得倚天抽宝剑，把汝裁为三截？一截遗欧，一截赠美，一截还东国。太平世界，环球同此凉热。

写作背景

1935年9月12日上午9时，红军向着大岷山出发了。岷山属昆仑山脉的中支。昆仑是我国最大的山脉。它从帕米尔高原起，沿新疆、西藏边界向东深入内地，又分北、中、南 三支，绵延2500公里，海拔5000—7000米，主峰公格尔山海拔7719米，总面积超过50万平方公里。毛泽东翻越的岷山属昆仑山脉的中支，红军翻越岷山时，从下而上，山势越来越陡，空气逐渐稀薄，山顶终年积雪不化，一片银色世界。天晴时，雪面上反射的强光，令人刺眼；天阴时狂风骤起，卷起漫天雪雾。从小生长在南方，一直战斗在南方的毛泽东，夏日登山，看到这莽莽昆仑，皑皑白雪，不由得激起无穷的想象：遥望巍峨的昆仑群山，感慨红军终于征服了千难万险，眼看着就要到达目的地陕北苏区，胸中酝酿着雄美的词章。

1935年9月18日，红军突破岷山天险腊子口，这是从川西进入甘肃唯一一条通道上的险要关口，突破这个隘口，红军就进入甘肃南部。9月底，红军到达榜罗镇。在榜罗镇，部队休息了一天，毛泽东又获得了一些近期的报纸，报纸对陕北的情况有了更详尽的描述。于是，中共中央在榜罗镇召开了政治局常委会议，确定了陕甘支队前进的目标是陕北苏区。毛泽东说要以陕北苏区来领导全国革命。之后，毛泽东完成了著名的《七律·长征》，接着又写出了《念奴娇·昆仑》。对于这段时间所写的诗词，毛泽东自注："万里长征，千回百折，顺利少于困难不知有多少倍，心情是沉郁的。过了岷山，豁然开朗，转换到了反面，柳暗花明又一村了。"1935 年 10 月写的《七律·长征》《念奴娇·昆仑》《清平乐·六盘山》《六言诗·给彭德怀同志》，都反映了毛泽东柳暗花明的心情。

意境赏析

《念奴娇》词牌名，长调。因恰好 100 字，又名《百字令》《大江东去》《酹江月》《古梅曲》《春南枝》等。

念奴是唐代著名的歌伎，许多人写词赞美她，词调高亢，遂成《念奴娇》这个词牌。《昆仑》是此词的题目。古来诗词涉及昆仑的很多，一般作为典故使用，视同神话传说，但是以现实的昆仑山脉为题，加以正面描写，而且又写得异常出色的并不多见。这首词堪称写昆仑之绝笔，其气魄之宏大，笔力之雄劲，想象之奇特，意境之高远，可谓空前。词作是在新的民族革命高潮到来、中国处在新的全国大革命前夜的形势下写出的，它通过对雄伟磅礴的昆仑的功过评述和想象，表达远大的革命理想、憧憬和抱负。

上阕从昆仑山的巍峨联想到它对人民的功过。毛泽东在原注中说："夏日登岷山远望，群山飞舞，一片皆白。"眼前的莽莽昆仑，皑皑白雪，顿时激起毛泽东无穷的想象："横空出世，莽昆仑，阅尽人间春色。""横空"言大，"出世"言高，"横空出世"仅四字，便突兀峥嵘，把昆仑的赫赫景象和磅礴气势，形象地展现出来，好似奇峰矗峙，天外飞来，令人惊心动魄，目眩神摇。"莽昆仑，阅尽人间春色"，一个"阅"字，将昆仑拟人化为一个昂首天外，顶天立地，关心人间疾苦的巨人。"莽昆仑"的"莽"字，对昆仑山真是形容得精当不移，既描绘出昆仑高大、辽阔无际的雄姿，又联想其鲁莽、莽撞等意象，这就不仅使昆仑呈现出形貌，而且也具有了性格，为下文的“罪”与“裁为三截”埋下伏线。“阅尽人间春色”是对李白《塞下曲》“五月天山雪，无花只有寒。笛中闻折柳，春色未曾看”的反其意而用之。李诗只是说天山终年积雪，从未看见过春色。而“阅尽人间春色”不仅说的是春风杨柳万千条，春光明媚暖人间，而且概指人世沧海桑田，兴衰变化。对昆仑来说，这既是写实，又是对其本质的形象写照。“飞起玉龙三百万，搅得周天寒彻。”“玉龙”，比喻蜿蜒的雪山。毛泽东自注：“前人所谓‘战罢玉龙三百万，败鳞残甲满天飞’，说的是飞雪。”“飞起”二句是写昆仑山像300万条玉龙在空中飞舞，散发着寒气，搅得整个天空都冷透了。通过这一庞大景象，表现出昆仑的又一个特点：寒冷。接着以下三句“夏日消融，江湖横溢，人或为鱼鳖”，描绘的是到了夏季，烈日暑炎，大地蒸腾，昆仑的积雪快速消融，贯穿于中国东西走向的长江、黄河洪水泛滥，生灵淹没，葬身鱼腹，给人民带来无穷的灾难。这里实写昆仑的“罪”，但这并不等于否定昆仑的功。昆仑是长江、黄河的发源地，是中华民族的摇篮，水利之功，史书常有记载，有目共睹，有口皆碑，无须实写，可是对于广大人民在水患中所遭的“罪”却很少有人关注，末句“千秋功罪，谁人曾与评说?”奇峰突起，把昆仑的功罪推行到整个人类历史的高度加以审视。这两句总结前文，抒发感慨：千百年来，有哪朝哪代的当权者来关心同情百姓的疾苦呢，又有谁能站在人民的立场，把昆仑的功罪加以公平地评说呢？而一代伟人毛泽东的思想感情一直通向了人民群众的心灵深处，以丰富的想象力把祖国的山河与对人类社会的利害紧密联系在一起，抒发了忧国忧民的思想感情。

下阕展望未来，写出再造昆仑的设想，“而今我谓昆仑”的“我”，紧承上阕的“谁人曾与评说”？毛泽东不仅品评了昆仑的“千秋功罪”，而且表明立志改造昆仑，让昆仑服务于世界人民的宏伟理想和崇高愿望。紧接着，毛泽东面对昆仑这样气势磅礴、气象万千的山脉起誓：“不要这高，不要这多雪。安得倚天抽宝剑，把汝裁为三截？一截遗欧，一截赠美，一截还东国。”“不要这高，不要这多雪”，与词的开头“横空出世，莽昆仑”及

“飞起玉龙三百万，搅得周天寒彻”相呼应，“安得倚天抽宝剑，把汝裁为三截”，寓意为要站在巍峨的昆仑山上，背倚着半壁青天，挥手抽出修长的利剑，把昆仑山裁成三截。显示了毛泽东改造昆仑的雄心壮志及坚强决心。把昆仑裁成三截干什么用呢？“一截遗欧，一截赠美，一截还东国”，是要把昆仑切割成三部分，一部分送给欧洲人民，一部分送给美洲人民，一部分送给包括中国和日本在内的亚洲人民。欧、美、东国在这里起到代语世界人民的作用。为什么要把昆仑山脉切割开来作为礼物分赠给世界人民呢？那是要让“太平世界，环球同此凉热”，即让昆仑山上皑皑白雪消融成的水利资源，便利航运，灌溉农田，绿化环境，净化空气，水力发电，造福人类，让全世界人民在和平安定的环境中享受昆仑带来的凉爽和温暖。如果说昆仑因上阕的“莽”而致“罪”，那么，昆仑因下阕的“裁”得以去“莽”消“罪”而获“功”。

解读感悟

根据毛泽东1958年的自注，这首词的主题是反对帝国主义。从词的壮阔内容和雄伟气魄可以清楚地看出，1935年10月，身在陕北一隅的毛泽东，早就怀着对“全人类的使命感”。当时，中国共产党领导的红军两万多人疲惫不堪地到达陕北，蒋介石急令国民党军队铺天盖地向延安方向猛扑过来，对延安而言，西北有马步芳骑兵的追击，北面有西北军的紧逼，东面有张学良东北军的堵截，南面有胡宗南部的“进剿”，革命的形势可以说是危如累卵，就在这样的严峻时刻，毛泽东居然能够以天下为己任，关心世界人民，不仅要解放全国人民，而且立下宏伟的雄心壮志：“安得倚天抽宝剑”，要把昆仑“裁为三截”，赠送给世界人民，为世界人民谋福祉，“太平世界，环球同此凉热”，迎接世界大同的到来，这是何等博大的胸怀，雄伟的气魄！后来，他又在《纪念白求恩》一文中写道：“要和日本的、英国的、美国的、德国的、意大利的以及一切资本主义国家的无产阶级联合起来，才能打倒帝国主义，解放我们的民族和人民。”这同《念奴娇·昆仑》的主题精神一致。

经过新中国成立后特别是近30多年来的改革开放，我国国民经济不断发展，综合国力大幅度提升，社会民众生活水平明显改善，国防建设更加强大，我国国际地位显著提高，全面建设社会主义小康社会的丰硕成果举世公认，一个强大统一，和谐稳定的中国屹立于世界的东方，对国际事务拥有举足轻重的发言权，成为维护世界和平的坚强支柱。这一切都表明，中国人民在中国共产党的领导下正在继承毛泽东的遗志，对世界人民做出自己应有的贡献。

清 平 乐

六 盘 山

一九三五年十月

天高云淡，望断南飞雁。
不到长城非好汉，屈指行程二万。
六盘山上高峰，红旗漫卷西风。
今日长缨在手，何时缚住苍龙？

写作背景

1935年9月27日，红军占领了榜罗镇和通渭城，中共中央在榜罗镇召开政治局常委会议后，根据陕北尚有相当大的苏区和红军这块根据地，率领中央红军向陕北进军，准备和当地红军一起，在陕北保卫和扩大苏区。

在蒋介石看来，几十万国民党军追击了大半个中国，终于把红军逼进了必死无疑的荒芜贫穷之地。在峨眉山下，他抬头看了看云雾缭绕的山巅，对身边的侍从室主任晏道刚说："六载含辛茹苦，未竟全功。"此时，张学良的东北军大多已被蒋介石调往了偏僻的西北地区，其主力驻扎在陕西和甘肃一带对付红军。而张学良本人1934年1月出游欧洲回国以后，蒋介石却让他在南昌当了行营主任的闲职。当红军从川北进入甘肃并继续进军陕西时，蒋介石叫来了张学良，在西安设立西北"剿共总司令部"，蒋介石亲任总司令，张学良任副总司令，代理总司令之职，赋予张学良的重任是"剿共"——让东北军与红军作战。这是蒋介石自认为"一箭双雕"的得意之笔。对于这一点，张学良十分清楚，但为了能和自己的东北军在一起，张学良答应了出任西北"剿共副总司令"之职。

张学良可以指挥的"剿共"国民党军多达十万之众，除了东北军的主力之外，还有陕西、甘肃、宁夏、青海的军阀部队，以及山西军阀的部分部队。

10 月初，陕甘支队经甘肃东部回民区，连续突破了会宁、静宁之间及平凉、固原之间的封锁线，到达六盘山下。六盘山位于宁夏南部固原县西南，是陇山山脉的主峰，海拔 2928 米，山势险峻，南北走向，长约 240 公里，是陕北和陇中高原之界山，山路曲折盘旋，上下约 60 公里，经过盘道六重，方能到达峰顶。

张学良东北军骑兵第七师 4300 多人，在中将师长门炳岳的率领下，从河南陕县坐火车到西安，然后经过六天的骑马行军到甘肃平凉，队伍补充休整后进至六盘山地域，任务是阻击毛泽东的红军进入陕北同陕北红军会合。敌军十九团驻扎在六盘山下的要道上，其中的一连和三连驻扎在山下的青石嘴村。红军乘天刚黑，在敌军人吃饭、马下鞍不戒备的情况下，发起突然袭击，给敌人来了个迅雷不及掩耳的措手不及，半个小时结束战斗，敌军除两个连的连长逃脱以外，其余官兵全部被俘。

这次战斗缴获了敌人的大量物资：十多辆马车上全是大箱子，里面装着簇新的子弹、军装和布匹，这是西北"剿总"送来的，都还没有开箱，子弹分给了红军各部队，军装也让不少官兵换上了新衣服，布匹全都给了伤员，让他们做衣服和包扎伤口。而两个骑兵连的上百匹战马，匹匹壮硕，这使红军不但有了足够的马匹驮物资，而且各级指挥员和伤员们也都有了坐骑。就这样，还剩下不少马，毛泽东建议就此成立红军的骑兵部队。于是，立即动员俘虏中的马夫、马掌兵和兽医等"技术人员"参加红军。中央红军的第一支骑兵部队就这样在青石嘴诞生了，骑兵连的第一任连长，是那个不断给毛泽东送去报纸杂志，让毛泽东得知陕北根据地消息的梁兴初。

青石嘴战斗的胜利大大鼓舞了中央红军的士气，使敌人闻风丧胆，不敢轻易出战，从而使红军比较顺利地翻越六盘山——这个红军长征路上的最后一座大山。山顶长天空旷，西风萧瑟，红军的旗帜迎风漫卷，毛泽东站在象征长征胜利的六盘山顶，站在中国工农红军战略转移走向抗日战争的转折点上，眼前天高云淡，大雁南飞，沟壑纵横的陕北黄土高原已经遥遥可见。面对此情此景，纵目远望，回思以往，寄望将来，酝酿成这首《清平乐·六盘山》。本词最早发表于1957年1月号《诗刊》。

意境赏析

《清平乐》，词牌名，见前注。《六盘山》，词的题目，是红军长征途中遇到的最后一座高山。毛泽东于1935年10月率领红军长征北上途中翻越此山。

上阕描绘西北高原独特的动人情景，借景抒情，回顾长征，表达了红军夺取长征最后胜利，奔赴抗日前线的革命豪情。一、二句“天高云淡，望断南飞雁”，这些都是能够表现北方秋季特征的典型景物，勾勒出六盘山当时的优美图画。北方的秋天，碧空澄澈，仰首遥望，寥廓天空，尽收眼底，给人一种高旷之感，故说“天高”。天空虽有缕缕云彩，但少而稀薄，给人一种淡雅之感，故谓“云淡”。清秋时节，北方渐冷，大雁迁徙南方过冬，这也是北方秋季到来的一个典型特征。“望断”二字，表示目送鸿雁，望得时间久，望得飞程长，一直到望不见的时候还在望。为什么要“望断南飞雁”呢？因为鸿雁传书信，雁南人北，正是长征经过的路线，南飞的大雁可以把中央红军胜利到达陕北的喜讯带给南方，告慰长征途中英勇牺牲了的烈士，他们的鲜血没有白流；告诉远在江南继续打游击的同志，告诉当年根据地支援工农红军的父老乡亲，告诉正在被张国焘挟持的第四方面军向西退却的战友：毛泽东领导的中央红军即将到达陕北革命根据地落脚。

三、四句“不到长城非好汉，屈指行程二万”，词中的“长城”，就是从战国以来，建于中国北方，用于防御外族入侵的野外工事，状如城墙，东西长万里。毛泽东在这里说的长城同时包含着两种含义：一是比喻烽火连天的抗日前线，这正是红军“北上抗日”的宗旨；二是横亘陕西北部的万里长城中段，借指陕北革命根据地，这正是红军北上的目的地。“不到长城非好汉”表达了红军北上抗日保卫和发展陕北革命根据地的坚强决心。“屈指行程二万”，“屈指”是弯曲着手指头点算，此句是上承“望断”而来，“望断”是望到看不见的时候，还在翘首眺望，这看不见的行走路程是多少呢？从江西雩都开始长征到攀越六盘山，历时已有一年，途经福建、江西、广东、湖南、广西、贵州、云南、四川、西康、甘肃等十省，迂回曲折地经历了万水千山，行程二万五千里。“不到长城非好汉，屈指行程二万”，两句堪称豪言壮语，它抒发了红军要开赴抗日前线、保卫国家和发展陕北根据地的坚定决心和迫切心情，同时表露出胜利完成长征的自豪感和革命英雄主义精神。

下阕是对未来前景的展望。“六盘山上高峰，红旗漫卷西风”，这两句直述毛泽东率领红军攀登到六盘山的顶峰，红旗迎着山风招展。在毛泽东的心目中，红旗象征着红军，红旗象征着革命，红旗象征着浴血斗争后取得的胜利。在毛泽东的诗词中，多次描写过红旗。如《西江月·井冈山》的“山下旌旗在望”；《清平乐·蒋桂战争》的“红旗跃过汀江”；《如梦令·元旦》的“风展红旗如画”；《减字木兰花·广昌路上》的“风卷红旗过大关”；《渔家傲·反第一次大围剿》的“不周山下红旗乱”。它从井冈山一直飘扬到六盘山。此时六盘山顶峰上飘扬的红旗向全中国和全世界庄严宣告：毛泽东率领的红军历经千难万险，取得了一个接一个的胜利，终于到达抗日前线，到达陕北革命根据地。三、四句：“今日长缨在手，何时缚住苍龙”表达了红军打倒蒋介石、解放全中国的必胜信念，“长缨”语出《汉书终军传》，喻示红军强大无比的力量。“今日长缨在手”，是说经过长征复杂战争环境的考验、锻炼和浪淘沙，相形见绌的红军领导人被历史淘汰，英明的革命领袖涌现出来被历史选择，担当重任，经过长征考验和战斗洗礼的红军队伍愈加纯洁、坚强。长征为革命保存下来的革命精英和有生力量，就是今日在手的长缨。“何时缚住苍龙”喻示：虽然革命道路还很漫长曲折，但是在不久的将来，总有一天能够推翻蒋介石这条苍龙及其反动政权，解放全中国。

解读感悟

毛泽东诗词中的许多名言名句，已经成为中华文化长河中的瑰宝和当代中国人耳熟能详的警句和格言壮语，《清平乐·六盘山》中“不到长城非好汉”就是其中之一，当时这句壮语，既是毛泽东写给自己的，也是鼓动红军指战员的，更是召唤被张国焘正在挟持的红四方面军放弃南下、西进，赶快北上的。

几乎在中央红军翻越六盘山的同时，1935 年 10月5日晚，红四方面军的领导者张国焘竟在四川理番县卓木碉（今马尔康县足木脚）一座喇嘛庙里，召集了 50 多名红军军以上指挥员参加的高级干部会议。他从中共中央苏区开始讲起，说中央红军之所以没有粉碎敌人的第五次“围剿”，被迫进行大规模的军事转移，不是军事路线而是政治路线出了问题。红一、四方面军会合后，是红四方面军终止了中央红军的一再退却。但是，中央不但不承认自己的错误，反而指责红四方面军犯了路线错误。红四方面军的南下是战略进攻，中央的北上是被敌人的飞机大炮吓破了胆，是对革命前途完全丧失了信心，只有南下才能最后阻止中央的退却。中央竟然发展到“私自率领一、三军团秘密出走”，这样的中央已经是一个“威信扫地”的中央，一个“失去领导全党资格”的中央。最后，张国焘说出了他这番长篇蛊惑军心的最终目的：组成新的“临时中央”，还有相应的“中央政府”“中央军委”“团中央”，张国焘当众宣布了一个他自己拟出来的“临时中央”名单。之前，这个名单没有和任何人商量过，也没有和被列入名单的任何一个人交谈过。其中宣读的第一条就是毛泽东、周恩来、博古、洛甫应撤销工作，开除中央委员及党籍，并下令通缉。杨尚昆、叶剑英应免职查办。张国焘这一分裂党中央的行径，遭到当时在四方面军工作的朱德、徐向前、刘伯承的反对，指出这“只能是亲者痛仇者快”“让蒋介石看我们的热闹”。从而迫使张国焘宣布成立“临时中央”之后，很长一段时间都没敢对外公开。但他依然违背中央指示，顽固坚持红四方面军南下。1935 年 10 月 7 日，张国焘发布了《绥丹崇懋战役计划》，即要求红四方面军采取“秘密迅雷的手段”，“沿大金川两岸夹河并进，配合夺取绥靖、崇化，随即分取丹巴、懋功”，以此作为南下夺取成都附近富庶地区的策源地。

虽然从 10 月 7 日至 12 月 20 日，红四方面军击溃川军六个旅，重创两个旅，毙俘川敌 3000 余人，但最终红军在强敌围攻下，伤亡很大，难以立足于天全、芦山地区，不得不退居到西康甘孜地区。至此红四方面军由 8 万多人锐减为 4 万多人。作为红军的统帅毛泽东当登上六盘山顶峰翘首南望之时，自然会以无限关怀的殷切之情，惦记着红四方面军指战员的命运，热切期盼他们北上，向陕北根据地前进，像中央红军一样，“不到长城非好汉”。

六 言 诗

给彭德怀同志

一九三五年十月

山高路远坑深，大军纵横驰奔。
谁敢横刀立马？惟我彭大将军。

写作背景

1935年10月19日，中共中央直接领导的红军北上抗日先遣队到达陕北吴起镇，与陕北红军十五军团会师，胜利结束了长达一年，远至二万五千里的长征。此时，张学良东北军的骑兵和马鸿宾的骑兵一共四个团已经尾追到吴起镇来了。毛泽东说：“看来非要打一仗了，不要把敌人带进根据地。”彭德怀在吴起镇的四周察看地形，分析敌情，设置伏兵，制定方案，决定用两个纵队先打马鸿宾的骑兵，然后回击东北军的骑兵。

10月21日，在把马鸿宾的骑兵引进了预设战场以后，彭德怀下达了战斗命令，这是红军进入陕北根据地后的第一场战斗。红军趁着天黑，从远距离迂回，对马部骑兵团实施了大包围，发动突然袭击，打得马军溃不成军，四处逃散，接着彭德怀率领部队把猛扑过来的东北军骑兵第三师、第六师、宁夏马鸿宾三十五师的四个骑兵团分别包围起来，给以迎头痛击。

吴起镇附近的大峁梁“切尾巴”战斗，一举歼灭了马家军和东北军何柱国部的一个骑兵团，击溃了四个团，缴获战马200多匹，取得了中央红军到达陕北后的第一个大胜仗。红军胜利回师的时候，吴起镇的百姓敲锣打鼓，欢声雷动，热烈庆祝。毛泽东按捺不住内心的激动和兴奋，挥笔写下了这首高度赞扬彭德怀同志的六言诗，赠送给彭德怀，对能征善战的彭德怀做出了极高的评价。彭德怀看到后，把最后一句“唯我彭大将军”改为“唯我工农红军”，然后将原诗送还给毛泽东。这首诗最早发表于

1947 年 8 月 1 日冀鲁豫军区政治部主办的《战友报》上。解放战争中，彭德怀指挥西北野战军获得青化砭大捷后，毛泽东又手书此诗一遍，传赠身在前线的彭德怀。

意境赏析

这首诗以豪放欢快的笔调，描绘了红军击溃国民党骑兵的英勇战斗场景，刻画了彭德怀在战场上勇猛、从容的大将风度和气吞山河的英雄气概，表达了毛泽东对彭德怀的倚重和深厚的战斗情谊，体现了红军统帅的爱将之心。

“山高路远沟深”是彭德怀 1935 年 2 月给毛泽东的一封电报中介绍战斗地形时的字句，毛泽东这首诗首句借用该电文，只是将“沟深”改为“坑深”，坑深描绘的是黄土高原地区众多的沟壑特征。“高”“远”二字是对长征艰险里程的反映。“大军纵横驰奔”形容红军长征到达吴起镇，后有马鸿逵、马鸿宾的骑兵尾追紧逼，前有东北军何柱国骑兵师迎面堵截，工农红军在彭德怀的指挥下，在布满深沟险壑的疆场英勇杀敌的壮举。“谁敢横刀立马？惟我彭大军。”其中的“横刀立马”形容双腿挺直地骑在马上，双手横提长柄大刀，挡在马前；“彭大将军”是对在中国工农红军陕甘支队担任司令员的彭德怀褒扬赞赏。此处的“我”既可读作毛泽东，又可理解为“大我”——人民、党和军队。二句自问自答，更能引导读者去想象彭德怀同志“横刀立马”叱咤风云的飒爽英姿。

解读感悟

彭德怀的一生功勋卓著，但也命运坎坷，特别是因为秉性耿介刚正，胸怀坦荡，一心为民，口无遮拦，不计后果，给自己招惹来很多麻烦。特别是在 1959 年的庐山会议上，直言不讳地对总路线、“大跃进”、人民公社的过“左”做法提出尖锐批评。尽管这些批评意见是实事求是的真知灼见，但却遭到林彪的恶意中伤，又为毛泽东所不能容忍，被罢官革职，全党批判。

"文化大革命"中又受到"四人帮"的残酷迫害,含冤而终。这就使得我们这些后来人,在今天更加追思怀念这位当年被毛泽东褒扬赞赏过的"谁敢横刀立马?唯我彭大将军",更加崇敬这位无产阶级革命家、军事家的高风亮节和人格魅力，更加仰慕其忠于党的事业,热爱人民，在庐山会议上敢于坚持真理的实事求是的精神。1959年七八月间举行的中央政治局扩大会议和八届八中全会(合称庐山会议),原意是进一步纠正"大跃进"运动以来"左"的错误。但不久后发生了从纠"左"到反右的逆转,庐山会议的转向是围绕彭德怀的一封信引起的。

时任中央政治局委员、国务院副总理兼国防部部长的彭德怀,在1958年12月武昌会议后,到湖南湘潭等地视察,对大炼钢铁造成的损失和农业方面的虚报浮夸有较深入的了解,感到忧虑。在庐山会议初期西北组的讨论中,彭德怀多次发言和插话,尖锐指出"大跃进"以来工作中的缺点和错误,如农业产量虚报浮夸,吃饭不要钱,不经过试验就推广,全民办钢铁这个口号有问题,人民公社办早了些,党内民主不够等。他同时提出,要找经验教训,不要埋怨,不要追究责任,如要说到责任,是责任人有过失，包括毛泽东同志在内。他的这些意见，会议《简报》没有刊出。

彭德怀眼看会议就要结束,而对经验教训探讨得很不够,《简报》上看不出反面意见,许多问题尚未得到较好解决,担心缺点重犯,心中十分焦虑,他想向毛泽东直接反映自己的意见,7月13日清晨,他去找毛泽东面谈,因警卫表示毛泽东刚刚休息未能相见,于是决定写信。14日,他以前一天写成的信交给毛泽东。这封3000字的长信分为两个部分:一是"1958年'大跃进'的成绩是肯定无疑的";二是如何总结工作中的经验教训。彭德怀认为"现时我们在建设工作中所面临的突出矛盾,是由于比例失调而引起各方面的紧张。就其性质看,这种情况的发展已影响到工农之间和农民各阶层之间的关系,因此也是具有政治性的",他指出,过去一个时期中出现的缺点错误,客观原因是对社会主义建设工作不熟悉,没有完整的经验,处理经济建设中的问题没有像处理政治问题那样得心应手。主观原因是在思想方法和工作作风方面有不少问题，一是“浮夸风比较普遍地滋长起来”，“犯了不够实事求是的毛病”，二是“小资产阶级的狂热性”，“一些‘左’的倾向有了相当程度的发展，总想一步跨进共产主义”。他还说：“纠正这些‘左’的现象，一般要比反掉右倾保守还要困难些”。“要彻底克服，还是要经过一番艰苦努力的。”在信的结尾，他写道：“我觉得，系统地总结一下我们去年下半年以来工作中的成绩和教训，进一步教育全党同志，甚有益处。其目的是要达到明辨是非，提高思想，一般地不去追究个人责任。”

毛泽东认为，彭德怀等不是跟他一道去纠正工作中的缺点错误，实际上是对总路线、“大跃进”、人民公社表示怀疑和反对，是向他和党中央的领导下战书，因而是右倾的表现。7月31日和8月1日，中央政治局常委召开两整天会议，对彭德怀进行批判，会议认定彭德怀的信是“右倾机会主义的纲领”，说他与黄克诚、张闻天、周小舟等人结成“反党集团”，进行有计划、有组织、有准备、有目的的活动，把矛头指向党中央、毛主席和总路线。林彪还说彭德怀是“伪君子”“阴谋家”“野心家”。指责“彭德怀想当大英雄，因此就要反对毛主席，这是事情的规律。从长远来说他是我们党里的一个隐患”。

后来，彭德怀在记述当时的情况时写道：“在会议发展过程中，我采取了要什么就给什么的态度，只要不损害党和人民的利益就行，面对自己的错误做了一些不合事实的夸大检讨。唯有所谓‘军事俱乐部问题’，我坚持了实事求是的原则”。“我不能乱供什么‘军事俱乐部’的组织、纲领、目的、名单等，那样做，会产生严重的后果。……我决不能损害党所领导的人民军队。”

彭德怀一生战功赫赫，彪炳青史，在党的政治生活中，实事求是，坚持真理，坚决维护党和人民的利益。在日常生活中，虽身居党、政、军高位，但生活朴素，廉洁奉公，自我要求严苛，他无儿无女，工资大都用于接济生活困难的同志，居副总理之位、元帅之尊而心怀万民之冷暖。因为他对在回乡调查时发现的总路线"大跃进"、人民公社方面存在的严重问题提出中肯的批评，竟被打成反党罪人，身陷囹圄，周围老战友老同事爱莫能助。彭老总有生之年未见平冤曙光，于 1974 年含恨而终。

彭德怀生命垂危时，仍然忧国忧民，在记录本上写着——"我们国家建设、战略防御设施不完备，国防工业和科研跟不上需要，这是我最担心的……"随着时间的推移，彭德怀将军的拳拳忠心，一身正气，更加越发清晰地彰显了出来，张爱萍上将作过一首七绝悼念彭德怀："横刀立马为民谋，晚景凄凉千古忧。刚正不阿耻权术，万言上书誉神州。"彭大将军的威名将名传千古，彭大将军的功绩将光照青史。

当然，事后毛泽东对庐山会议是有反思的。据张耀祠回忆，1962 年某日，毛泽东与彭德怀见面就说："早在等着你，还没有睡觉，昨天收到你的信，也高兴得睡不着。你这个人有个倔脾气，几年不写，要写就写八万字。现在要建设'大三线'，准备战争，按比例西南投资最多，战略后方也特别重要，你去西南最合适。你说的三条保证，我还记得后面两条。也许真理在你那边，让历史去做结论吧！"张耀祠认为，这段话表明了毛泽东对自己的反思。毛泽东的这一面在今天的回忆文章中多有所见，表明毛泽东在内心深处还是怀念器重这位"谁敢横刀立马？惟我彭大将军"的，对 1959 年在庐山会议上对彭德怀的批判是有反省的。

沁 园 春

雪

一九三六年二月

北国风光，千里冰封，万里雪飘。望长城内外，惟余莽莽，大河上下，顿失滔滔。山舞银蛇，原驰蜡象，欲与天公试比高。须晴日，看红装素裹，分外妖娆。

江山如此多娇，引无数英雄竞折腰。昔秦皇汉武，略输文采；唐宗宋祖，稍逊风骚。一代天骄，成吉思汗，只识弯弓射大雕。俱往矣，数风流人物，还看今朝。

写作背景

这首词写于1936年2月，也就是中央红军经过一年的长征刚到陕北的第三个月。

中央红军1934年10月从江西瑞金出发，经过一年的时间，连续行军25000里，战胜了敌人在军事上的围追堵截，克服了大自然万水千山的无数艰险，胜利到达陕北革命根据地，与陕北红军胜利会师。之后，11月21日，发起直罗镇战役，奠定了在陕北发展革命根据地的基础。

1935年12月底，中共中央政治局瓦窑堡会议确定建立抗日民族统一线的策略，决定组织中国人民抗日先锋军，由毛泽东率领渡河东征。

1936年春节刚过，毛泽东即率部东征。2月5日，他来到清涧县袁家沟，住在农民白玉才家，以此作为他指挥东渡黄河行动的指挥所。2月6日，陕北普降瑞雪，袁家沟的山山岭岭，沟沟峁峁全都被皑皑白雪覆盖。7日凌晨毛泽东早起，眺望这雄浑的秦晋高原，磅礴大气油然而生。民族自豪感、历史使命感令他心潮澎湃，诗情激荡。他疾步返回住屋，在那由房东提供的小炕桌上，凝神遐想，挥笔抒怀，仿佛全身心都融化在洁白晶莹的冰雪世界，写下这首千古绝唱——《沁园春·雪》。时隔十年，也就是1945年8月28日，毛泽东、周恩来、王若飞在国民党政府代表张治中、美国驻华大使赫尔利的陪同下，乘飞机抵达重庆，同蒋介石举行重庆谈判，从8月29日一直持续到10月10日，前后历时43天。其间，适逢老友柳亚子"索句"，毛泽东信笔挥毫，书写了九年前创作的《沁园春·雪》相赠。1945年11月4日，也就是毛泽东离开重庆的第三天，在重庆《新民报晚刊》首次发表此词。不多日，重庆《大公报》又把《新民报晚刊》登载的毛泽东原作和重庆《新华日报》刊登的柳亚子和词一并发表，一时传遍山城，引起很大轰动。1957年1月，这首词经作者亲自审定后在《诗刊》发表。

意境赏析

《沁园春》，词牌，见前注。《雪》，词的题目。这首词以磅礴气势热情赞美祖国的大好河山，公正评价了中国古代帝王的历史功绩与缺憾，抒发了对祖国和人民所赋予的强烈责任感，表达出对革命前途的无限乐观和自信。

上阕写北方的景物，借景抒发情怀。冰天雪地是北方冬季的典型特征，毛泽东通过神奇的联想和想象，把北国冰雪世界的形貌、神韵、气魄，描绘得大气磅礴而又极富色彩，宏伟壮观而又活灵活现。起句"北国风光，千里冰封，万里雪飘"，将广袤无垠、一望无际的北方冰天雪地的世界展现在眼前，冠结全篇，开阔意境，呈现整词豪迈气象，奠定了全词的基调。紧接一个"望"字后边的七句，所引出的景物描写是毛泽东心目中的诗情世界："望长城内外，惟余莽莽，大河上下，顿失滔滔。山舞银蛇，原驰蜡象，欲与天公试比高。须晴日，看红装素裹，分外妖娆。"这些景物描写展现的是：长城内外的北方辽阔大地，尽被皑皑大雪覆盖，茫茫天地一片洁白。寒风凛冽的严冬令咆哮如雷的滚滚黄河，从上到下刹那间结冰封冻，不再汹涌翻滚。在这浑然一体的冰雪世界里，那山上积雪的道道反光，就像舞动着的一条条银蛇，那座座高原的重重排列，就像一头头奔驰的白象。在这里，长城与大河相伴，银蛇与蜡象竞技，它们都以自己风流恣肆的形姿，要与天公比试高低。待到雪晴初霁、旭日东升的时候，红艳艳的阳光洒遍万里雪原，红日白雪相互辉映，为白雪覆盖的大地披上绮丽的红装。

词的下阕由壮美的景色转入思古颂今。毛泽东看到北国如此雄浑壮美的景色，文采已是气贯长虹，走云行风，博大的胸怀览古今于须臾，抚四海于一瞬。不由得从肺腑发出“江山如此多娇，引无数英雄竞折腰”的感叹。是啊！祖国如此壮美的大好河山，怎能不令千古英雄倾倒，顶礼膜拜。一个“惜”字承上启下，直贯以下五句“惜秦皇汉武，略输文采；唐宗宋祖，稍逊风骚；一代天骄，成吉思汗，只识弯弓射大雕”。作为无产阶级革命伟大领袖的毛泽东对江山社稷的关怀，给予中国古代建树过丰功伟绩的具有代表性的五个封建帝王一一褒贬，进行评价。

先说“秦皇”“汉武”，秦皇即秦始皇嬴政（前259—前210），秦朝的创业皇帝。从公元前230年灭韩开始，到公元前221年灭齐，十年之间以武力灭亡割据称雄的齐、楚、燕、韩、赵、魏六国，建立中国历史上第一个统一的中央集权的封建制国家。后又北击匈奴，南定北越，推行郡县制，统一法律、度量衡、货币和文字，修驰道，加强全国陆路交通。这些措施有利于中国社会经济发展，但在文化上却实行专制主义，焚书坑儒。由于严刑苛法，租役繁重，加之连年用兵，使广大人民痛苦不堪，在他去世后不久即爆发了大规模的农民起义。“汉武”即汉武帝刘彻（前156—前78），汉朝功业最盛的皇帝。他在位时“独尊儒术”，推行“推恩令”，削弱割据势力，加强中央对地方的控制，实行官营运输和贸易，兴修水利，移民西北屯田，同时加强对西域及西南夜郎等国的统治，北击匈奴，保障北方社会的安定和发展。但他祀神求仙，挥霍无度，加之徭役繁重，穷兵黩武，使农民大量破产流亡。在位期间即暴发过农民起义。无论是秦始皇还是汉武帝虽在武功（军事）上有所建树，但文治，包括政治、经济、文化等方面的成就就不足了，至于文学才华那就更差了。

再看“唐宗”“宋祖”。“唐宗”，唐太宗李世民（599—649）为唐朝建立统一大业的皇帝。早年他从父李渊起兵反隋，消灭割据势力，镇压农民起义军，即位后推行租田制、租庸调法和府兵制度，并加强对官吏的考核，创造了灿烂辉煌的“贞观之治”。后出兵击败东突厥，被西域诸族尊为天可汗。他还加强汉藏经济文化往来，使文成公主出嫁吐蕃王松赞干布，成就一段千古佳话。“宋祖”，宋太祖赵匡胤（927—976），宋朝的开国皇帝。960 年发动陈桥兵变，以黄袍加身即皇帝位。他用各个击破的战术，先后攻灭荆南、后蜀、南汉、南唐诸国，同时加强对北方契丹的防御，削夺禁军将领和藩镇的兵权，加强中央集权。他兴修水利，鼓励开荒，整治运河，增加赋税收入和运输能力。但由于偏重防内的方针，削弱了国力的增长，形成宋朝“积贫积弱”的局面。“唐宗”“宋祖”虽然都在用武力治理国家方面立下功劳，但却缺乏像《诗经·国风》《楚辞·离骚》这样的文学才华。

至于被尊称为成吉思汗（意为“海上之王”)的元太祖铁木真（1195—1227），虽然骄纵强悍，凭借高强武功驰骋疆场，横扫欧亚大陆，誉为一代天之骄子，但也不过是一个生性狂莽的武夫，哪里有什么风骚文字可言。

词的最后毛泽东以飘逸的神采，冲天的豪气，奔放的精神，摄人心魄的伟大力量，高屋建瓴，用“俱往矣”三字，将几千年的历史翻到崭新的一页：“数风流人物，还看今朝。”谁是这个时代的风流人物？那就是熟知中国历史和有远见、有能力把马列主义普遍真理和中国革命具体实践相结合的毛泽东及他的战友们，是中国共产党，是共产党领导下的无产阶级和人民大众。1925 年毛泽东在《蝶恋花·长沙》中曾发问：“问苍茫大地，谁主沉浮？”至此，在 11 年后的 1936 年，在他创作的《沁园春·雪》中给我们予以昭示：“数风流人物，还看今朝。”

解读感悟

毛泽东的《沁园春·雪》堪称登峰造极，千古绝唱。无论写景造境，都破格创新，不但状物绘景，壮美如画，而且述怀抒志，浩然大气。其水平之高超，可谓登峰造极，其胸襟之开阔，可谓横空出世，其意境之久远，真乃千古绝唱。柳亚子在看到毛泽东赠他的这首《沁园春·雪》抄件后，曾有和词，赞美其“才华信美多娇，看千古词人共折腰，算黄州太守，犹输气概；稼轩居士，只解牢骚。更笑胡儿，纳兰容若，艳想浓情着意雕。君与我，要上天下地，把握今朝。”1945 年 12月21日，柳亚子又应尹瘦石之邀，在自己的和词上欣然命笔，加了一段跋，云：“毛润之沁园春一阕，余推为千古绝唱，虽东坡、幼安，有嗟乎其后，更无论南唐小令、南宋慢词矣……余词坛跋扈，不自讳其狂，技痒效颦，以视润之，始逊一筹，殊自愧汗耳！”

柳亚子的和词及加的跋，显然赞美毛泽东的《沁园春·雪》是千古绝唱，不但宋朝的著名词人苏东坡、辛弃疾，南唐的后主李煜望尘莫及，而且连他这个向来不把别人的诗词放在眼里的词人也感到自愧不如。毛泽东的《沁园春·雪》堪称中国诗词的巅峰之作，至少截至目前，可谓是前无古人，后无来者，就是在毛泽东一生发表的 90 多首诗词中，也再找不出超越此首佳作的。正因为如此，在 1945 年 11 月 14 日的《新民报晚刊》上一经发表，犹如中国共产党的胜利预言，立刻轰动了国民党政府的陪都重庆，轰动了整个国统区，又像“金猴奋起千钧棒，玉宇澄清万里埃”一样，涤荡了国民党反动宣传泼在共产党身上的污泥浊水，粉碎了国民党对朱毛领导的人民军队的妖魔鬼怪化宣传。国民党操纵的媒体曾长期宣传侮蔑朱、毛土匪共产共妻，杀人放火，鲁莽愚昧，甚至说长征的红军在茅台酒池子里面洗脚……毛泽东的《沁园春·雪》发表后，人们不禁要问：一个土匪能写出如此景色壮美、大气磅礴、风流倜傥、意境高雅的词作吗？面对如此之大作，谣言岂不是不攻自破了吗！

毛泽东《沁园春·雪》在重庆报纸上的公开发表，大大触动了蒋介石那根脆弱的神经，他气急败坏，对毛泽东的“野心”深感恐慌，对毛泽东的才华妒火中烧，先是否认词是毛泽东写的，便问他的侍从室主任、大秘书、文胆陈布雷：毛泽东能写出这个词来吗？是否真是毛泽东自己写的？陈布雷说，据我了解，毛泽东这个人熟悉中国传统文化，对中国古典诗词造诣很深,我看像是他写的。于是蒋介石企图"蚂蚁缘槐夸大国",布置陈布雷说,咱们能不能弄一点词,跟他和一和,把他这首词给灭了。陈布雷奉命而行,把重庆一流的诗人、作家、教授都叫来,开会布置任务,连夜加班加点写,写出一大堆来,送给蒋介石看,蒋越看越垂头丧气。"蚍蜉撼树谈何易",虽然国统区才高八斗、学富五车者大有人在,但谁能有毛泽东那样深厚的文化底蕴,博大的胸襟,恢宏的气度,超人的胆略,敢站出来与毛泽东相比?又有谁能将毛泽东王者之气,领袖之风,学者之才集于一身来班门弄斧呢?这就是文化软实力的威慑力所在,这就是在任何严峻形势面前,毛泽东都显得从容不迫,胜券在握,胸有成竹,自信自强的底气所在。毛泽东深知,战争打的不光是人力和武器,更深层较量的是文化,所以他从长沙读书起,就下决心走千里路,读万卷书,在他的一生中嗜书如命,就是在当年每天头上有敌机轰炸,地上有追兵堵截的艰险的长征路上,也多次告诫大家要以文房四宝打败蒋介石国民党。为什么青年毛泽东能在1924年1月国民党的第一次代表大会上和1926年1月国民党的第二次代表大会上,颇为国民党的二号人物汪精卫及胡汉民看重,被推举当选为国民党中央执行委员和国民党的代理中宣部长,就是因为他是满腹经纶、首屈一指的大才子。

这种文化软实力的威慑力还体现在两个很有意思的时间上,先是1936年2月,毛泽东创作了《沁园春·雪》,紧接着就爆发了抗日战争,中国共产党及领袖毛泽东和他的战友们领导八路军、无产阶级及人民大众这些风流人物,经过八年浴血奋战,打败日本侵略者。再是1945年10—11月《重庆谈判》期间,毛泽东的《沁园春·雪》在国统区的重庆报纸上发表,第二年开始了解放战争,经过三年时间,又是中国共产党及领袖毛泽东和他的战友领导解放军、无产阶级和人民大众这些风流人物,打败了武装到牙齿的国民党800万军队,解放了整个中国内地。这表面看起来的时间巧合,实际上也是文化软实力、文化传承力、文化震撼力所形成的历史的必然。充分彰显了文化软实力的无比巨大的威力。

临 江 仙

给丁玲同志

一九三六年十二月

壁上红旗飘落照，西风漫卷孤城。
保安人物一时新。洞中开宴会，招待出牢人。
纤笔一枝谁与似？三千毛瑟精兵。
阵图开向陇山东。昨天文小姐，今日武将军。

写作背景

丁玲（1904—1986），原名蒋冰之，湖南临澧人，曾在桃园第二女子师范学校、长沙周南中学、平民女校、上海大学读书。在长沙读书时，与杨开慧是同学，1928年与沈从文、胡也频等人组织红黑社，出版《红与黑》半月刊。1931年加入中国左翼作家联盟，主编机关刊物《北斗》。1932年参加中国共产党。1933年任左联党团书记。同年5月14日在上海遭到国民党便衣特务的绑架。此事激起文化界进步人士的极大愤慨，蔡元培、宋庆龄、鲁迅等38人致电南京政府大力营救，迫使国民党当局不敢妄下毒手，转而秘密押赴南京实行软禁达三年之久。1936年9月18日，在党组织的营救下，丁玲逃离南京，潜回上海。10月中旬，在中共党组织的帮助下，她乔装改扮，秘密经上海、北平、西安，于11月10日顺利到达中共中央的所在地——陕北保安（今志丹县），受到中共中央、文化界、妇女界的热烈欢迎。中央宣传部特地在一座大窑洞里为她举行了欢迎宴会，中共中央领导人毛泽东、张闻天、周恩来、博古等都出席。丁玲像一个从远方回到父母身边的孩子，激动地述说她在狱中的生活。毛泽东询问她今后打算做什么。她回答："当红军，我要上前线去打仗。"毛泽东说："好，马上就可以去。正好还有与胡宗南的最后一仗，现在去还赶得上。跟杨尚昆他们领导的前方总政治部上前方去吧。”丁玲在保安住了12天后，即跟随杨尚昆等北上抵达定边。12月12日西安事变爆发后，她又随彭德怀、任弼时南下，经甘肃到陕西三原前方司令部。

12月间，毛泽东在发给陇东前线指挥作战的一军团政委聂荣臻的电报中，附上这首词转赠给丁玲。丁玲于30日在庆阳前线收到了这首词。1937年春，丁玲陪同史沫特莱从前线回到延安，毛泽东又将这首词手书一遍赠送给她。

丁玲1936年到达陕北后，曾任中国文艺协会主任，中央红军警卫团政治处副主任。1941年主编《解放日报》文艺副刊，1948年出版优秀长篇小说《太阳照在桑干河上》，荣获1951年斯大林奖金二等奖。新中国成立后，曾任中央宣传部文艺处主任，《文艺报》《人民文学》主编。1957年被错划为右派，长期在农场劳动改造。1976年得到彻底平反，重新开始了创作生活。

这首词最早发表于《新观察》1980年第7期，同年10月出版时，标题为《临江仙》。同时刊登了手迹照片，无词牌和标题。人民文学出版社1986年9月出版的《毛泽东诗词选》和中央文献出版社1996年9月出版的《毛泽东诗词集》均收入副编，由编者拟题为《临江仙·给丁玲同志》。写作时间，《毛泽东诗词选》作“一九三六年”，毛泽东诗词集改为“一九三六年十二月。”

意境赏析

《临江仙》唐教坊曲名，因歌咏水仙而得名，又名《庭院深深》《采莲回》等。《给丁玲同志》是词的标题，即写给丁玲同志的。

这首情真意切、格调明快的寄赠词，通过重重对比凸显了丁玲的艺术形象，抒发了党中央领导人对女中豪杰丁玲的热烈欢迎和高度赞扬，表达了共产党人之间珍贵的深厚情谊，肯定了文化工作在革命斗争中的重大作用，寄托着对投身于革命事业的文艺工作者乃至所有的革命知识分子的鼓励、期望和鞭策。

上阕写对于丁玲的欢迎。“壁上红旗飘落照，西风漫卷孤城”，此句的壁上指城墙，“落照”指落日的余晖，即夕阳照射。“西风”指秋风。“漫卷”指红旗随风飘扬。“孤城”指边远孤立的城池，一般指边塞重镇，这里指保安县城，因其独立于陕西省西北部偏僻荒凉的村庄之中，故称孤城。全句意谓城头上映照着夕阳余晖，红旗在西风中随意翻卷。这句描写开欢迎会前的景象，不仅展现了陕北地区黄昏特有的壮丽景象，而且也塑造了革命根据地的庄严气氛。

“保安人物一时新”，此句的“保安”是当时中共中央、中华苏维埃共和国中央政府所在地，为纪念刘志丹，后改为志丹县。“人物”本指有一定声誉，在某一方面才能出众的人。这句意谓当时全国许多投奔革命的进步人士、爱国的热血青年会集于保安，现又加上了丁玲，真是风云际会，人物一新。一个“新”字，展现了革命者的风采和激情昂扬、奋发向上的精神面貌。

“洞中开宴会，招待出牢人”，此句“洞”指窑洞。“出牢人”指丁玲。丁玲是党培养起来的革命文艺战士，脱离囹圄，重获自由，投奔党中央所在地保安。为了欢迎丁玲的到来，党中央宣传部在一个大窑洞里举行了欢迎宴会，毛泽东等中央领导同志亲临参加，这对受到国民党反动派的迫害，刚从国民党监狱里逃离出来的丁玲，不仅是一个极大的安慰和鼓舞，而且更显出了党对丁玲的诚挚和热情，使人感到格外温暖和亲切。

下阕写出了对丁玲的勉励和期望。“纤笔一枝谁与似？三千毛瑟精兵。”“纤笔”，指丁玲细致描绘的细笔，“三千毛瑟”语出孙中山，孙中山1922年8月24日《与报界的谈话》中说：“常言谓：一支笔胜于三千毛瑟枪。”毛瑟枪是由德国威廉·毛瑟、彼德·毛瑟兄弟所设计，毛瑟工厂所制造的步枪、手枪，是当时有名的精良武器。此句意谓丁玲的一支纤笔，顶得上用毛瑟枪武装起来的3000名精良士兵。句中的一问一答不仅是对一位巾帼英雄的称颂赞美，更是对文化工作者的高度肯定和巨大鼓励。

“阵图开向陇山东”,“阵图”,指古代军队作战的队列图,这里指红军作战部队。“陇山东”指陕甘边境一带,当时聂荣臻、左权率红一军团在此作战。此句意谓丁玲正是随红一军团开往陇山东到前方总政治部工作的。这句既描写了当时部队作战的史实,也涵盖了丁玲随军的行踪。

“昨天文小姐,今日武将军”,意谓昨天还是在国统区的上海亭子间从事文学创作的文弱女子,今天投身到艰苦的革命战争中来,成为文武双全的儒将。从而使一个飒爽英姿、光彩照人的巾帼英雄展现在人们面前。

通览全词,语言浅显通俗,清新明丽,使人耳目一新,具有真实自然、质朴清新的美感,特别突出的是通篇多处运用对比手法,如“孤城”“落照”“西风”“红旗”动和静的对比,“纤笔”与“精兵”的对比,“一枝”与“三千”数量大小悬殊的对比,“昨天与今日”时间变化的对比。“文小姐”与“武将军”人物形象截然不同的对比,自然界肃杀景象与革命队伍中人与人之间无比温暖的对比,更有整体上暗中隐含着身陷囹圄与喜获自由的对比。正是在这些对比中,寄寓了作者深刻巧妙的立意,给人以鲜明而深刻的印象。

解读感悟

在解读《临江仙·给丁玲同志》这首词中,我将下阕“纤笔一枝谁与似?三千毛瑟精兵。阵图开向陇山东。昨天文小姐,今日武将军”和毛泽东同年写的《沁园春·雪》下阕“惜秦皇汉武……还看今朝”,结合起来反复吟读,领悟到毛泽东早在20世纪30年代当革命形势异常严峻,红军命运危如累卵之际,就远见卓识,高屋建瓴,指出文化软实力的重大作用,毛泽东一贯重视文化工作的作用,1942年《在延安文艺座谈会上的讲话》中指出:“在我们为中国人民的解放斗争中,有各种的战线,就中也可以说有文武两条战线。”“我们要战胜敌人,首先要依靠手里拿枪的军队。但是仅仅有这种军队是不够的,我们还要有文化的军队,这是团结自己、战胜敌人必不可少的一支军队。”

在 1945 年毛泽东赴重庆谈判期间,《沁园春·雪》在当年 11 月14 日的《新民报晚刊》一经发表,立刻轰动了国民政府的陪都重庆,轰动了国统区,使蒋介石傻了眼。它像“金猴奋起千钧棒,玉宇澄清万里埃”,横扫20 世纪中国诗坛,粉碎了国民党操纵的媒体对朱德、毛泽东领导的红军的长期妖魔化宣传。有人估量,《沁园春·雪》的威力不是多少军队的威力所能比得了的。它征服整个国统区广大的文化人、知识分子。如果这个时候让大家在毛与蒋之间做个选择的话,毛泽东集王者大气与风流才气于一身,就是最理想的领袖了。要说重庆谈判的收获,有一半要归功于《沁园春·雪》这首词的影响。

毛泽东为什么能成为千古一人,既是开国领袖,又是理论大家、诗书大师?从客观条件来说,首先是时势造英雄。就主观条件而言,毛泽东是读万卷书、行万里路的第一人,他胸怀天下,生性好学,嗜书如命,博学强记,成为中国传统优秀文化的重要传承者和中华民族生存智慧的集大成者。他又能得到时代风气之先,接受马列主义的先进思想文化,与中国的国情和革命实践相结合,形成了毛泽东思想。如果说他是文韬武略,那么他是文大于武,以文立身,以文胜出,以武得天下,以文安天下。文化的博大精深,使他在 20 世纪风云际会的中国历史舞台上鹤立鸡群。从这个意义上说,文化是他最大的底气和本钱。因为这个,他才能鉴往知来,“究天人之际,通古今之变”;他才能“腹有诗书气自华”,“胸中自有雄兵百万”;他才能“运筹帷幄之中,决胜千里之外”。他才能不怒自威,君临天下。所有这一切,很大程度上来自他巨大的文化优势。

毛泽东勇于善于继承中华民族优秀传统文化,并在此基础上结合中国革命实践,加以发扬创新,形成自己的思想,比如说农民战争如火之燎原,就是 300 多年前的思想家王船山最早提出来的,毛泽东比喻中国现代农民的战争叫“星星之火,可以燎原”。王船山有一句“兵民是胜利之本”的话,后来也成了毛泽东的名言。再比如说,王船山总结农民战争的特点是“走”——“不以败为忧,不以走为耻……得地而无固守之情,以善其规避；一战而不求再战，以节其劳疲……败亦走，胜亦走，无所不走者，无所不掠。”曾国藩在总结太平军、捻军的作战经验时则说：“我进则彼退，我退则彼又进，顽钝诡诈，揉来揉去，若生手遇之，或有破绽可伺，则彼乘隙而入……”“如蚁旋磨，忽左忽右。贼中相传秘诀曰：‘多打几个圈圈，官兵之追者自疲矣’……”这就是农民游击战，打得赢就打，打不赢就走，包括打得赢也走，捞了一把就跑。表现为机动灵活，让你抓不住。这个后来被毛泽东发展为游击战、运动战，并被毛泽东总结成“敌驻我扰，敌进我退，敌退我追，敌疲我打”的十六字诀。再比如王船山、曾国藩的“全军以破敌为上，不以占城池土地为意”，“隔而不围，围而不打。伤其十指，不如断其一指”等战略战术，都被毛泽东合成全新的人民战争思想。还有著名的《三大纪律八项注意》歌和“军民团结如一人，试看天下谁能敌”，也是在曾国藩湘军《爱民歌》基础上演变发展而来的。

从上述事实不难看出，中华民族的传统文化，作为民族向心力，民族传承力，民族震撼力所彰显的巨大威力。

毛泽东之所以是承传中国优秀传统文化的代表，当然是吸收了很多西方先进的思想，比如马列主义中暴力革命的理论、阶级斗争的理念、唯物辩证法的理论，等等，但更多更主要的是毛泽东继承了中国传统文化。他从四五岁开始发蒙，读了将近 80 年的书，无论是战争年代的戎马倥偬，还是新中国成立后的日理万机，都真正做到了“三上——枕上、厕上、马上”，一辈子手不释卷，嗜书如命。1939 年，46 岁的毛泽东视察延安兵工厂，讲到学习的时候说：“年老的也要学，我如果再过十年死了，就要学 9 年零 359 日。”毛泽东践行了自己的诺言。新中国成立后，毛泽东的菊香书屋里藏书达 6 万册。每次出发，工作人员都要把他摊开在桌上床上的正在阅读的书装成两大箱，提前到专列上再逐次展开，以便一上车就接着读。毛泽东的硬木板大床比一般的规格要宽出一倍，都是用来摆书的。现在有案可查的毛泽东的最后读书时间是 1976 年 9 月 8 日 5 点 50 分，这时离他去世不到 24 小时。据毛泽东的护士长吴旭君回忆，毛泽东最后一次读书,准确地说是听书——因为他晚年患有白内障,从1974年开始就已经是由芦荻来给他念书——1976年9月8日凌晨5点50分,这时已进入弥留之际,一直在抢救,昏迷不醒的毛泽东清醒过来了,又叫别人给他念书,最后听了7分钟,就昏过去了,直到去世。

毛泽东不仅自己如饥似渴地读书,而且在社会主义建设时期,号召在中央领导层开展读书活动。从1959年9月到1960年3月,为了澄清党内存在的混乱思想,他建议中央和全党干部展开一次读书活动,并身体力行,用两个月的时间通读了苏联《政治经济学教科书》(第三版下册)。这次读书活动在很大程度上反映了以毛泽东为首的党中央领导集体,为探索社会主义建设道路所付出的努力和探索社会主义理论的思想需求。

毛泽东要求军队高级干部不但能武,而且能文。1973年12月21日,已经80岁的毛泽东接见中央军委会议人员,在建议南京军区司令员许世友读《红楼梦》时指出:“你这个人以后搞点文学吧。随陆无武,绛灌无文。”《汉书》里面有汉高祖和陆贾的传,那里边说的“常恨随陆无武,绛灌无文”,看得懂吗?许说大体可以。毛说,绛是说周勃,周勃厚重少文,你这个人也是,厚重少文,要求许世友读五遍《红楼梦》才有发言权。所以说,毛泽东是文武之道,一张一弛。对武将军许世友要求学文,对文小姐丁玲要求学武。

在我国进入21世纪全面建设社会主义小康社会的今天,我们要传承发扬毛泽东当年高度重视中国传统优秀文化的教导,做到像胡锦涛总书记在庆祝清华大学建校100周年大会讲话中强调的那样,必须大力推进文化传承创新,积极发挥育人作用,加强社会主义核心价值体系建设,为实现中华民族伟大复兴促进人类文明进步而努力奋斗。

五　律

挽戴安澜将军

一九四三年三月

外侮需人御，将军赋采薇。
师称机械化，勇夺虎罴威。
浴血东瓜守，驱倭棠吉归。
沙场竟殒命，壮志也无违。

写作背景

1941 年 12 月 7 日，日本偷袭珍珠港，次日，英美对日、德意对美正式宣战，太平洋战争爆发，第二次世界大战范围扩大。从 1941 年冬季到次年夏季，日军先后侵占了马来西亚、新加坡、缅甸、菲律宾、印度尼西亚、关岛、威克岛、新几内亚一部分、阿留申群岛以及太平洋上其他许多岛屿。在日军占领的许多国家和地区中，人民群众发动了民族解放战争。1942 年 2 月，日本侵略军为了切断盟国援华抗战物资的重要运输线——滇缅公路，以泰国、越南为基地，向当时为英国殖民地的缅甸大举进攻。应英国政府的请求，中国国民党政府派遣远征军共三个军约 10 万人赴缅参战。自 3 月中旬到 4 月，远征军先后在同古、仁安羌、腊成等地与日军进行了激烈的战斗。4 月底至 5 月，因作战失利而退却，一部撤至印度，大部撤回国内。在这次战役中，远征军的主力第五军第二〇〇师师长戴安澜将军率所部奋勇搏杀，表现最突出。

戴安澜 19 岁考入陶行知先生创办的安徽公学高中部，20 岁投笔从戎，进入黄埔军校学习军事，第三期毕业。1929 年参加北伐，历任班、排、连、营、团、师长。在抗击日本侵华战争中，参加了长城会战、鲁南会战和武汉会战，战功卓著，多次受勋。1939 年任国民党第五军第二〇〇师师长，被授予陆军少将军衔。同年12月，奉命参加桂南昆仑关战役，苦战一月，毙敌6000人，击毙日军前线指挥官第五师团第十二旅团旅团长中村正雄少将，写下了抗战史上辉煌的一页。各报记者在国内外报刊上报道大战经过，盛赞戴安澜师长颇具北宋大将军狄青的风度。被戴安澜击毙的日军大佐横田曾惊呼："南进以来，从未遭遇若是之劲敌。"戴安澜在写给妻子的遗嘱《致夫人王何馨》中写道："余奉命固守同古，因上面大计未定，与后方联络过远，敌人行动又快，现正孤军奋战，决以全部牺牲，以报国家培育！为国战死，事极光荣。"就在他率远征军赴缅参战，顽强坚守东瓜、抗击数倍之敌，掩护英军撤退，以伤亡800勇士的代价歼敌5000多人，为抗日战争史谱写了光辉的一章后，接着，他又率领本部人马英勇克服棠吉，使日军惊呼其"指挥有度"。1942年5月，他率部归国途中遭敌伏击，突围时不幸被流弹击中，5月26日以身殉国，享年38岁。

噩耗传来，举国痛惜。10月6日，国民政府颁布命令，批准戴安澜由陆军少将军衔追晋为陆军中将军衔。10月29日，美国国会授权总统罗斯福，向戴安澜颁授懋绩勋章，以表彰将军在反法西斯战场上的卓越贡献。在罗斯福签署的命令中说："中华民国陆军第二〇〇师师长戴安澜将军于1942年同盟国缅甸战场援英抗日时期，作战英勇，指挥卓越，圆满完成所负任务，实为我同盟军人之优良楷模。"

1943年4月1日，在广西全州为戴安澜将军隆重举行国葬仪式，国民政府特派李济深为代表主持这一国葬仪式。远在延安的中共中央领导人毛泽东特送此挽诗，遥奠忠魂，对这位抗日有功的将领深致哀悼。周恩来、朱德、彭德怀等人也送了挽联。

1956年，中央人民政府内务部追认戴安澜为革命烈士；1985年，由中华人民共和国民政部颁发革命烈士证书。

意境赏析

五律，五言律诗的简称，是律诗的一种，每篇八句，每句五个字。偶句最后一字押平声韵,必须一韵到底。句内和句间要讲平仄,中间四句按常规要用对仗。

这首五言律诗,通过对戴安澜将军率部出征、激战和牺牲的描写,塑造了一个爱国将领的不朽形象,歌颂了戴安澜反侵略的斗争精神,表达了无限缅怀之情。

首联“外侮需人御,将军赋采薇”,说明抗日战争的性质和戴安澜将军在国难当头,率部入缅,慷慨远征的凛然正气和爱国精神。“外侮”,语出《诗经·小雅·棠棣》“兄弟阋于墙,外御其侮”的古训。“外侮需人御”,意谓对于日本帝国主义的侵略需要国人英勇抵抗防御。“将军”,指戴安澜。“赋采薇”,赋诗《采薇》,语出《诗经·小雅·采薇》小序。此诗“赋采薇”取“赋诗言志”之义,谓戴安澜将军毅然出征,远赴国难。

颔联“师称机械化,勇夺虎罴威”,这两句突出描写戴安澜将军所率之第二〇〇师的军威,不仅武器精良,而且将士勇武。其中“师称机械化”,是说第二〇〇师非同一般装备,而是1939年组建于湖南湘潭的中国第一支机械化部队,由苏联顾问帮助训练,战斗力在国军中最为强悍。“勇夺虎罴威”,称赞将士勇武无比,气盖强敌。纵使虎豹熊罴一般的敌人,也会被镇压住丧失了军威。“虎罴”,老虎、棕熊一样的凶猛野兽,此处喻凶猛残暴的日本侵略者。

颈联“浴血东瓜守,驱倭棠吉归”,叙说第二〇〇师在缅甸的战斗历程,以战地译名“东瓜”“棠吉”入诗,是实录,也是史诗。概括写戴安澜将军所指挥的第二〇〇师的军威和辉煌战绩。“浴血东瓜守”说的是保卫防守缅甸南部重镇东瓜(亦称同古)之战役。1942年3月8日,中国远征军先头部队第二〇〇师于千里跃进之后抵达东瓜,从英军手中接防。因前方英军弃守仰光,日军重兵直趋东瓜。3月20日,日军向驻守东瓜的第二〇〇师各主要阵地发起总攻,面对数倍于己的日军,第二〇〇师英勇抵抗,歼敌300余。3月21日和22日,日军出动350架飞机,摧毁了驻缅的英国空军,掌握了制空权。同时又以四倍于我的优势兵力,将东瓜合围。在这种危急形势下，戴安澜表示了决一死战的坚定信念，于当晚召集全师营以上军官开会，带头立下遗书，誓与东瓜共存亡。他说："此次远征，系唐明以来扬威国外的盛举，虽战至一兵一卒，也必死守东瓜。"并宣布了如下命令："如本师长战死，以副师长代之。副师长战死，以参谋长代之。参谋长战死，由步兵指挥官替代。各级照此办理。"有了师长的激励和指挥，二〇〇师将士同仇敌忾，在友军受阻，后续部队迟迟不来接济的情况下，孤军浴血奋战，死守十余天，予敌以沉重打击，全师12000人亦阵亡三分之一，后在援军不继的严峻形势下，于3月30日放弃东瓜，成功突围。东瓜一战，名扬中外，威震敌胆。"驱倭棠吉归"，说的是同年4月21日，戴安澜率领的第二〇〇师在撤出东瓜后，猛攻三日，于24日收复缅甸中部城市棠吉，连日军将领也惊叹"指挥有度"。

尾联"沙场竟殒命，壮志也无违"，这两句收笔回写戴安澜将军本身，哀悼其赍志以终，揭示挽诗主题。"沙场竟殒命"，说的是因中英联军在缅甸连战失利，远征军总司令部下令总退却，于是撤离棠吉，可惜戴安澜将军在5月率师返国途中，中流弹不幸牺牲在战场。一个"竟"字，表达出毛泽东听到戴安澜这颗将星陨落之噩耗后的震惊与痛惜，极富感情色彩。"壮志也无违"的"壮志"，是思及戴安澜是为世界反法西斯斗争及中华民族的抗战大业而英勇献身的宏愿与精神。"壮志无违"显示了将军的死重于泰山，他在"浴血东瓜守，驱倭棠吉归"的战斗中毕竟挫败了日寇的嚣张气焰，英灵可以含笑九泉之下了。

解读感悟

《五律·挽戴安澜将军》是至今发现的毛泽东在抗日战争时期的唯一诗作，它填补了毛泽东诗词创作中这一时期的空白点，弥足珍贵。该诗最后的"沙场竟殒命，壮志也无违"中的"壮志"，不仅是戴安澜将军的壮志，而且是整个中华民族的壮志。从这个意义上来说，毛泽东此诗是借歌颂一个戴安澜将军而歌颂整个中华民族不怕流血牺牲、前仆后继的反侵略斗争的伟大精神，所悼唁者国之殇，而所彰显者国之魂。

毛泽东在此诗中所歌颂的抗日英雄戴安澜，是一位国民党军中的高级将领，同时送挽联的还有中共中央领导人周恩来，八路军最高指挥官朱德和彭德怀。周恩来的挽联曰：“黄埔之英，民族之雄。”朱德、彭德怀的挽联曰：“将略冠军门，日寇几回遭重创；英魂羁缅境，国人无处不哀思。”这充分说明了中国共产党站在民族的立场上，热情支持一切爱国力量反对日本帝国主义侵略的正义行动，光明磊落，坦荡无私。这恰恰同蒋介石集团1941年制造皖南事变，掀起反共高潮，置民族利益抗战大局于不顾的行径，形成鲜明对照。下边就看看蒋介石国民党反动派是怎样对待共产党的抗日将士的。

日本侵略者在疯狂进攻抗日解放区的同时，加紧了对蒋介石的诱降活动。这时，蒋介石为了削弱共产党的力量，在 1941 年 1 月发动了第二次反共高潮。

1940 年 10 月 19 日，何应钦、白崇禧以国民党军队正副参谋总长的名义，致电朱德总司令和叶挺军长，强令黄河以南的八路军、新四军限期一个月内撤到黄河以北。同时又密谋在我军移动过程中，将我新四军部队消灭。

对国民党顽固派反共投降阴谋，我党中央早已警惕，并于 11 月 9 日，以朱德总司令和叶挺军长的名义发出通电，揭露和驳斥了国民党的反共投降阴谋；但为了顾全大局，避免统一战线的分裂，答应将皖南的新四军部队开赴江北。

1941 年 1 月 4 日晚，新四军军部和直属部队 9000 余人，由皖南泾县的云岭起程，开始北移。7 日，行至皖南泾县茂林地区时，遭到蒋介石事先布置好的国民党军队七个师 8 万兵力的包围和伏击。新四军指战员在叶挺军长指挥下，浴血奋战七昼夜，终因敌众我寡，弹尽粮绝，除傅秋涛率领千余人突围外，造成 7000 多人的伤亡。叶挺被俘后在狱中坚强不屈，写下著名的《囚歌》，表现了一个共产主义者的高贵品质。副军长项英、参谋长周子昆、政治部主任袁国平皆遇难。这就是震惊中外的“皖南事变”。1941 年 1 月 17 日,蒋介石又发布反动命令,诬蔑新四军为“叛军”,宣布撤销新四军番号,声称要把叶挺军长交军事法庭“审判”,并下令进攻新四军江北部队,反动气焰极为嚣张。

皖南事变后,当时在重庆担任党中央代表和南方局书记的周恩来,向国民党军事委员会参谋总长何应钦提出义正词严的抗议,指出:“你们的行动,使亲者痛,仇者快。你们做了日寇想做而做不到的事。你何应钦是中华民族的千古罪人!”为了揭露蒋介石国民党的罪行,周恩来特为《新华日报》写了“为江南死国难者志哀”和“千古奇冤,江南一叶,同室操戈,相煎何急”的题词,表达他对新四军遇难者的沉痛哀悼,揭露蒋介石反共、反人民、破坏抗战的阴谋。

从上述国共两党两军的最高层领导人对抗日将士态度的鲜明对照中,可以充分而清楚地看出,谁是在真正抗日,挽救国家危亡;谁是在假意抗日,出卖民族利益。从这点来说,毛泽东的《七律 · 挽戴安澜将军》更有着特殊的政治意义。

五　律

张冠道中

一九四七年

朝雾弥琼宇，征马嘶北风。
露湿尘难染，霜笼鸦不惊。
戎衣犹铁甲，须眉等银冰。
踟躇张冠道，恍若塞上行。

写作背景

1945 年 8 月 15 日，日本无条件投降，接着，蒋介石即着手全面内战，妄图在美国政府的支持下，消灭共产党及其领导的人民军队。

1946 年 6 月 26 日，蒋介石悍然调动 30 万大军围攻中原解放区，从此发动了全面内战，从 7 月开始，国民党军队先后大举进犯苏皖、山东、晋冀鲁豫、晋察冀、晋绥各解放区。战争一开始，蒋介石便叫嚣三至六个月内击溃共军主力。7 月 20 日，党中央发出了毛泽东起草的《以自卫战争粉碎蒋介石的进攻》的指示，指出：我们不但必须打败蒋介石，而且能够打败蒋介石。

从 1946 年 7 月至 1947 年 2 月，仅用八个月，我军共歼敌 71 万人，粉碎了国民党反动派的全面进攻，蒋介石全面进攻被粉碎后，改为重点进攻。从 1947 年 3 月起，他集中兵力，向我解放区的陕北、山东两翼，发动了所谓“钳形攻势”。当时，西北战场我军只有 2 万多人，不及胡宗南的十分之一。

面对蒋介石即将发起的强势进攻，毛泽东亲自起草制定了《中共中央暂时放弃延安和保卫陕甘宁边区的两个中共中央文件》，分别于 1946 年 11 月和 1947 年 4 月发出。文件中指出：“蒋介石日暮途穷，欲以开‘国大'、打延安 两项办法，打击我党，加强自己。其实，将适得其反。……国民党之所以采取这些步骤，丝毫不是表示国民党统治的强有力，而是表示国民党统治的危机业已异常深刻化。其进攻延安和陕甘宁边区，还为着妄图首先解决西北问题，割断我党右臂，并且驱逐我党中央和人民解放军总部出西北，然后发动兵力进攻华北，达到各个击破之目的。"

在此形势下，中央决定：(一)必须用坚决战斗精神保卫和发展陕甘宁边区和西北解放区，而此项目的是完全能够实现的。(二)我党中央和人民解放军总部必须继续留在陕甘宁边区。此区地形险要，群众条件好，回旋地区大，安全方面完全有保障。(三)同时，为着工作上的便利，以刘少奇同志为书记，组织中央工作委员会，前往晋西北或其他适当地点进行中央委托之工作。

1947 年 3 月，国民党蒋介石集团向各解放区全面进攻受挫后改为重点进攻。3 月中旬，蒋介石命令西北军政长官公署副长官兼西北绥靖公署主任胡宗南，率领集中的 34 个旅 23 万人，分由南、西、北三面进犯陕甘宁边区，妄图消灭我党中央及在延安的部队，或将我党我军驱逐到黄河以东，以解决西北问题。其中，由胡宗南指挥的 20 个旅于 3 月 13 日自洛川、宜川之线北犯，直取延安。面对敌强我弱的战场态势，我西北野战军在彭德怀、习仲勋的指挥下，为掩护中央机关和群众转移，决定以一个旅一个团的兵力驻于延安以南地区，以运动防御阻击敌军六昼夜，歼敌 5000 余人，给敌人以迎头痛击，迟滞了敌军对延安的进攻与占领。

3 月 18 日晚，毛泽东按原定计划率领中共中央机关和解放军总部撤离延安，由毛泽东、周恩来、任弼时组成前委，艰苦转战于陕北的横山县青阳岔，安塞的王家湾、朱官寨、梁家岔，靖边的小河、天赐湾，子洲县的巡检司，佳县的神泉堡，米脂县的杨家沟等地。从 1947 年 3 月 18 日撤出延安开始，至 1948 年 3 月 23 日东渡黄河前往河北平山县西柏坡为止，在历时的 368 天之中，毛泽东和中央机关先后在陕北的 40 多个村庄驻扎过。

毛泽东转战陕北的1947年已54岁，不久前刚刚生过一场病，身体很虚弱，而仅有的三辆汽车都由朱德总司令带过了黄河，毛泽东、周恩来、任弼时等中央领导人只能骑马和徒步行军。张冠道是当时转战中经过的一条道路。毛泽东拖着病体，在艰苦的行军途中，虽然一路颠簸，忍受着倒春寒，但眼看蒋介石集团的胡宗南嫡系部队一步步落入自己设置的陷阱，胸中不胜欣喜，在陕北高寒雾重露冷的春晨行军途中，极目所见犹胜当年的"战地黄花分外香"，在马背上哼成《五律·张冠道中》，以诗记之。这首诗最早发表在中央文献出版社1996年9月版的《毛泽东诗集》。

意境赏析

这首诗是毛泽东转战陕北途中的晨征纪事，选取了部队经过一夜行军后的大雾弥漫的清晨这一特定时间，将行军的自然环境与部队的行军状况以及作者自身的主观感受融为一体，描绘出一幅"早春黎明行军图"。反映出在艰难行军的路程中，我军不骄不躁、从容不迫的平静心态，传达的是豪迈与雄壮的信息，透露出作者昂扬的斗志和乐观的精神。

首联"朝雾弥琼宇，征马嘶北风"，这两句化用苏轼《水调歌头》"我欲乘风归去，又恐琼楼玉宇，高处不胜寒"之句。既是写实，又含深刻寓意。从写实来说，春晨的大雾寒冷、凝重、浓密、弥漫天空，战马在怒号的北风中长鸣。就寓意而言，指蒋军如漫天大雾，汹涌而来。当时闪击延安的蒋军有23万人之多，分多路进犯延安和陕甘宁边区，而留守延安的我军只有2万多人。可谓敌人是多如漫天大雾，又如卷地北风，草木皆折。我军境遇虽苦，但将士们满怀豪情和胜利信心，牵着敌人的鼻子走，我军的战马与主人同心，长嘶而奋战寒风，烘托出人民军队上下同心迎击艰苦、胜利在握的情怀。

颔联"露湿尘难染，霜笼鸦不惊"，作者平视大地，春晨大雾弥漫，露水深重，沁湿了黄土地，尘埃不扬，难以沾染衣物和身体，浓霜覆盖大地，人寂鸦悄。这种现实景象，隐喻转战行军情境，军行神速寂静，鸦雀不惊，军纪严明，军容严整，如此从容秘密转移，敌人更何从追踪。

以上四句写诗人目光从仰望天空到平视大地，从朝雾、征马到露湿霜笼，组成了一幅霜晨高原行军图。这与长征途中毛泽东写的《忆秦娥·娄山关》的“霜晨月，马蹄声碎，喇叭声咽”，虽然在环境情景上极为相似，但蕴含寓意却有不同。那时是突袭娄山雄关，胜败难卜，今日为转战克敌，胜算在握。

颈联“戎衣犹铁甲，须眉等银冰”，描绘毛泽东率领中央机关和解放军总部春晨转战途中的具体形象：军服沾染湿露被冻硬，犹如铁甲；眼眉胡须凝结晨霜，如银白色冰柱。而将士们履霜露，斗严寒，胸中燃烧着同仇敌忾的胜利之火，勇敢、刚毅、乐观之情跃然纸上。

尾联“踟蹰张冠道，恍若塞上行”，点明此番行军的道路，是从容转战在张冠道上，仿佛古代边塞征人。这里作者联想到古代戍边的军旅。古代诗人为忠勇戍边、保家卫国的将士写下不少撼人心魄的佳作。如唐代著名边塞诗人王昌龄的《出塞》：“秦时明月汉时关，万里长征人未还。但使龙城飞将在，不教胡马度阴山。”毛泽东的《张冠道中》同王昌龄的边塞诗相比，虽都有御敌的豪气，但古代诗人多“古来征战几人回”的悲壮，却没有毛泽东诗中所蕴含的运筹帷幄、决胜千里，玩敌人于股掌、驱强敌于败亡的必胜信念和革命乐观主义情怀。

解读感悟

在探索研究《五律·张冠道中》写作背景和诗作的隐喻中，我领悟到了毛泽东非凡的革命胆略和机动灵活的英明战术思想是克敌制胜的法宝。

何以见得毛泽东非凡的革命胆略呢？这就要从解放战争初期，即1946年6月底国民党反动派发动全面内战和1947年3月对党中央所在地延安发动重点进攻时，敌我双方力量的对比来看。

战争初期，国民党蒋介石集团在军事上处于暂时优势，它有435万军队，控制3亿以上人口的地区（当时全国有4亿多人口），掌握全国所有大城市和绝大部分铁路交通线，接受了日本侵华军100万人的全部装备，还有美帝国主义大量的经济、军事援助。而我军则处于相对劣势。人民解放军只有120万人，分散在六个大的作战区域，且武器装备差，是小米加步枪；解放区的人口才有1亿多，后方还不够稳固，物资没有外援，一切都依靠自力更生。因此，战争一开始，蒋介石便极为嚣张，狂妄声言要在三到六个月内消灭人民解放军。

在敌我力量对比悬殊的险恶形势下，对于我党我军能否粉碎国民党反动派的进攻，不少人心存怀疑和忧虑。

在中国革命生死攸关的紧要时刻，对国民党反动派的进攻是妥协退让，使我们民族的前途被断送，让中国变成黑暗世界，还是坚决地起来用革命战争反对反革命战争，争取中华民族的解放，建立一个光明的新中国，这是摆在我党面前必须要回答和解决的刻不容缓的重大问题，也是对我党的严峻考验。

以毛泽东为首的党中央及时科学地、清醒地分析估计了当时形势，以大无畏的革命胆略，充满信心地带领全党全军和革命人民向国民党反动派作战，以英勇的革命战争反对国民党反动派发起的反革命战争。1946年7月20日，党中央发出了毛泽东起草的《以自卫战争粉碎蒋介石的进攻》的指示，指出：我们不但必须打败蒋介石，而且能够打败蒋介石。我们之所以能够打败蒋介石，是因为“蒋介石虽有美国援助，但人心不顺，士气不高，经济困难。我们虽无外国援助，但是人心归向，士气高涨，经济亦有办法”。同年8月，毛泽东在《和美国记者安娜·路易斯·斯特朗的谈话》中，首次提出了“帝国主义和一切反动派都是纸老虎”的英明论断。这个论断着重回答了如何认识战争胜负的决定因素问题。毛泽东指出：“决定战争胜利的是人民，而不是一两件新式武器。”“从长远的观点看问题，真正强大的力量不是属于反动派，而是属于人民。”这个论点是革命人民一个根本战略思想，它武装了我国人民的思想，加强了我国人民的胜利信心,在人民解放战争中极大地鼓舞了解放区军民的信心和斗志,对于动员广大人民群众粉碎蒋介石进攻,夺取解放战争的胜利,起了极其伟大的作用。

毛泽东曾经多次指出,革命者必须在战略上,在全体上,藐视敌人,敢于同他们斗争,敢于夺取胜利;同时又要在战术上,在策略上,在每一个局部上,在每一个具体斗争问题上,重视敌人,采取谨慎态度,讲究斗争艺术。根据不同的时间、地点和条件,采取适当的斗争形式,以便一步一步地孤立敌人和消灭敌人。其要旨是“集中优势兵力,各个歼灭敌人”,具体说就是“应集中绝对优势兵力,即集中六倍、五倍、四倍于敌,至少也是三倍于敌的兵力,并集中全部或大部的炮兵,从敌军诸阵地中,选择较弱的一点(不是两点)猛烈地攻击之,务期必克。得手后,迅速扩张战果,各个歼灭该敌”。“集中兵力各个歼敌的原则,以歼灭敌军有生力量为主要目标,不以保守或夺取地方为主要目标。有些时机,为着集中兵力歼击敌军的目的,或使我军主力避免遭受敌军的严重打击以利休整再战的目的,可以允许放弃某些地方。”

为了贯彻毛泽东为我党我军制定的粉碎胡宗南进攻的军事方针,在敌强我弱的形势下,诱敌深入陕甘边区,集中优势兵力,各个歼灭敌人,以毛泽东为首的党中央和解放军总部于 1947 年 3 月 18 日主动撤离延安,转战陕北,采取诱敌深入的作战方针,以“蘑菇”战术寻机歼敌。

撤离延安前,毛泽东说:“这只是暂时的,将来人们会看到,蒋介石占领延安,决不是他们的胜利,而是搬起石头砸自己的脚,他要倒霉的!……要告诉同志们,少则一年,多则三年,延安仍要回到人民的手中,我们就要回来。我们要以一个延安换取全中国。”3月30日,中共中央决定由毛泽东、周恩来、任弼时组成前委,撤离延安转战陕北。历史事实证明毛泽东的英明预见,《五律·张冠道中》就是毛泽东转战陕北过程中在马背上哼成的,是毛泽东转战陕北长途跋涉的一个缩影。

粉碎蒋介石全面进攻及重点进攻的胜利,是毛泽东战略战术思想的胜利。在建设中国特色社会主义的今天,我们继承发扬毛泽东当年教导的在战略上藐视敌人和困难,在战术上重视敌人和困难,仍然有着现实指导意义。

五　律

喜闻捷报

一九四七年

中秋步运河上，闻西北野战军收复蟠龙作。

秋风度河上，大野入苍穹。
佳令随人至，明月傍云生。
故里鸿音绝，妻儿信未通。
满宇频翘望，凯歌奏边城。

写作背景

1947 年 3 月，蒋介石在得到胡宗南部占领延安的消息后，以为大局已定，即“召开伪国大，制定伪宪法”，做着独霸中国的美梦，连连命令胡宗南部追击。中国人民解放军西北野战军在中央军委和野战军首长彭德怀、习仲勋等同志领导下，按照毛泽东、党中央制定的作战方针，依靠陕北的地形复杂、群众基础好、回旋余地大等有利条件，以“蘑菇”战术同敌人周旋，诱敌深入，寻机歼灭之。毛泽东离开延安时曾发誓说：“北不过长城，东不过黄河。”从 1947 年 3 月 19 日撤离延安，至收复蟠龙镇，在半年时间里，西北野战军运用“蘑菇”战术经历了先撤退，再反击的军事多次转折。3 月 25 日青化砭伏击战，全歼敌整编二十七师三十一旅旅部及一个团共 2900 多人，首战告捷。4 月 14 日歼敌第一三五旅 4700 多人，再获羊马河战役胜利。5 月 2 日至 4 日在延安东北 70 里的蟠龙镇包围敌整编第一师一六七旅主力，攻克敌军的重要补给地蟠龙，歼敌守军 6700 多人，取得蟠龙战役胜利。至此，西北野战军三战三捷，共歼敌 14000 人，沉重打击了敌人的嚣张气焰，极大地鼓舞了解放区军民的胜利信心，奠定了西北解放军胜利的基础。

8 月 20 日,西北野战军在沙家店包围了胡宗南的主力部队整编第三十六师一二三旅及一六五旅,不到一天即全歼守敌 6000 多人。这是西北野战军转入战略反攻的转折点。战役进行过程中,毛泽东就驻在距离战场只有 20 里的梁家岔坐镇指挥。9 月中旬,西北野战军主力南下,袭击进犯之敌的后方,收复青化砭、蟠龙镇,直接威胁延安之敌。从而粉碎了蒋介石匪帮对陕甘宁边区的重点进攻。毛泽东听到胜利的喜讯后欣然命笔,写成《五律·喜闻捷报》。

意境赏析

《五律》,见前注。《喜闻捷报》为诗的题目,意谓高兴地收看胜利消息。这首诗最早发表在中央文献出版社 1996 年 9 月版的《毛泽东诗词集》,当属《张冠道中》的姐妹篇,二者都是描绘“蘑菇”战术之成功的。

“中秋步运河上,闻西北野战军收复蟠龙作”,表明毛泽东是在什么情况下写的这首五言律诗。农历八月十五日为中秋节,这年中秋的公历日期为 9 月 29 日,毛泽东于此夜在河畔漫步,喜闻西北野战军收复蟠龙之捷报,浮想联翩,欣然命笔,写成此诗。

首联“秋风度河上,大野入苍穹”。这两句诗从时间、地点写起,将北方的秋色景致展现在人们面前:中秋之夜,在河畔漫步,拂面的凉爽秋风从河上吹来,它吹送来胜利捷报。站在河畔,纵目远眺,一望无际的原野融进无尽的茫茫天空。这种莽莽苍苍的北方旷野秋色,令人心旷神怡,流连忘返。

颔联“佳令随人至,明月傍云生”。佳令,指佳节,即 1947 年的农历八月十五日中秋节,“佳令随人至”意谓在 1947 年的农历八月十五日这个美好的时节,天遂人愿,西北野战军收复敌军的重要物资补给地蟠龙的胜利喜讯同时而至。“明月傍云生”,意谓明月也伴着云影冉冉升起,这里的明月有着丰富的内涵和喻意。中秋月圆,表示团圆,古诗词中描写佳节团圆的佳作不胜枚举,如“每逢佳节倍思亲”“海上生明月,天涯共此时”“但愿人长久，千里共婵娟”。作者看见明月，也自然会想起战友，想起乡亲，想起妻儿，要将喜讯告知他们，要和他们共同分享革命战争胜利的欢乐。

颈联“故里鸿音绝，妻儿信未通”。这两句紧承上文“佳令随人至，明月傍云生”。作者由中秋月圆全家团圆，联想到在革命战争年代，故乡的音信断绝，妻儿信息不知，令人牵肠挂肚。“故里鸿音绝”中的“故里”指家乡，“鸿音绝”指音信断绝。鸿，大雁。《汉书・苏武传》载有大雁传书的故事：西汉时，苏武奉命出使北方匈奴被扣押，在匈奴19年坚贞不屈。牧羊时，他利用鸿雁南飞的机会，把书信绑在大雁的身上，让它向祖国传递信息。

尾联“满宇频翘望，凯歌奏边城”。这两句呼应点明主题，表达了作者内心无法遏止的激动，此时此刻全国人民都频频翘首期盼，胜利的歌声唱响在塞外的青化砭和蟠龙镇，让祖国大地都像塞外边城蟠龙镇一样，到处都唱起欢庆胜利的歌声，让中华民族大家庭都像中秋之夜：“但愿人长久，千里共婵娟。”大家都过上像中秋节一样团圆的日子，共享人生的欢乐。

解读感悟

蒋介石的嫡系部队胡宗南以23万的绝对优势兵力对付陕甘宁边区2万多人的西北解放军劣势兵力，为什么反而遭到完全失败呢？其中一个重要原因，就是我军采取了毛泽东制定的诱敌深入的“蘑菇”战术。关于这种战术，毛泽东于1947年4月15日给西北野战军发的电报“关于西北战场的作战方针”中明确指出：在20天中已经达到使敌相当疲劳和相当缺粮之目的，给今后使敌十分疲劳、断绝粮食和最后被歼造成有利条件。……我之方针是继续过去办法，同敌在现地区再周旋一时期（一个月左右），目的在使敌达到十分疲劳和十分缺粮之程度，然后寻机歼击之。我军主力不急于北上打榆林，也不急于南下打敌后路。如不使敌十分疲劳和完全饿饭，是不能最后获胜的。这种办法叫“蘑菇”战术，将敌磨得筋疲力竭,然后消灭之。

著名的蟠龙战役,就是彭德怀、习仲勋指挥的西北野战军运用“蘑菇”战术以少胜多,克敌制胜的经典战例。1947 年 4 月 14 日羊马河战役后,胡宗南命令其主力整一军、整二十九军向瓦窑堡地区急进,企图围歼西北野战军。此时西北野战军已进至瓦窑堡西北及以西地区隐蔽待机。敌人以九个旅的兵力东行西穿,南进北出,竟找不到西北野战军的去向,被磨得筋疲力尽,饥饿难挨。无奈,只好退回永平、蟠龙休整补给。这时,蒋介石获得一个情报:“中共中央及西北共军主力已经开始陆续东渡黄河。”于是急令胡宗南集中九个旅于 4 月 26 日迅速北上,企图在榆林邓宝珊集团的配合下,南北夹击解放军或逼迫解放军主力逃到黄河以东。于是解放军将计就计,以小部兵力节节抗击,诱敌北上,待敌集中主力占领绥德后,乘敌后方空虚回援不及之际,于 5 月 2 日黄昏向敌补给要地——蟠龙发起进攻。经一夜激战,解放军占领了敌外围警戒阵地。3 日晨,解放军发起总攻,敌凭坚固守,解放军勇猛突击,激战至 5 月 4 日,一举攻占蟠龙北山阵地。接着,向蟠龙镇猛攻,迅速攻克蟠龙,全歼守敌 6700 多人,取得蟠龙战役的彻底胜利。

3 月 25 日的青化砭战役、4 月 14 日的羊马河战役、5 月 2 日至 4 日的蟠龙战役,还有 8 月 20 日的沙家店战役,都是运用毛泽东制定的“蘑菇”战术取得胜利的成功经典战例。这些战役共歼敌 20000 多人,这些战役都是在诱敌深入,同敌人周旋,声东击西,时进时退,时隐时现,把敌人拖得筋疲力尽,缺粮饿肚,晕头转向,然后选择有利时机,集中优势兵力将其消灭,达到敌败我胜的目的,它有力打击了敌人的嚣张气焰,严重消磨了敌人的作战意志。这些战役的胜利,不仅使西北野战军从此由战略防御转入战略反攻,而且为 1948 年 3 月 21 日,毛泽东带领中共中央机关和解放军总部离开陕北、东渡黄河,迁往河北平山县西柏坡村,建立中共中央的中枢地带,进而指挥辽沈、淮海、平津三大战役,召开党的七届二中全会,创造了有利条件。

七　律

人民解放军占领南京

一九四九年四月

钟山风雨起苍黄，百万雄师过大江。
虎踞龙盘今胜昔，天翻地覆慨而慷。
宜将剩勇追穷寇，不可沽名学霸王。
天若有情天亦老，人间正道是沧桑。

写作背景

抗日战争胜利后，蒋介石国民党政府不顾中国人民希望获得和平的热切愿望，在美帝国主义支持下重新发动全面内战。

中国共产党领导人民解放军和根据地人民奋勇迎击，自1946年7月至1947年11月，消灭了蒋军169万人。接着，以1948年9月华东野战军攻克济南为序幕，中国人民解放军同蒋介石的反革命军队之间展开了震惊中外的战略大决战。战略大决战的辽沈、淮海、平津三大战役，从1948年9月12日开始，到1949年1月31日结束，共进行了4个月零19天，歼敌154万余人，基本上消灭了国民党军队的主力，蒋介石赖以发动反革命内战的老本输光。

国民党的败局已定，蒋家王朝处于全面崩溃的前夕。美蒋反动派为争取喘息时间，以便卷土重来，于是，一面企图凭借长江天险，阻止我军南下；一面玩弄和平阴谋，于1949年元旦发表“求和”声明。声明中提出：只要国民党统治的宪法、法统、国体、军队等等有确实的保障，蒋介石同意和共产党谈判和平。此时，有一些自称人民朋友的“自由主义人士”，也出来劝说我党要对国民党反动派“怜惜”“仁慈”，接受蒋介石的“和平”。

甚至有人提出以长江为界，搞所谓“南北朝”，要革命就此止步。

针对蒋介石的和平阴谋，毛泽东为新华社撰写了1949年新年献词《将革命进行到底》，批驳了企图阻挠革命前进的种种论调，代表党和人民向全世界庄严宣告：中国人民解放军将渡江南进，坚决将革命进行到底。强调用革命的方法，坚决彻底干净全部地消灭一切反动势力，坚持打倒帝国主义，打倒封建主义，打倒官僚资本主义，在全国范围内推翻国民党的反动统治，建立无产阶级领导的以工农联盟为基础的人民民主专政的共和国。

1949年1月14日，又针对蒋介石的“求和”声明，毛泽东代表党中央发表了《关于时局的声明》，提出以彻底消灭反动势力为基础的八项和谈条件：（一）惩办战争罪犯；（二）废除伪宪法；（三）废除伪法统；（四）依据民主原则改编一切反动军队；（五）没收官僚资本；（六）改革土地制度；（七）废除卖国条约；（八）召开没有反动分子参加的政治协商会议，成立民主联合政府，接收南京国民党反动政府及其所属各级政府的一切权力。这八条，是将革命进行到底，实现真正和平的条约。

新华社献词和毛泽东声明，揭露了蒋介石的和谈阴谋，立即得到了全国人民的响应和拥护。蒋介石被迫于1月21日宣告“引退”，由副总统李宗仁代理南京政府总统。李宗仁表面上同意派出代表以我党所提八项条件为基础进行谈判，但实际上却继续受幕后蒋介石的操纵。3月26日，我党宣布了与国民党和谈的决定。4月1日，我党代表周恩来、叶剑英、林伯渠、林彪、李维汉和国民党代表张治中、邵力子等在北平举行谈判，15日，双方代表拟定了以八项条件为基础的《国内和平协定》最后修正案。在最后签订日4月20日，国民党南京政府最终拒绝签字。其和平阴谋被完全揭穿。

1949年4月21日，即国民党反动政府拒绝在和平协定上签字的第二天，中国人民革命军事委员会主席毛泽东，中国人民解放军总司令朱德，联合向人民解放军发布了《向全国进军的命令》，命令中国人民解放军全体指战员和南方各游击区人民解放军“奋勇前进，坚决、彻底、干净、全部地歼灭中国境内一切敢于抵抗的国民党反动派，解放全国人民，保卫中国领土主权的独立和完整”。英勇的中国人民解放军百万雄师挥戈南下，4月21日晨，刘伯承、邓小平等领导的第二野战军和陈毅、粟裕等领导的第三野战军分东、中、西三路，在东起江苏江阴，西至江西湖口长达1000余里的战线上，强渡长江天险，一举摧毁了蒋军苦心经营三个半月的“长江防线”。

从4月21日起，毛泽东不断接到从前线传来的捷报，十分欣慰，22日夜，他为《人民日报》亲笔拟就了新闻报道《人民解放军百万大军横渡长江》。23日，百万雄师全部过江，晚上占领南京，宣告了统治中国大陆22年之久的蒋介石独裁政权的灭亡。深夜，毛泽东在北京香山的双清别墅闻讯后禁不住情潮奔涌，诗兴勃发，写下了《人民解放军占领南京》这首中国革命的光辉史诗。这首诗最早发表在人民文学出版社1963年12月版《毛主席诗词》上。

意境赏析

1949年4月23日，中国人民解放军占领南京，胜利的红旗飘扬在蒋伪“总统府”的上空，正是在这中国以至世界革命人民的欢欣鼓舞声中，毛泽东挥笔写成《七律·人民解放军占领南京》。

这首脍炙人口的诗，既是一首史诗，又是一首哲理诗，更是一首诗化的《将革命进行到底》《向全国进军的命令》和《人民解放军百万大军横渡长江》。它铺开了攻占南京的画卷，展示了革命胜利的景象，以理性的哲思揭示了沧桑巨变乃是历史发展的必然规律。它是写战争题材的一座不朽的诗碑，是吟唱打破旧世界创造新世界的颂歌。

首联“钟山风雨起苍黄，百万雄师过大江”。“钟山”，俗名紫金山，此处代指南京。“风雨”，即风云，喻变化莫测的战争形势。“起苍黄”，指天地变化，天为苍色，地为黄色。起苍黄，就是天翻地覆。“百万雄师”，指强渡长江的人民解放军指战员。首联以历史纪实发端,“钟山风雨”和“百万雄师”都是博大的意象,尽显渡江雄师的威风气势,犹如倒海翻江,势如破竹。动词“过”字,把我军在枪林弹雨、炮火纷飞下横渡长江、冲锋陷阵、锐不可当、包围南京的磅礴气势,描绘得活灵活现、有声有色,蕴藏着雷霆万钧之力。

颔联“虎踞龙盘今胜昔,天翻地覆慨而慷”,激情昂扬地赞颂了南京解放所取得的历史性胜利,抒发了欢庆南京解放、南京新生的革命豪情。这一“起苍黄”的巨变,正是由“百万雄师过大江”所取得的。“虎踞龙盘”语出诸葛亮论金陵地形:“钟阜龙蟠,石城虎踞,真帝王之宅。”又见李白《永王东巡歌》:“龙蟠虎踞帝王州。”石城,即石头城,又名清凉山,在今南京城西,秦淮河畔。“虎踞龙盘今胜昔”,意谓像猛虎一样在那儿蹲坐的金陵,如腾龙一样在东面蜿蜒的钟山,今天已获解放,归人民占有,以今比昔,换了人间。正是因为有了“天翻地覆”今胜昔的盛况,才有了人民群众“慨而慷”的欢呼。“天翻地覆”,喻指政治形势的巨大变化,“慨而慷”是将“慷慨”一词的拆开和倒用,表现欢庆“今胜昔”的群情感慨而激昂。南京名城,龙盘虎踞,雄伟险要,但国民党反动政府在此统治22年,给中国人民制造了无数的灾难。随着南京解放,中国历史上最后一个反动政权被推翻,新中国的建立就在眼前,人民心中怎能不洋溢着“今胜昔”的喜悦,引起“慨而慷”的欣喜若狂。

颈联“宜将剩勇追穷寇,不可沽名学霸王”。这两句是全诗的主旨和灵魂,以诗的精辟警语,概括了将革命进行到底的伟大思想。“剩勇”,即余勇,没有用完的勇气,这里指旺盛的士气。“追穷寇”,是对《孙子兵法·军争篇》“穷寇勿追”反其意而用之,“宜将剩勇追穷寇”,意谓应该鼓起勇气,乘胜追歼失败逃跑的蒋介石反动军队残余之敌。“不可沽名学霸王”,沽是买,沽名,指沽名钓誉,追求虚名。“霸王”,指秦末反秦起义的西楚霸王项羽和春秋五霸之一的宋襄公,这两位霸王,都是因为讲义气沽名钓誉而招致失败的。这句是毛泽东借鉴历史经验教训,面对当时的现实，告诫全党和人民解放军，一定要把革命进行到底，切不可沽名钓誉，重蹈霸王的覆辙，将已经到手的胜利成果毁于一旦，造成千古遗恨。

尾联"天若有情天亦老，人间正道是沧桑"。运用辩证唯物主义和历史唯物主义的观点，阐明了历史发展的必然规律，对全诗的思想做出哲理性的总结。"天若有情天亦老"语出唐朝李贺《金铜仙人辞汉歌》："衰兰送客咸阳道，天若有情天亦老。"李的原意是天如果有感情，看到因辞别汉宫而情感依依、清泪潸潸的铜人，也一定会因悲伤而衰老。毛泽东借用这一诗句而自出新意，赋予了全新的思想内容：天要是有感情，看到蒋介石作恶多端，把人民推向战争的火海、灾难的深渊，也会难以忍受而变得衰老的。寓指蒋介石反动政权的罪恶统治激起了天怒人怨，它的灭亡，势所难免，谁也挽救不了蒋介石腐朽政权灭亡的命运。正是基于这样的认识，就将解放南京这一伟大历史事件升华到历史辩证法的高度，得出"人间正道是沧桑"的结论。"正道"，即常道，语出老子《道德经》首篇："道可道，非常道。""道"，即规律，"常道"，即永恒不变的规律。"人间正道"即人类社会历史发展的规律。"沧桑"，成语沧海桑田的简化，即大海变为桑田，桑田变为大海，比喻世事变化很大。此句意谓只有人类社会的发展和前进才是像沧海桑田一样不可改变的客观规律。蒋介石反动统治的灭亡是这条规律的必然结果，人民革命的胜利正是适应这条规律的有力证明。

解读感悟

《七律・人民解放军占领南京》既是一首史诗，又是一首喻理诗，更是一首诗化的《将革命进行到底》《向全国进军的命令》和《人民解放军百万大军横渡长江》。为了深入解读这首脍炙人口的诗篇，我重新学习第三次国内革命战争史，重点学习了毛泽东的下列著作：《关于辽沈战役的作战方针》《关于淮海战役的作战方针》《关于平津战役的作战方针》《评战犯求和》《四分五裂的反动派为什么要空喊"全面和平"?》

《国民党反动派由"呼吁和平"变为"呼吁战争"》《评国民党对战争责任问题的几种答案》《南京政府向何处去?》,特别是重点研读了《将革命进行到底》《关于时局的声明》《向全国进军的命令》。

通过学习上述著作,笔者对经过辽沈、淮海、平津三大战役之后国共两党军事力量的巨大变化,以及蒋介石反动统治由此而处于摇摇欲坠的历史命运有了更加透彻的了解,从而认识到毛泽东对蒋介石于1949年1月1日发表的《求和声明》的伪善本质的揭穿,是何等的及时重要!

面对蒋介石发出的求和声明,当时有人,甚至一些著名的有威望的国际友人,出于对帝国主义的恐惧和同情国民党反动派的可怜相,提出了"南北分治",即由共产党占领长江以北地方,国民党盘踞于长江以南国土,劝告我们接受"和谈",与敌人"和衷共济,相忍为国"。毛泽东对这些"好心人"的意图,洞若观火,了如指掌,于1949年1月14日《关于时局的声明》中一针见血地指出,"现在,情况已非常明显,中国人民解放军向着残余的国民党军再作若干次重大的攻击,全部国民党反动统治机构即将土崩瓦解,归于消灭。现在,国民党反动政府发动内战的政策,业已自食其果,众叛亲离,以致不能维持的境地。在这种形势下,为着保持国民党政府的残余力量,取得喘息时间,然后卷土重来,扑灭革命力量的目的,中国第一名战争罪犯国民党匪帮首领南京政府伪总统蒋介石,于今年一月一日,提出了愿意和中国共产党进行和平谈判的建议。中国共产党认为这个建议是虚伪的。这是因为蒋介石在他的建议中提出了保存伪宪法、伪法统和反动军队等项为全国人民所不能同意的条件,以为和平谈判的基础。这是继续战争的条件,不是和平的条件"(《毛泽东选集》合订本1279页),并针锋相对地提出同国民党反动政府进行和平谈判的八项条件,提醒并号令"中国人民解放军全体指挥员战斗员同志注意:在南京国民党反动政府接受并实现真正的民主的和平以前,你们丝毫不应当松懈你们的战斗努力。对于任何敢于反抗的国民党反动派,必须坚决、彻底、干净、全部地歼灭之" (《毛泽东选集》合订本1230页)。毛泽东又在

《将革命进行到底》中，发出由衷的忠告，“现在摆在中国人民、各民主党派、各人民团体面前的问题，是将革命进行到底呢，还是使革命半途而废呢，如果要使革命进行到底，那就是用革命的方法，坚决彻底干净全部地消灭一切反动势力，不动摇地坚持打倒帝国主义，打倒封建主义，打倒官僚资本主义，在全国范围内推翻国民党的反动统治，在全国范围内建立无产阶级领导的以工农联盟为主体的人民民主专政的共和国”（《毛泽东选集》合订本1266页），他还语重心长、寓意深刻地举出古代希腊《伊索寓言》中一段《农夫与蛇》的故事，告诫中国人民决不怜惜蛇一样的恶人。

1949年4月21日，即国民党反动政府拒绝在和平协定上签字的第二天，中国人民革命军事委员会主席毛泽东、中国人民解放军总司令朱德，向人民解放军发布了《向全国进军的命令》。英勇的中国人民解放军百万雄师挥戈南下，强渡长江，于4月23日解放了国民党22年的反革命统治中心南京，宣告了国民党反动统治的覆灭。毛泽东在《七律·人民解放军占领南京》这首史诗中一反古来“穷寇勿追”的用兵之道，看到敌巢虽捣，穷寇犹在，于是号召“宜将剩勇追穷寇”，要乘胜对敌人进行无情的穷追猛打，将革命进行到底，彻底消灭江南的败寇残敌，直至解放全中国。毛泽东以西楚霸王项羽在鸿门宴上不听亚父范增的告诫，对政敌刘邦宽容仁慈，放走刘邦而导致兵败垓下、自刎乌江的历史典故，继续提醒全党同志“不可沽名学霸王”，要汲取霸王失败覆没的惨痛教训，不能为了获得一个“和平”的虚名，不能看到敌人惨败而对敌人产生怜悯之心，反而给敌人东山再起、卷土重来的机会。这两句作为全诗的主旨和灵魂，史理交融，哲思深远，高瞻远瞩，精辟地概括了毛泽东将革命进行到底的战略思想。

正是在这个伟大战略思想的武装和指导下，继续解放南京之后，中国人民解放军以摧枯拉朽之力，以秋风扫落叶之势，第一、二、三、四野战军分别向华东、华中、华南、西南、西北大进军，追歼国民党反动军队之残敌，到1949年9月，经过三年多的解放战争，中国人民解放军消灭了800万国民党军队,中国人民解放战争已经取得了基本的胜利,为 10 月 1 日中华人民共和国的成立开辟了道路,奠定了基础。

假设三大战役胜利之后,为了图一个“和平”虚名,不是“宜将剩勇追穷寇”,而是沽名学霸王,“穷寇勿追”,“分江而治”,那中国革命在全国的胜利,不知要推迟多少年,甚至历史可能要重写。由此可见,“宜将剩勇追穷寇,不可沽名学霸王”所蕴含的意义是多么的伟大而深远。

七 律

和柳亚子先生

一九四九年四月二十九日

饮茶粤海未能忘，索句渝州叶正黄。
三十一年还旧国，落花时节读华章。
牢骚太盛防肠断，风物长宜放眼量。
莫道昆明池水浅，观鱼胜过富春江。

写作背景

这首七律是毛泽东回答柳亚子先生的来诗，故称和诗，是一首“酬答诗”。在公开发表的毛泽东诗词中，唱和柳亚子先生的共有三首，这是第一首，最早发表于《诗刊》1957 年 1 月。

要深入了解这首诗的写作背景，就要从柳亚子先生的政治主张和毛泽东的交谊谈起。

柳亚子（1887—1958），诗人、政治活动家，初名慰高，后更名弃疾，字亚子，江苏吴江人。清末秀才，早年积极参加旧民主革命，系老同盟会会员，清末革命文学团体“南社”的发起人、主要组织者和领导者，是近现代旧体诗词主要代表诗人之一。曾任孙中山总统府秘书、国民党中央监察委员、上海通志馆馆长。在新民主主义革命时期，他始终不渝地奉行孙中山新三民主义和“联俄、联共、扶助农工”三大政策，与中国共产党长期合作，先后同国民党内各个反动派进行了不屈不挠的斗争。“四一二”蒋介石叛变革命后，被通缉，逃亡日本，1928 年回国，从事反蒋活动。抗日战争爆发后，与宋庆龄、何香凝等积极从事抗日民主活动，被国民党开除党籍。解放战争时期，在香港继续从事民主活动，任 1948 年成立的中国国民党革命委员会中央常务委员兼监察委员会主席、三民主义同志联合会中央常务理事、中国民主同盟中央执行委员。1949 年出席中国人民政治协商会议第一届全体会议。中华人民共和国成立之后,历任中央人民政府委员、华东行政委员会副主席、中央文史研究馆副馆长等职。1954 年当选为全国人民代表大会常务委员,为新中国建设事业做了有益的工作,1958 年 6 月 21 日病逝于北京。著有《磨剑室诗词集》《磨剑室文集》《书信籍录》《自传·年谱·日记》等。

柳亚子同毛泽东的交谊很早,1926 年 5 月,在广州召开的国民党二届中央执、监委员会第二次全体会议上,毛泽东初识柳亚子。当时毛泽东身任国民党中央候补执行委员、中央宣传部代部长,并以共产党代表身份出席会议。柳亚子身任国民党中央监察委员,两人的政见比较接近。会上,蒋介石提出旨在限制共产党、篡夺国民党领导权力的《整理党务案》,规定“凡他党党员加入本党者,不得充任本党中央机关之部长”等条文。在该案付诸表决时,毛泽东坚决反对,柳亚子十分气愤,同何香凝等国民党左派愤然投了反对票,并以中途退会的方式对毛泽东给予了明确的支持。毛泽东对此印象极深。

1937 年 6 月 25 日,毛泽东曾给何香凝的信中高度评价柳亚子先生:“看了柳亚子先生题画,如见其人,便时乞为致意。你这样有骨气的旧文人,可惜太少,得一二个拿句老话叫做人中麟凤……”

在国民党白色恐怖遍布全国之时,柳亚子常常以诗表达对毛泽东的推崇,称毛泽东为中国的列宁。柳亚子 1941 年《寄毛主席延安》诗中,曾有“云天倘许同忧国,粤海难忘共品茶”。1944 年 4 月 21 日,毛泽东曾致信柳亚子先生:广州别后,18 年中,你的灾难也受得够了,但是没有把你压倒,还是屹然独立的,为你并为中国人民庆贺!

1945 年 8 月 28 日至 10 月 11 日,毛泽东、周恩来、王若飞代表中国共产党赴重庆与蒋介石进行谈判,毛泽东再次同柳亚子会晤并互赠诗作。8 月 30 日,毛泽东借曾家岩桂园宴请王昆仑、柳亚子。柳曾赋赠一诗道“阔别羊城十九秋,重逢握手喜渝州”,并向毛泽东索取《七律·长征》一诗。10 月 7 日毛泽东复信柳亚子，附手书《沁园春·雪》诗相赠。信说："初到陕北看见大雪时，填过一首词，似于先生诗格略近，录呈审正。"稍后，他应柳亚子之请，再把此词写在柳的纪念册上。23 日柳在毛泽东手书后附记道："一九四五年重晤渝州握手，惘然不胜陵谷沧桑之感。余索润之写《长征》诗见惠，乃得其初到陕北看大雪《沁园春》一阕。"(1951年1月8日《文汇报副刊》)毛泽东称赞柳亚子的诗："诗慨当以慷，卑视陆游、陈亮，读之使人感发兴起。"柳亚子称颂毛泽东的词："才华信美多娇，看千古词人竞折腰。"

在毛泽东前途未卜，蒋介石权势遮天的政治、军事形势下，柳亚子对毛泽东的事业表现出极大的认同，对毛泽东的人格表现出极高的尊敬，并预见到了毛泽东的远大前程。

1949 年 2 月，辽沈、淮海、平津三大战役结束，解放军信心百倍地向华东、华中、华南、西南、西北大进军，解放战争胜利的曙光在望。中共中央机关决定由河北省平山县西柏坡迁到北平，随即电邀在香港的柳亚子赴北平参与国事，筹备召开全国政协会议。柳于 28 日动身，经东北转胶东，于 3 月 18 日到达北平。此时他是中国国民党革命委员会常务委员兼秘书长。3 月 25 日，毛泽东到达北平西郊(南宛)机场，柳亚子到机场迎接，并参加在颐和园益寿堂举行的晚宴。次日，赋赠赞诗三首，其中一首说："二十三年三握手，陵夷谷换到今兹。珠江粤海惊初见，巴县渝州别一时。延水鏖兵吾有泪，燕都定鼎汝休辞。推翻历史三千载，自铸雄奇瑰丽词。"足见其十分昂扬兴奋的情绪。但由于柳亚子当时住在六国饭店，感到住宿、膳食、用车等方面不尽如人意，特别是有一天到香山碧云寺的孙中山的灵堂去祭奠，却苦于没有专车不能立即前往，于是在 3 月 28 日夜，将自己的牢骚和内心抑郁不平的情绪，毫不掩饰地写入七律诗《感事呈毛主席》之中，向毛泽东倾诉：

开天辟地君真健，说项依刘我大难。

夺席谈经非五鹿，无车弹铗怨冯驩。

头颅早悔平生贱，肝胆宁忘一寸丹。
安得南征驰捷报，分湖便是子陵滩。

毛泽东的《七律·和柳亚子先生》，是对柳亚子的《七律·感事呈毛主席》的“酬答诗”。为了深入解读毛泽东的《七律·和柳亚子先生》，首先解读柳亚子的《七律·感事呈毛主席》。

“开天辟地君真健”，是借盘古开天辟地的故事，比喻毛泽东领导人民大众推翻旧中国，创建新中国的丰功伟绩。君指毛泽东，健是健者，英雄。“说项依刘我大难”，“说项”，比喻称扬别人的长处，语出《全唐诗沽·项斯》：“几度见诗诗尽好，及观标格过于诗，平生不解藏人善，到处逢人说项斯。”“依刘”，借喻投靠别人。语出《三国志·魏书·王粲传》：“年十七，司徒辟，诏除黄门侍郎，以西京扰乱，皆不就。乃之荆州依刘表，表以粲貌寝而体弱通侻，不甚重也。”柳亚子诗里只是取意，寓比自己应毛泽东电邀来京参加建国大业。“说项依刘我大难”，仿佛是柳亚子自比王粲，其寓意是抱怨自己虽有才能，却得不到应有的待遇。

“夺席谈经非五鹿”，柳亚子借用《后汉书·戴凭传》和《汉书·朱云传》中的“夺席”和“五鹿”两个典故，加以合用于一意，暗示自己历史功绩和学术地位被人轻视，对目前的人事安排不满意、不服气。“无车弹铗怨冯驩”，“弹铗”指敲着剑柄，这句说的是齐国人冯驩投靠孟尝君为门下客。他起初被列为下等客，因此敲着剑柄发牢骚，唱道：“长铗归来乎！食无鱼。”后来享受到中等待遇，有鱼吃了，他又敲着剑柄唱道：“长剑归来乎，出无车。”最后，他享受到了孟尝君上等门客的待遇。柳亚子在诗里用这个典故，主要是借以衬托对自己到北平后吃、住、用车及人事安排等不平的情怀。

“头颅早悔平生贱，肝胆宁忘一寸丹”，这两句是柳亚子发出的感慨。意谓自怨自艾待遇低薄，因而感叹自己的头颅是贱的，虽然自己的心是赤诚的。

“安得南征驰捷报，分湖便是子陵滩。”“安得”句意谓盼望南征大军传来捷报,解放了自己的家乡。“分湖”句的分湖,湖名,在江苏省吴江市南,这里指代柳亚子的家乡。“子陵滩”,语出《后汉书·严光传》,东汉严光,字子陵,不愿当光武帝刘秀的官,曾隐居富春山,垂钓富春江。后人因名其钓鱼处为子陵滩。这两句意谓柳亚子说自己当得到解放军南征的胜利喜讯,就离开北平,回到分湖,也就是回子陵滩隐居垂钓。总之,柳亚子的《七律·感事呈毛主席》表露出对自己生活待遇低薄,政治上未被重用而发牢骚。

意境赏析

毛泽东的《七律·和柳亚子先生》,是老朋友之间的奉和之作。毛泽东针对柳亚子《感事呈毛主席》中牢骚愈盛而身体愈差的状况,借奉和方式叙旧谈心,进行了坦诚恳切的开导规劝,表达了对挚友的一片爱护真情。

首联“饮茶粤海未能忘,索句渝州叶正黄”。由远处着笔,叙旧发端。回忆两人的友谊,从柳亚子过去赠诗经常提到的两次会晤和起。“饮茶粤海”和“索句渝州”是毛泽东与柳亚子从1926年到1949年23年交谊中具有政治意义的两次不寻常交往。第一次会晤是1926年两人在广州参加国民党二届二中全会期间,曾一起赴茶楼品茗叙谈,议论国事,并引用柳亚子于1941年《寄毛主席延安》诗中,曾有“云天倘许同忧国,粤海难忘共品茶”之句。“粤海”,此处代指广州,以“饮茶粤海”勾起老友柳亚子对这段交往的回忆,“未能忘”表明对此不会忘却。第二次会晤是1945年8月28日至10月11日,毛泽东、周恩来、王若飞代表中国共产党在重庆同国民党当局进行谈判期间,柳亚子向毛泽东索取《七律·长征》一诗,10月7日,毛泽东复信柳亚子,附手书《沁园春·雪》词相赠。“索句渝州叶正黄”指的就是这次会晤,重庆简称渝,故云“索句渝州”。“叶正黄”指秋季。“饮茶”“索句”写的是朋友间交往应酬的两件寻常事,毛泽东却渲染得亲切感人,充满温暖的情谊。不但彼此都曾留下难忘的印象,容易唤起对往事许多美好的回忆,叙旧情意就显得深厚绵长,而且蕴含着余意不尽的开导意味。言外之意,无异于也是扣题婉转和答柳亚子:您诗一开首“开天辟地君真健”对我之扬,“说项依刘我大难”对您之抑,这样抑扬对举可不适当,您对老友之间的交往情谊不该怀疑;过去屡蒙坦率指教时时感念在心,现在哪有忠言逆耳的道理。

颔联“三十一年还旧国,落花时节读华章”,承上由远而近,逐步收笔,叙写眼前在北京参加中国人民政治商会议的第三次会晤。“三十一年”句,是毛泽东说自己第一次到北京在 1918 年 9 月间,这次到北京是在 1949 年 3 月,相隔已 31 年了。“还旧国”意谓重新回到故都,古代“国”字,可当都城讲。北京在元、明、清等朝代,曾多次作为国都,此时中华人民共和国又未成立定都,所以称之为“旧国”。“落花时节”句,语出唐代杜甫《江南逢李龟年》诗:“正是江南好风景,落花时节又逢君。”落花时节,指 4 月下旬的暮春时候。华章,即华美的篇章,对别人作品的一种赞美,这里指的是柳亚子的《七律 · 感事呈毛主席》诗。此联的“三十一年还旧国”,不是一个简单的时间概念和地名代称,这期间沧桑巨变,中国大地发生了翻天覆地的变化,暗示毛泽东这次返回千年古都,是要在中国人民政治协商会议上,同民主党派、民主人士商筹建国定都的大事。“落花时节读华章”对句点题,意谓正当这美好的时节,同柳亚子难得重聚商筹建国大业,并读到了他的赠诗。

以上首联、颔联四句叙事,为转到对原诗怨天尤人牢愁思想情绪的坦诚劝导,做了充分的铺垫。“牢骚太盛”四字,从反面概括了柳亚子在《七律 · 感事呈毛主席》诗中一时抑郁不平、怨天尤人的思想情绪,也把他在诗中的种种怨气话、泄气话、赌气话囊括在内。“防肠断”三字则语意双关,既明指肝火过盛、烦恼太多对身体健康的损害,又暗喻这种思想情绪对革命丹心意志的消极影响。接着一句,再从远处,正面热忱开导:“风物长宜放眼量”。“风物”,风光景物,在此引申为社会上的一切事物,包括革命事业。“长宜”,永远应该。“放眼量”,把眼光放远大一些,放开眼界看未来。全句强调高瞻远瞩观察世界、看待一切事物的重要。意谓对待事物、考虑问题应以革命大局为重，切不可目光短浅，局限于个人的狭小天地，只顾一时的虚名，患得患失。“长宜”两字，一以贯之，特别强调过去应该如此，现在也应该如此，永远都应该如此。这两句诗是全诗的主旨和精髓，它发自肺腑，语重心长，严肃认真而又体贴入微，诚恳坦白而又幽默风趣，是对人生哲理的精辟概括。

尾联“莫道昆明池水浅，观鱼胜过富春江”，是在启发老友“风物长宜放眼量”之后，便自然引出的由衷劝勉、恳切挽留的结语。“昆明池”，指北京西郊颐和园内的昆明湖，湖面达 220 公顷之阔。“观鱼”，垂钓，隐用东汉严光隐居于富春江垂钓的故事。东汉严光，字子陵，会稽余姚人，少年就享有盛名，与光武同游学，及光武即位，乃改名换姓，隐居不见，躬耕于富春山，垂钓于富春江。“富春江”，即子陵滩，浙江省钱塘江富阳至桐庐段。全诗结尾“观鱼胜过富春江”，柳亚子诗中以严光自诩，毛泽东故有此对。它是针对柳亚子原诗“分湖便是子陵滩”这句“归隐”负气话而进行劝导的，意谓借眼前景物、故人逸事，寓意劝导老友应当从牢骚和消极情绪中解脱出来，留在北平，继续为建国大业献策效力，不要再想着回老家去博取“隐士”清名了，这样才有真正的不尽风光和享受无穷乐趣。毛泽东在前句用一个“莫道”劝慰老友要善于欣赏颐和园昆明湖的湖光山水，暗喻老友这里不是没有你的用武之地。在后一句用一个“胜过”肯定作断，劝慰老友留在北平，共商国是，对革命事业更为有利，从而表达出毛泽东恳切希望柳亚子能够珍惜这个来之不易的革命胜利局面，志存高远，老当益壮，随着革命形势的发展继续前进。总之，尾联两句用形象思维的方法，表面上说“不要认为昆明湖的水浅，但在这里观赏游鱼比富春江好多了”，实际上蕴含着深意，暗喻老友柳亚子：北京大有你的用武之地，不要想着归乡隐居的事了。

解读感悟

毛泽东的《七律・和柳亚子先生》，是针对柳亚子《七律・感事呈毛主席》中所暴露出的旧知识分子的软弱性及他遇事易激动发怒的性格特点而写的酬答诗，体现了毛泽东的博大胸怀、恢宏气度及对民主人士以诚相待、热忱关怀和耐心开导。

首先，根据柳亚子的思想情绪，毛泽东当即指示有关方面对柳亚子的生活条件做了妥善安排，让他从六国饭店迁到颐和园益寿堂居住休养，这使柳亚子深受感动。当日赋诗作答，诗云："昆明湖水清如许，未必严光忆富江。"此后几天，又多次依韵题咏，反复表示"长遣名园常属我，躬耕原不恋吴江"；"名园真许长相借，金粉楼台胜渡江"；"牢骚屈子怨幽兰，风度元戎海水量"。这些发自内心的诗句，表明对于毛泽东对其生活的安排是满意的，随之牢骚顿消。这就给各级领导干部做出一个榜样，解决人的思想问题，光有说教不行，一定要同解决实际问题相结合，只有从关心人们急需解决的实际问题入手，才会收到好的效果。

第二，毛泽东在开导老友柳亚子的过程中，始终是以情感人。"和诗"开首两句"饮茶粤海未能忘，索句渝州叶正黄"引用的是二人在中国革命历史上两次具有重大意义、时刻不同寻常的会晤和深厚交情，唤起对方美好的回忆，激起当年的革命激情，从而拉近了二人的思想距离，显得格外亲切。接着"三十一年还旧国，落花时节读华章"，说到今日久别进京重逢，是为参加新中国建设在政治上再度合作，并表明春末读到老友的诗，使柳亚子感到，以诗会友交谊，更加激起雅兴。毛泽东对他的开导像春雨一样，"随风潜入夜，润物细无声"。

第三，毛泽东在开导老友柳亚子的过程中，坚持以理服人。这体现在"牢骚太盛防肠断，风物常宜放眼量"的诗句上，这些发自肺腑、语重心长的谆谆教诲，是劝导柳亚子放开眼界，从国家和民族利益的大局出发，从长远的角度看问题，劝诫他总发牢骚不但于事无补，反而会有害身心。最后，更进一步反用东汉严光的例子，嘱咐老友取消归隐念头，留居北京，参与国家大事，继续为人民政府出谋划策。

第四，毛泽东同柳亚子两个诗坛高手以"和诗"形式互表思想感情，言简意赅，意蕴深远，语重心长，春风化雨，文雅古朴，活用典故，这种“含不尽之意，见于言外”的艺术境界，事半功倍，耐人寻味。

“牢骚太盛防肠断，风物长宜放眼量”是警策超逸的人生哲理，它不仅是当年毛泽东对老友柳亚子思想问题动之以情、晓之以理的谆谆开导劝诫，就是在时过境迁的今天，仍然有着现实指导意义。在现实生活中，随着经济的发展和改革开放政策的深入，民生的改善及随之而来的人们的收入差距拉大的趋势，尽管党和政府采取多种措施，千方百计地努力缩小这种差距，使广大公民共享改革开放、经济发展成果，但是由于国家大、人口多，不可能一下子到位，仍然在不少方面存在分配不公的现象。很多人对此心理失衡，甚至产生怨气愁绪发牢骚。在这种情况下，尤其需要我们大家树立全局观念，从民族振兴、经济发展、国家富强、社会和谐、民生改善的大局出发，积极争取，耐心等待。只有“会当凌绝顶”，才能“一览众山小”。对于我们每个人来说，都不妨把这诗句当作座右铭，日夕讽诵，身体力行，每当遇到不如意事情，心存怨气，欲发牢骚的时候，就想想“牢骚太盛防肠断，风物常宜放眼量”。这不仅是观察事物、处世待人之道，是处理人际关系矛盾，维护社会稳定之道，而且是养生保健延年益寿之道。

浣　溪　沙

和柳亚子先生

一九五〇年十月

一九五〇年国庆观剧，柳亚子先生即席赋浣溪沙；因步其韵奉和。

长夜难明赤县天，百年魔怪舞翩跹，人民五亿不团圆。
一唱雄鸡天下白，万方乐奏有于阗，诗人兴会更无前。

写作背景

1949年10月1日，中华人民共和国成立。毛泽东主席亲手升起了第一面五星红旗，向全世界庄严宣告：中华人民共和国成立了，占人类总数四分之一的中国人民从此站起来了。

中华人民共和国的成立，推翻了压在中国人民头上的帝国主义、封建主义和官僚资本主义三座大山，从根本上结束了100多年来中华民族遭受帝国主义侵略压迫的屈辱历史，使中国改变了半封建半殖民地的性质，成为真正独立主权的国家，劳动人民真正成了新中国新社会的主人。中华人民共和国的成立，根本改变了旧中国四分五裂的局面，实现和巩固了全国范围（除台湾等岛屿）的国家统一，实现了全国各族人民的大团结，为建设一个独立、统一、民主、富强的新中国注入了强大的民族凝聚力。

1950年10月3日，中南海怀仁堂举行盛大歌舞晚会，庆祝中华人民共和国成立一周年，毛泽东作为新中国开国的伟大领袖出席了这次晚会。晚会上，蒙古、满、回、藏、维吾尔、彝等42个兄弟民族的158位代表、219名各民族文工团团员和各界人士欢聚一堂。首先举行了隆重的献礼仪式，各民族代表向中央人民政府、党和国家及人民解放军的领导人献礼、献旗以致敬意，随后各民族文工团表演了精彩的欢庆歌舞节目。据柳亚子《北行日记》1950年10月3日载："迓佩同车赴中南海怀仁堂，观各民族歌舞晚会，座次在毛主席、毛夫人之前，孙夫人与沈粹缜、罗叔章之侧。毛主席嘱赋一诗，以浣溪沙短调应之。”毛泽东在观看演出时激动不已，被民族大团结的气氛深深地感动。他对坐在前排的柳亚子先生说：“这样的盛况，亚子先生何不填词以志盛？我来和！”柳亚子先生即席填写了一首《浣溪沙》呈毛泽东，并作题记：“十月三日之夕于怀仁堂观西南各民族文工团、新疆文工团、吉林延边文工团、内蒙文工团联合演出歌舞晚会，毛主席命填是阕，用纪大团结之盛况云尔！”

火树银花不夜天，弟兄姐妹舞翩跹。歌声唱彻月儿圆。不是一人能领导，那容百族共骈阗？良宵盛会喜空前。

次日毛泽东便手书《浣溪沙·和柳亚子先生》词相赠，因步其韵奉和。

为了深入解读毛泽东的《浣溪沙·和柳亚子先生》，首先解读柳亚子应毛泽东之邀写的《浣溪沙》。

上阕描写庆祝国庆文艺晚会的盛况。

“火树银花不夜天”，“火树银花”，化用唐人苏味道《正月十五夜》诗：“火树银花合，星桥铁锁开”，形容灯树辉煌、烟花满天的盛况。“不夜天”，形容灯火通明，光照如昼。这句意谓庆祝国庆之夜，点缀在树上的灯像火样通红，绽放在夜空的烟花似银花盛开，将夜晚照耀得如同白昼明亮。“弟兄姐妹舞翩跹”，意谓各民族如同兄弟姐妹一样亲密，在舞台上轻快地翩翩起舞，欢庆国庆。“歌声唱彻月儿圆”，新疆哈萨克族民间歌舞《圆月》中有该场景，意谓欢庆晚会一直到深夜才结束。

下阕歌颂毛泽东主席领导中国革命取得胜利的丰功伟绩。“不是一人能领导，那容百族共骈阗”，“一人”指毛泽东；“百族”指组成中华民族大家庭的各民族。“骈阗”也作骈田，骈填、罗布、连续的意思。化用唐人王勃《晚秋游担武山寺序》：“龙镳翠辖，骈阗上路之游”，骈阗在此是聚会的意思。两句意谓如果不是毛泽东的正确领导使中国革命取得成功，哪能让各民族欢聚一起，欢庆胜利。“良宵盛会喜空前”，良宵指美好的夜晚，此句意谓在这美好的夜晚，召开盛大的庆祝国庆文艺晚会，各民族大团结的喜庆气氛前所未有。

意境赏析

《浣溪沙·和柳亚子先生》这首词，通过毛泽东观看歌舞晚会，今昔对比，抒发感慨，深刻揭露了旧中国的黑暗罪恶统治给各族人民带来的苦难，热情赞颂了中国人民革命的伟大胜利，讴歌了新中国的空前大统一和各族人民的空前大团结。

《浣溪沙》，词牌名，小令，又名《小庭花》《满院春》等，因西施浣溪沙的故事而得名。《和柳亚子先生》，意谓"同其韵而不同其字"，是和韵之词。和，唱和。在公开发表的毛泽东诗词中，唱和柳亚子先生的共有三首，这是第二首，最早发表于《诗刊》1957 年 1 月号。

"即席赋《浣溪沙》"，指观剧当场写作诗词。"步其韵"，即严格按照柳亚子诗词押韵的字依次押韵，犹如步步跟随。"奉和"，奉，表示敬意；和，是唱和。

上阕概括了中国各民族一百多年来的苦难历史。"长夜难明赤县天"，"长夜"，漫长的黑夜；化用宁戚《饭牛歌》："长夜漫漫何时旦。""长夜难明"四字，从时间上极言黑暗岁月之漫长，灾难之深重，同时暗示人民盼望光明之殷切，经受革命斗争之艰难。"赤县"，赤县神州的简称，赤县神州代指中国。语出《史记·孟子荀卿列传》附载：战国邹衍说，"中国名曰赤县神州"。"赤县天"一句，则从空间上说明了到处暗无天日，灾难遍及千家万户，旧中国普天下都是如此，难见光明，从而先把人们引到对旧社会深沉的回忆中去。"百年魔怪舞翩跹"，"百年"指 1840 年鸦片战争中国陷入半殖民地半封建社会到 1949 年新中国成立前蒋介石反动统治的这一百多年的历史。"魔怪"指妖魔鬼怪，喻帝国主义、封建主义、官僚买办、反动军阀、土豪劣绅等各种反动统治势力。"舞翩跹"，形容国内外反动势力内外勾结，沆瀣一气，肆无忌惮，狂欢乱舞，不可一世的神态，这三个字既充分表达了毛泽东痛心疾首、愤怒谴责之情，又极尽揶揄讽刺之能事，揭露了“魔怪”的丑形。这句是说百年以来，一切妖魔鬼怪在中国大地上为所欲为，横行霸道，是“长夜难明赤县天”的罪恶根源。“人民五亿不团圆”，“人民五亿”，新中国成立前夕，估计中国人口 4.75 亿，言“五亿”是举起整数以示意。这句是说，自从 1840 年鸦片战争以来，中国沦为半殖民地半封建社会，社会混乱，国家动荡，民不聊生，各兄弟民族之间四分五裂，都过不上安定的生活，写出了在漫长黑夜里整个国家、各个民族五亿人民遭受苦难的共同悲惨命运。

上阕以上三句为历史背景和艺术衬托，进而描写新中国空前统一，各民族大团结的欢腾景象。“一唱雄鸡天下白”化用唐代诗人李贺《致酒行》的诗句：“我有迷魂招不得，一唱雄鸡天下白”，并赋予新意。这里“一唱”紧对上阕首句的“难明”，“天下白”与上阕首句的“赤县天”前后呼应，境界豁然开朗，画面充满光明，写出了两个时代两重天。雄鸡报晓，一声长鸣，漫漫长夜散去，曙光终于照耀“赤县天”。这句是说，马列主义在中国一经传播，中国人民为之觉醒，在中国共产党的领导下团结起来，进行艰苦卓绝的英勇斗争，终于取得伟大胜利，成立了中华人民共和国，中国大地一片光明。“万方乐奏有于阗”，方，古有国或族的意思；万方，指各兄弟民族。乐奏，即奏乐。“于阗”，汉朝西域国名，在今新疆维吾尔自治区西南部于田、和田一带，当地人民以能歌善舞著称。这里指参加联合演出的有新疆文工团，同时以古国名代指新疆地区的各个民族。这句写的虽是晚会舞台上各族代表联合演出载歌载舞的欢腾景象，又可以视为以于阗为例，热情歌颂祖国空前统一、民族空前大团结的喜人局面。而“万”字的运用，更点出了欢乐的无限程度。“诗人兴会更无前”，诗人，指柳亚子先生；兴会，犹言兴致，指诗人创作时的艺术灵感，同时也指这次兴奋相聚的盛会。这句是说观众席上老诗人赋诗填词的兴致雅趣是前所未有的，各族人民欢庆胜利的场面也是盛况空前的，新中国的前景更是蒸蒸日上、欣欣向荣的。

解读感悟

我国是一个统一的多民族的社会主义国家，少数民族占全国总人口的百分之八左右。中华人民共和国的建立，结束了国家和民族四分五裂的局面，实现了国家空前的统一和民族的大团结，而国家的统一、民族的团结，关系到社会的稳定、国家领土主权的完整、国家的富强、人民的幸福。从这个意义来说，毛泽东《浣溪沙·和柳亚子先生》一词，所描写的庆祝国庆一周年晚会舞台上各族代表的联合演出、载歌载舞的情景，不仅是祖国空前统一、中华民族空前团结的艺术缩影，而且是中华民族所有人民当家做主的一个生动写照。

中华人民共和国成立后，党确定新中国在统一的（单一制的）国家实行民族区域自治制度，而不实行联邦制。这一重大决策，是中国共产党运用马克思列宁主义的民族理论解决中国民族问题的一个新的伟大创造。

关于实行民族区域自治的优越性，1949 年 9 月 7 日，周恩来在向参加一届全国政协的代表作《关于人民政协的几个问题》的报告时指出：中国是多民族的国家，“我们主张民族自治，但一定要防止帝国主义利用民族问题来挑拨离间中国的统一”。“今天帝国主义者又想分裂我们的西藏、台湾甚至新疆，在这种情况下……我们国家的名称，叫中华人民共和国，而不叫联邦。”“我们虽然不是联邦，但却主张民族区域自治，行使民族区域自治的权力。”这个问题，经中国人民政治协商会议讨论达成一致，在《共同纲领》中明确规定：“中华人民共和国境内各民族一律平等”，“各少数民族聚居的地方，应实行民族的区域自治，按照民族聚居的人口多少和区域大小，分别建立各种民族自治机关。”由此，在统一的国家内实行民族区域自治，作为中华人民共和国的一项基本政治制度确定下来。正是在这个基础上，继 1947 年 5 月，在中国共产党领导下成立内蒙古自治区政府之后，新中国成立之初，又先后成立了新疆维吾尔自治区、西藏藏族自治区、宁夏回族自治区、广西壮族自治区，还有一些自治州、自治县、自治乡。这对于中国在任何复杂的国内国际环境下，都始终保持国家的统一和国内各民族的团结，同时赋予各少数民族充分的自治权利，保持国家的长治久安，具有极其深远的意义。

新中国成立以来60多年的实践证明，在中国共产党领导下实行民族区域自治和国内各民族一律平等，是完全正确的，这种政治制度不仅有力地保证了国家的统一、民族的团结、社会的稳定、人民的安宁，而且有力地粉碎了国内外反动分子、敌对势力图谋分裂祖国的阴谋。

作为中华人民共和国的公民，责无旁贷地应坚决维护中华人民共和国的国家结构形式——统一的多民族国家和在单一制国家中的民族区域自治制度。

浪 淘 沙

北 戴 河

一九五四年夏

大雨落幽燕，白浪滔天，秦皇岛外打鱼船。
一片汪洋都不见，知向谁边？
往事越千年，魏武挥鞭，东临碣石有遗篇。
萧瑟秋风今又是，换了人间。

写作背景

中华人民共和国成立以后，身为党中央主席和中央人民政府主席的毛泽东，在各地视察国情、民情、社情，趁百忙之余也游历了向往已久的古迹名胜，特别是一些古代著名的政治家和文化名人活动过的地方。北戴河，便是他经常游览休养之地。

北戴河，位于河北省东北部秦皇岛市西南15公里处的渤海海滨，因北戴河流经其境而得名。它西起北戴河口，东至鹰角石，北依莲蓬山，南濒渤海湾，东西长约10公里，南北宽约2公里。境内巉石起伏，海岸曲折，林木茂盛，沙滩平软，水波清澈，气候宜人，为天然海滨浴场和旅游避暑胜地。汉武东巡，唐宗东征，均曾到此。

建安十二年（207）五月，曹操北征乌桓曾路过该地，面对辽阔的大海，写下《观沧海》诗篇：

东临碣石，以观沧海。
水何澹澹，山岛竦峙。
树木丛生，百草丰茂。
秋风萧瑟，洪波涌起。
日月之行，若出其中。

星汉灿烂，若出其里。

甚幸至哉，歌以咏志。

毛泽东不仅爱曹操的诗，背诵曹操的诗，而且还找来地图，亲自查证出“曹操是来过这里的”。

1954 年夏天，毛泽东到北戴河休养，东临碣石，看到狂风暴雨、白浪滔天的大海，极目远眺，天海通体一色，眼前茫茫一片，渔船不见踪影，他缅怀魏武，兴致倍增，执意要迎着狂风巨浪下海游泳，卫士长李银桥以风浪太大危及安全为由竭力劝阻，说：“风大浪大，不要去游泳吧！”他却豪迈地说：“风浪越大越好，可以锻炼人的意志。”随后，他在那一片汪洋的惊涛骇浪中畅游了一个多小时，上了岸，他仍然精神抖擞，不知疲倦。

第二天，毛泽东面对大海，抚今追昔，感慨万千，写下了《浪淘沙·北戴河》。本词最早发表于 1957 年 1 月号《诗刊》。

意境赏析

《浪淘沙》，词牌名，小令，原是唐教坊曲名，后用作词牌名。《北戴河》，是词的题目。

这是毛泽东第一次全面、细致地描写大海的词作，它将浩瀚无垠的空间与超越千年的时间融为一体，时空掩映，情景交融，触景忆史而感慨，借景怀古而抒情，意境统一而高远，风格激昂而豪迈，表现了毛泽东伟大的气魄、弘放的视野、高瞻远瞩的情怀和对新中国的赞颂。

上阕描绘狂风大雨中的渤海壮丽景象，赞美渔民不畏艰险的英雄豪情。“大雨落幽燕，白浪滔天”，河北省古称幽燕，幽指幽州，燕指燕国，幽燕，即今河北省北部一带。此句意谓滂沱大雨洒落在古代属于幽州和燕国的大地上，海上的白色波浪与天相接。“落”字写出雨势之大之猛，它所带来的是“白浪滔天”的壮景。“秦皇岛外打鱼船”，秦皇岛，位于河北东部，与辽宁相接，为渤海湾半岛，包括海港、山海关及北戴河三区，水深港阔，相传秦始皇曾因求仙来此而得名。“打鱼船”是说风平浪静时在渤海岸这个优良的天然港湾里,停泊着渔民出海打鱼的船只。"一片汪洋都不见,知向谁边",意谓在这浪连天、天连水、巨浪裹挟着风雨,大雨笼罩的海面上,风平浪静时所能见到的一艘艘打鱼船全然不见了踪影,这些渔船究竟是到哪里去了呢?对此,诗人没有说明,只留下一个"知向谁边"的悬念。纵览上阕,幽燕大地,狂风暴雨,无边海洋,这阔大的境界、苍劲的基调,为下阕追昔抚今营造了气氛。

刘勰在《文心雕龙·神思篇》中说:"文之思也,其神远矣!故寂然凝虑,思接千载,悄焉动容,视通万里。吟咏之间,吐纳珠玉之声;眉睫之前,卷舒风云之色。其思理之致乎。"毛泽东面对大海壮丽雨景时,正是"视通万里",卷舒风云之色,"思接千载",吐纳珠玉之声。

接着,下阕追昔抚今,回忆历史,抒发今昔感慨。首句呼应上阕的宏大壮美意境,思接千载,吐纳珠玉之声:"往事越千年,魏武挥鞭,东临碣石有遗篇。""往事越千年,魏武挥鞭",是说1700多年前,即汉献帝建安十二年(207),魏武帝曹操挥动征伐的马鞭,亲率大军败乌桓踏顿单于这一历史事件。"东临碣石有遗篇",是指曹操班师回归时,途经骊戌的大碣石山(原址在今北戴河一带,汉时还在陆地上,靠近渤海边,北魏时没入水中),写下《步出夏门行·观沧海》这首被古代诗评家认为"有吞吐宇宙气象"的千古名篇。在毛泽东的心目中,曹操是中国古代历史上唯一一位文治武功皆具备的帝王之才,胜过"秦皇汉武,略输文采,唐宗宋祖,稍逊风骚。一代天骄,成吉思汗,只识弯弓射大雕"。曹操生前虽然未称帝,但死后追尊称魏武帝,算得上一个准皇帝。毛泽东在词中用"魏武挥鞭",即以帝王称颂之。在此,他以曹操做比,雄视古今,气吞幽燕,再次表达了他在《沁园春·雪》中"数风流人物,还看今朝"的博大胸怀和凌云壮志。

毛泽东十分喜爱曹操的诗,尤其是《龟虽寿》《观沧海》,经常反复吟诵,反复手抄,他对工作人员和女儿说:"我还是喜欢曹操的诗,气魄雄伟,慷慨悲凉,是真男子,大手笔"。他还十分欣赏曹操的文韬武略,对曹操予以极高的评价:“曹操统一北方,改革了北方许多恶政,抑制豪强,发展生产,实行屯田制,还督促开荒,推行法制,提倡节俭,使遭受大破坏的社会开始稳定恢复发展。这些难道不该肯定?难道不是了不起?三国的几个政治家、军事家,对统一都有所贡献,而以曹操为最大。”毛泽东还说,曹操是白脸奸臣,那是封建正统观念制造的冤案,这个案要翻。曹操有生之年并没有当皇帝,建安二十五年(220)曹操逝世以后,被曹丕追尊为魏武帝。毛泽东是承认他这个魏武帝的。

“萧瑟秋风今又是,换了人间”,毛泽东从追昔回到抚今,从忆历史回到现实。这句意谓眼看又到了秋风萧然冷瑟的季节,同曹操在《观沧海》中所描写的“秋风萧瑟”的景象完全一致,但社会制度却发生了根本的变化,新旧社会两重天,中国人民在中国共产党的领导下,经过数十年艰苦卓绝的革命斗争,中国的人间已经跟以往大不相同了。

解读感悟

《浪淘沙·北戴河》的上阕描写大雨中辽阔浩瀚的海景;下阕“思接千载”回忆历史,想到曹操,抒发豪情。上下阕时空掩映,情景交融,但其立足点并非历史,而是今天,是结语“换了人间”。这四个字点醒全篇的主题思想,言简意赅,蕴含深邃,贯通古今,绾合时空,将浩瀚无垠的空间与超越千年的时间囊括在一起,在古今对比中对伟大祖国的现实给予了热情的歌颂。

曹操所处的时代是1700多年前的东汉末年,那时曹操所面临的社会现实是军阀混战、国家分裂、民不聊生。这种景象从他的诗作《蒿里行》真实地反映出来。此诗所记述的是东汉末年作者参与的袁绍、袁术等同董卓之间的一次战争。诗中末六句反映了军阀混战给人民带来的沉重灾难:“铠甲生虮虱,万姓以死亡。白骨露于野,千里无鸡鸣。生民百遗一,念之断人肠。”诗中的“生民”指老百姓。该诗的意思为:长年征战的官兵顾不上换洗衣服,连身上披的铠甲都生长了虮虱,死亡的人不计其数，白骨暴露在荒郊野外无人收敛，千里路上听不见鸡的叫声，老百姓死得百不余一，思念起来叫人痛断肝肠。这样的景象何止曹操所处的东汉末年，在长达两千多年的封建社会和半殖民地半封建社会的旧中国，莫不如此。

那么，毛泽东诗词中的“换了人间”是一种什么样的景象呢？其中蕴含着什么样的丰富内容呢？就我的领会：

第一，“换了人间”，是指1949年10月1日下午3时，首都北京30万群众在天安门广场，隆重举行了开国盛大典礼。毛泽东、刘少奇、周恩来、朱德等党和国家领导人，登上了天安门城楼，万众欢呼，锣鼓震天，红旗招展，礼炮鸣放28响，毛泽东主席向全世界庄严宣告：“中华人民共和国中央人民政府成立了！”中华人民共和国的成立，开辟了中国历史的新纪元，中华民族从此自立于世界民族之林，再也不是一个被侮辱、任人宰割的民族了。中华人民共和国的成立，结束了几千年来少数剥削者对广大劳动人民的统治，建立和巩固了工人阶级领导的，以工农联盟为基础的人民民主专政即无产阶级专政的国家政权，开辟了人民当家做主的新时代。中国人民被奴役、被欺凌，当牛做马的日子一去不复返了。中华人民共和国的成立，实现和巩固了全国范围（除台湾等岛屿以外）的国家统一，根本改变了旧中国四分五裂的局面，实现和巩固了全国各族人民的大团结。

第二，“换了人间”是指新中国成立初期，中国共产党面临的复杂形势和许多困难。1950年6月6日到9日，中国共产党在北京召开了七届三中全会。会议为新中国成立后头三年国民经济恢复时期党的工作，规定了明确的行动纲领和策略方针，标志着党由全力领导革命战争到全力领导和平建设的深刻转变。

第三，“换了人间”是指从1950年6月到1952年9月，在全国范围内，除了一部分少数民族地区外，土地改革的任务已经完成。全国有3亿多无地少地的农民无偿获得了7亿亩土地，免除了每年向地主交纳的700亿斤粮食的地租负担。至此，中国历史上规模最大的土地改革运动取得了决定性胜利,延续了几千年的地主阶级土地占有制寿终正寝。

第四,“换了人间”是指 1954 年《中华人民共和国宪法》颁布实施,这个宪法体现了两大原则:人民民主原则和社会主义原则。它肯定了中国共产党领导中国人民走过的新民主主义革命道路,并且用法律的形式把党在过渡时期的总路线作为全国人民在过渡时期的总路线确定下来。这条总路线确定了中国由新民主主义向社会主义过渡的总路线和总任务,是要在一个相当长的时期内,逐步实现国家的社会主义工业化,并逐步实现国家对农业、手工业和资本主义工商业的社会主义改造。

第五,“换了人间”是指战胜了帝国主义、霸权主义的侵略、破坏和武装挑衅,特别是 1950 年 10 月到 1953 年 7 月“抗美援朝,保家卫国”的胜利,打破了美帝国主义不可战胜的神话,中国国际威望空前提高。从此,帝国主义不敢轻易做侵犯新中国的尝试,我国经济建设和社会改革赢得了一个相对稳定的和平环境。

解读《五律・看山》等三首诗

笔者将《五律・看山》《七绝・莫干山》《七绝・五云山》放在一起解读,是因为这三首诗都是1955年写的,有着相同的写作背景,描绘的都是杭州的山光景色,流露的都是作者寄情山水、闲适愉悦的心情。

写作背景

20世纪50年代中期,抗美援朝胜利结束,党的工作重心转移到国家经济建设上来。1953年9月,党中央正式公布了过渡时期的总路线。12月,立即在全国范围掀起了学习、宣传和贯彻总路线的热潮。

党在过渡时期总路线的核心内容是"一化三改""一体两翼"。它的主体任务是逐步实现社会主义工业化。两翼分别是对个体农业、手工业的社会主义改造及对资本主义工商业的社会主义改造。

根据党在过渡时期总路线的要求,1953年6月至8月,党中央召开了全国财经工作会议,提出了我国发展国民经济第一个五年(1953年至1957年)计划。其基本任务是集中主要力量进行由苏联援建的156个建设项目为中心的,由限额以上的694个建设项目组成的工业建设,以建立社会主义工业化的初步基础。这样,全党和全国人民都把注意力集中到实现社会主义工业化的任务上来,以极大的热情投入大规模有计划的经济建设之中。

另外,以重工业为主,基础设施、能源及轻工业等方面的建设也大规模展开。

总体来说,"一五"计划头三年工业化建设取得很大成就,这些新的工业企业陆续投入生产后,工业的生产能力迅速提高,从1952年到1955年,现代工业在全国工农业总产值中的比重,由26.7%上升到33.6%,全国工业(包括手工业)中生产资料生产所占比重,由35.6%上升到

42.5%。

1953年到1955年上半年，农业合作化运动健康发展，取得了很好的成绩，1954年春，全国出现办初级社的高潮，年底，发展到48万个，到1955年上半年，猛增到67万个，此时办高级社也在全国蓬勃兴起。1955年夏收，全国60多万个农业社中，有80%以上增产。这一阶段农业合作化运动积极、稳步和健康的发展，为实现我国的农业合作化奠定了良好基础。

在手工业的社会主义改造方面，据1955年上半年统计，全国手工业社(组)发展到4.98万个；社(组)员143.9万人，整体来说，这一时期手工业合作化的发展是积极的，也是稳步、健康的。

在对资本主义工商业的社会主义改造方面，到1955年，全行业公私合营正在紧锣密鼓地展开，标志着对资本主义工商业的社会主义改造即将基本完成。

上述胜利，使我国消灭几千年来以生产资料私有制为基础的阶级剥削制度，建立以生产资料公有制为基础的社会主义制度，实现我国社会从新民主主义到社会主义的伟大转变已见曙光。

在向社会主义过渡时期，围绕社会主义工业化建设和社会主义改造的总任务，党还领导进行了政治、文化、国防等多方面的建设。以1954年第一届全国人民代表大会第一次会议召开和制定颁布《中华人民共和国宪法》为标志，我国在健全民主制度、加强法制建设、调整国内政治关系等方面迈出了重要的一步。文化教育科学事业适应大规模经济建设的新形势，为提高人民素质，推进国家发展和社会进步发挥着重要作用。军队正规化和国防现代化建设开始起步。整个国家的政治法律等上层建筑，都进一步适应社会主义经济基础并为之服务。

这一时期，我国的外交政策取得重大胜利。朝鲜战争结束后，党中央要求在外交方面开展积极的活动和斗争，为新中国刚刚开始的大规模经济建设争取一个较长时期的国际和平环境。1949年12月，毛泽东访问苏联，签订了《中苏友好同盟互助条约》。到 1953 年年底，有 72 个国家和 10 个国际组织的 460 个代表团来我国访问，同时，我国也派出了 170 个代表团到 20 个国家访问，促进了互相了解和友谊。

1954 年 4 月至 7 月，为了和平解决朝鲜和印度支那问题，周恩来率领中国代表团出席了日内瓦会议。其间，他代表我国政府倡导的互相尊重领土主权、互不侵犯、互不干涉内政、平等互利、和平共处五项原则，不仅成为我国外交政策的基石，也逐渐被国际社会普遍接受，成为解决国与国之间关系的基本原则，在国际上产生了极其深远的影响。1955 年 4 月在印尼万隆举行的亚非会议上，周恩来提出了亚非国家应采取“求同存异”的方针，标志着中国打开了与亚非国家广泛交往的大门。亚非会议后，尼泊尔、埃及、叙利亚、也门、锡兰、柬埔寨、伊拉克、阿尔及利亚、苏丹和几内亚等一批国家相继与中国建交。从此，我国的外交事业进入一个新的发展阶段。

在国家的各项事业都按照计划顺利发展的情况下，毛泽东的心情非常舒畅，对于新中国的未来充满了信心。据孙东升《毛泽东在杭州登山赋诗——读新发表的毛泽东〈诗四首〉》（载 1993 年 12月30日《光明日报》）文中说：“1955 年夏秋之交，毛泽东来到杭州工作休养，当时他 62 岁，已是花甲老人了，医生根据他的年龄和身体状况，提出要他多安排一些游泳、爬山、跳舞等活动，以增加运动量，达到健身的目的……他还多次登临西湖附近名山，一览西湖美景，并留下数首即兴之作。”又根据林克的《忆毛泽东学英语》（载《毛泽东的读书生活》）一文中说，毛泽东在杭州休息时，游兴很高，时常被名胜古迹和南方山峦那秀丽优美的风景所吸引，常常流连忘返，诗意盎然。在这期间，他一连写了三首游记诗，按写作的顺序排列是《五律・看山》《七绝・莫干山》《七绝・五云山》。

五　律

看　山

一九五五年

三上北高峰，杭州一望空。
飞凤亭边树，桃花岭上风。
热来寻扇子，冷去对佳人。
一片飘飖下，欢迎有晚鹰。

写作背景

（见 189—191 页）

意境赏析

此诗最早发表在 1993 年第 6 期《党的文献》。

首联“三上北高峰，杭州一望空”，写诗人登临北高峰巅眺望杭州城全景，一个生机盎然的世界展现在眼前。这一联总写登眺的感受。诗人先以“三上北高峰”来抒写自己曾多次登临北高峰，为什么他对这个景点如此酷爱？这是因为，北高峰为环西湖之秀美峰峦，位于灵隐寺后，与南高峰遥遥相对。峰上林木葱茏苍翠，站在峰顶，极目四望，江湖云树，尽收眼底。同南高峰一起，被称为“双峰插云”，是西湖十景之一。然后以“杭州一望空”来抒写他这次登览时心情特别舒畅，视野特别开阔，将杭州众多名胜一览无余。杭州，位于浙江北部，钱塘江下游，有着悠久的历史和璀璨的文化，是中国“六大古都”之一，它古迹众多，风景优美，人文荟萃，古人曾经赞誉说：“上有天堂，下有苏杭。”毛泽东曾多次来到杭州。颔联、颈联四句，具体描述登眺所见之众多名胜。

“飞凤亭边树，桃花岭上风”描写的是“飞凤亭”和“桃花岭”两处名胜的景观。飞凤亭又名来凤亭，位于西湖北岸的宝石山，山上有座秀拔挺立的保俶塔，远观之像凤凰头上的冠毛。保俶塔旁边的岩石上建有一亭，借景得名为来凤亭。“飞凤亭边树”，描写的是飞凤亭边的树木森森，青翠葱茏，生机勃勃，令人神往。“桃花岭上风”的桃花岭，即栖霞岭，位于钱塘门外显明院之北。旧时岭上桃花灿烂，色如凝霞，故有“栖霞”之称。这句描写的是岭上凉风飒飒，沁人心脾，令人舒畅。

颈联“热来寻扇子，冷去对佳人”。扇子，双关语，一指扇起凉风的扇子，一指扇子岭。佳人，双关语，表面指美丽的女子，实指美人峰，位于北高峰西边。这两句诗用虚拟法比喻扇子与美人峰的形态，并化静为动。诗人设想美人在天气炎热时寻觅扇子扇风，天气冷了将扇子丢在一边，谁知扇子却化为美人峰，永远对着佳人。这样写不仅将静止的山写活了，而且令人感到情趣盎然。

尾联“一片飘飖下，欢迎有晚鹰”。晚鹰，指灵鹫峰，又名飞来峰。这里诗人以丰富的想象，描写灵鹫峰仿佛在空中飞翔着的老鹰突然随风飘下，与群峰相媲美。

《五律·看山》是一首纯粹写景的诗，它以丰富想象、灵活笔调，将无生命的杭州北高峰、飞凤亭、桃花岭、扇子岭、美人峰、灵鹫峰等名胜景观拟人化，描写得活灵活现、栩栩如生，表达出诗人对祖国山河的无限热爱和悠闲舒畅的快乐心情。

七　绝

莫　干　山

一九五五年

翻身复进七人房，回首峰峦入莽苍。
四十八盘才走过，风驰又已到钱塘。

写作背景

（见 189—191 页）

意境赏析

莫干山，诗的题目。开首并未描写登上山峰之所见，而是着力表现登莫干山返程途中回首远望的“峰峦莽苍”和所经过的“四十八盘”。莫干山，在浙江省德清县西北，距杭州约 90 里，是浙北有名的旅游避暑和休养胜地。相传于春秋时代，吴王阖闾曾派工匠干将和他的妻子莫邪在这里铸造了称“干将”“莫邪”的一对雌雄宝剑，莫邪以血殉剑。还有一种传说是干将莫邪为楚王造剑，由于“三年乃成”，延误了工期，干将自知必死，便自带雌剑“莫邪”献出，留下雄剑“干将”，触怒被杀，然后由干将莫邪的儿子带雄剑报杀父之仇。这两种传说都有血腥和壮烈的一幕，后人为了纪念他们，将此山取名莫干山。

开头两句“翻身复进七人房，回首峰峦入莽苍”，意谓诗人下山后回转身进了可乘七人的卧车，回首再眺望莫干群峰，莫干山的真面目竟然顿时隐入云雾之中，只余一片莽莽苍苍的景色，这里只写云遮雾罩的层层山峦，给人以无限遐想的空间。联想到莫干山峰峦罗列，拱揖于前，竹木交荫，清泉满山，飞瀑如练，云雾缭绕，变幻无穷，而眼下这空旷无际的青绿色被云雾笼罩，给人一种神秘之感，隐喻着临别莫干山时的恋恋不舍之情。

次句“四十八盘才走过，风驰又已到钱塘”。四十八盘，指莫干山盘山公路曲折，上下四十八盘，途中有剑池、芦花荡、花厅、怪石角等名胜，诗人在登山回程再次浏览这些景物时，转瞬之间，尽成过眼烟云，一阵风驰电掣，飞车已抵杭州城。钱塘，旧县名，这里指杭州市。这句应与唐代大诗人李白名句“两岸猿声啼不住，轻舟已过万重山”联系起来解读，前人评李诗为“走中有留”，毛泽东诗的构思中同样也蕴含着留恋不舍之意，更为充分地表现了此行快意。

《七绝·莫干山》对如何游山竟然一句未写，只写尽兴而返，余兴未减，回味无穷。

七　绝
五　云　山
一九五五年

五云山上五云飞，远接群峰近拂堤。
若问杭州何处好，此中听得野莺啼。

写作背景

（见 189—191 页）

意境赏析

五云山，诗的题目。这首诗是 1955 年全国农业化高潮中毛泽东视察各地在杭州小憩时所作，抒发了一种怡然舒畅的情怀。全诗描写五云山的景色，在景色里表明对杭州风景的钟爱和欢快的心情。

一、二句“五云山上五云飞，远接群峰近拂堤”，就五云山有五色云彩萦绕山顶的特点着笔，着力描写五云山的景致。五云山，在西湖之南，九溪西南，已近钱塘江畔，高 334 米，冈峦绝秀，林壑幽奇。山有五峰，两东峰名排石、大湾，南峰名高丽，西峰名云坞，北峰名马鞍；石级盘曲而上，人称“七十二弯”。相传因有五色彩云萦绕山顶、经时不散而得名。它远与西湖西南和南面诸峰（即北高峰、南高峰、美人峰、月桂峰、白鹤峰等）相接，近处则拂着钱塘江堤。这样就将五云山绚丽瑰奇的诗境，突出地显示出来。

三、四句先写缤纷灿烂五彩瑞云盘旋山上，描绘出五云山景物之色，构成黄莺鸣叫的自然背景。为什么末句要突出莺之啼呢？因为写杭州，西湖上的莺啼确为一大特点，西湖边就有“柳浪闻莺”的景点。早在唐穆宗长庆三年（823），诗人白居易任杭州刺史时写的《钱塘湖春行》诗中，就把“几处早莺争暖树，谁家新燕啄春泥”作为西湖的典型景物。杭州西湖美,诸山秀。而毛泽东认为杭州最佳妙之处,是在五云山中听黄莺啼鸣。正是这五彩云之景色和恰恰黄莺之鸣声,更令人情怡神爽。所以为了突出莺啼之佳妙,第三句以“若问杭州何处好?”领起第四句缀以作答之词:“此中听得野莺啼”,从而将杭州西湖的典型景物画龙点睛,使“五云山”和“杭州”两个典型景点互相映衬,相得益彰,使全诗意满气足,流转自如,熠熠生辉。

解读感悟

毛泽东一生爱山、写山,不仅写赞叹那些宏伟雄壮大山的豪放诗,同样也写那些灵动飘逸颇有神仙之气小山的婉约诗。为什么他对写山如此钟情?这是因为他的革命事业、政治生涯与山有着不可分割生死攸关的不解情缘。1927 年他创建的第一个农村革命根据地是井冈山,1934 年 10 月到 1935 年 10 月,中央红军长驱 25000 里所穿行的地区是崇山峻岭,1935 年至 1948 年党中央领导和指挥抗日战争及人民解放战争取得胜利的总指挥部陕北延安也是准山区,1948 年 3 月党中央中枢地带和解放军总指挥部从陕北迁移到河北省平山县西柏坡,同样是山区。在那里,毛泽东主持召开了具有重大历史意义的七届二中全会,指挥了辽沈、平津、淮海三大战役,毫不夸张地说,没有山区,在强敌面前,刚刚创立的中国工农红军就无处站立脚跟,没有山区,中国革命力量就没有从无到有、从小到大的发展壮大,没有山区,就没有中国革命的胜利。

在毛泽东诗词中写山的很多,就审美境界而言,归结起来不外乎两大类,一类是豪放,一类是婉约。所谓豪放,就是阳刚之气;所谓婉约,就是阴柔之美。豪放、婉约相统一是中国诗词里理想的审美境界。毛泽东于 1957 年给李讷等的信中谈了阴柔阳刚亦即豪放婉约的审美见解:“词有婉约豪放两派,各有兴会,应当兼读。读婉约派久了,厌倦了,要改读豪放派。豪放派读久了,又厌倦了,应当改读婉约派。我的兴趣偏于豪放,不废婉约。……词的婉约豪放两派,在一个人读起来,有时喜欢前者,有时喜欢后者。”中国诗学的重要原则是诗言志，诗缘情。毛泽东诗词的审美个性常常体现在诗人的情感倾向上。在革命战争年代，戎马生涯、危在旦夕，生死决于俯仰之间，形势危急，百转千回，毛泽东诗词作为那个时代风雷激荡的中国革命历程的艺术记录和载体，自然是他那波澜壮阔的革命生涯、人生经验的写照，凝聚着他当时的精神、情感、理想和愿望。虽然都是写山，但革命战争时期的写山，其主流多是阳刚之气、豪放风格。诸如："看万山红遍，层林尽染"；“烟雨莽苍苍，龟蛇锁大江”；“山下旌旗在望，山头鼓角相闻”；“今日向何方，直指武夷山下……”；“雾满龙冈千嶂暗，齐声唤，前头捉了张辉瓒”；“白云山头云欲立，白云山下呼声急”；“七百里驱十五日，赣水苍茫闽山碧”；“雨后复斜阳，关山阵阵苍”；“会昌城外高峰，颠连直接东溟”；“雄关漫道真如铁，而今迈步从头越”；“苍山如海，残阳如血”；“山，快马加鞭未下鞍。惊回首，离天三尺天”；“山，倒海翻江卷巨澜。奔腾急，万马战犹酣”；“山，刺破青天锷未残。天欲堕，赖以拄其间”；“五岭逶迤腾细浪，乌蒙磅礴走泥丸。……更喜岷山千里雪，三军过后尽开颜”；“横空出世，莽昆仑，阅尽人间春色”；“六盘山上高峰，红旗漫卷西风”；“山舞银蛇，原驰蜡象，欲与天公试比高。……”；“江山如此多娇，引无数英雄竞折腰”；“钟山风雨起苍黄，百万雄师过大江”。毛泽东的这些诗词，正如毛泽东在后来所说，这些都是在马背上哼成的，在战斗中创作的。因此它们体现了无比坚定的革命信念和高度的革命乐观主义精神。健笔豪情，鼓舞斗志，成为时代的号角，堪称豪放之气阳刚之美的典型诗句。

激烈而紧张的战争年代，毛泽东是没有心情去写那些闲适从容具有阴柔之美的婉约风格的诗词的。这样的诗词只有到了中国革命成功，成立了中华人民共和国，全国进入和平建设时期，才得以有宽余、有闲情逸致写具有婉约之美的诗词，1955 年写的《五律·看山》《七绝·莫干山》《七绝·五云山》等记游诸诗，都是记述在称颂为“上有天堂，下有苏杭”的杭州游览名胜景观时写下的。这些都是纯粹写景的诗，甚至将无生命的景物拟人化。由于想象丰富,笔调灵活,使人随着诗人也油然而生大畅心神的愉悦之感。《莫干山》中将"卧车"称之为"七人房"更为风趣别致、引人兴趣,表现出作者幽默诙谐的个性。

《莫干山》诗,毛泽东只字未提莫干山的由来,这是因为莫干山传说的典故充满了刀光剑影的血腥与悲壮色彩,不符合毛泽东当时的心情,所以他对莫干山的由来毫不提及,只是把坐在车子里看到的景象记录了下来:"翻身复进七人房,峰峦回首入苍茫。四十八盘才走过,风驰又已到钱塘。"从诗里看出,开头已是游罢莫干山了,回转身进了卧车。回首再遥看莫干山群峰,风景绝佳的峰峦顿时已隐入云雾之中,只余下一片莽莽苍苍的景象。刚走过"四十八盘"的蜿蜒山道,其中妙景,转瞬之间,尽成过眼烟云,一阵风驰电掣,飞快的汽车已抵达杭州。这同李白名诗"朝辞白帝彩云间,千里江陵一日还。两岸猿声啼不住,轻舟已过万重山"有异曲同工之妙。

作于同一时期的《看山》《五云山》等游记诸诗,同毛泽东在革命战争时期写的山相比,显得更加绚丽、瑰奇、俊秀,婉约之美跃然纸上,均可体现出作者当时无比欢畅的情怀。

水调歌头

游　泳

一九五六年六月

才饮长沙水，又食武昌鱼。万里长江横渡，极目楚天舒。不管风吹浪打，胜似闲庭信步，今日得宽余。子在川上曰：逝者如斯夫！

风樯动，龟蛇静，起宏图。一桥飞架南北，天堑变通途。更立西江石壁，截断巫山云雨，高峡出平湖。神女应无恙，当惊世界殊。

写作背景

1956 年这一年，基本完成对生产资料私有制的社会主义改造，建立起社会主义基本制度进入社会主义社会，并开始探索中国自己的建设社会主义道路。社会主义工业化也取得巨大进展，有计划的经济建设取得显著成就，提前完成了第一个五年计划所规定的一些主要指标。不仅如此，我国的工业技术水平也有很大提高，建立了一系列新的工业部门，已经能够把自己制造的许多设备、材料用以发展工业，装备农业和交通运输，加强国防工业。仅用几年的时间，毛泽东所说中国不能制造的汽车、拖拉机、飞机、坦克，到“一五”建设后期，中国人都能自己制造了。1956 年，工业总产值（包括手工业）在工农业总产值中占 51.3%，其中现代工业比重的增长，为社会主义经济制度的建立奠定了重要基础。

伴随着以生产资料公有制占绝对优势的新的经济基础的建立，社会主义经济体制、政治体制、教育科学文化体制基本形成，经济建设和国家工作的各个方面都适应和服务于社会主义经济制度的建立而得到发展和改善。

但从总体看来，中国的生产力发展水平还很落后，社会主义的政治、经济和文化应该怎样建设和发展，这是党所面临的全新课题。全党上下精神振奋，急切地想做出一番新的伟大事业。

1956 年 4 月毛泽东《论十大关系》的讲话，是中国共产党比较系统地探索建设社会主义道路的开始。“十大关系”涉及生产力和生产关系、经济基础和上层建筑各方面，但又不是平行并列的。它侧重于讨论经济问题，从经济工作各方面来调动各种积极因素。这反映出在新的形势下，党在分析我国社会矛盾全局的时候，已经把探索解决经济建设中的矛盾摆在首要的中心的地位。

不久，毛泽东便启程南行，先到广州视察，并在广州提出要游长江。在排除了出于安全考虑而反对他游泳长江的阻力后，到长沙只做短暂停留，其间还于 5 月 30 日上午畅游了湘江。5 月 31 日清晨 6 点，毛泽东乘坐飞机从长沙出发，7 点 20 分飞抵武汉。此时，武汉长江大桥作为第一个五年计划的重点工程正在日夜施工，西江的三峡拦江大坝工程蓝图也正在积极筹划之中。毛泽东这段时间心情舒畅，颇有闲情逸致。曾在武汉江面游泳过三次。

第一次畅游长江，是在 6 月 1 日下午 2 点，毛泽东从武昌蛇山北边下水，一直游到汉口的丹水池附近上岸，全程约 13 公里，历时 2 小时零 4 分。

第二次畅游长江，是在 6 月 3 日下午，这次从汉口江边下水，穿过未竣工的长江大桥第一、二号墩，穿过长江与汉水的汇流处，游到武昌八大家附近，游程 14 公里，在大家的劝说下，才在徐家棚上岸。

第三次畅游长江，是在 6 月 4 日下午，这次从汉阳游到武昌，游程 10 余公里，两岸有几万群众观看，欢声不绝。毛泽东还在水中和船上，向群众频频招手致意。

这首词是在第二次畅游长江后写的。游完长江，毛泽东在轮船上吃饭，厨师杨纯清给他做了四菜一汤，其中有一盘清蒸武昌鱼。他喝了一小杯茅台酒，吃了一小碗米饭，吃光了一盘武昌鱼。回到武昌东湖驻地，毛泽东兴致勃勃地找到杨纯清师傅，聊武昌鱼的典故、诗词，最后拿出一张条幅，说："杨师傅，我刚刚写了一首新诗给你，要不要？不吃你做的武昌鱼，我是写不出诗来的。"——这张纸上写的就是《水调歌头·游泳》。

这首词原手稿题名《长江》，1957 年 1 月交于诗刊发表时改题作《游泳》。

意境赏析

《水调歌头》又名《元会曲》《凯歌》《江南好》等，隋炀帝开凿运河时曾作《水调歌》。曲成奏之，声韵悲切。唐大曲有《水调歌》，北大曲有歌头（即曲子的开头部分），词牌因此得名。双调，上阕九句，下阕十句，共 95 字。

这首词是咏长江游泳的一首出色好词，很能代表毛泽东所能够达到的艺术水准，可谓是一座难以逾越的高峰。题名游泳而不限于游泳，感物吟志，见景抒情，通过游泳的感受和联想，通过描写武汉长江大桥与三峡水利工程建设，热情地展望和歌颂社会主义建设的宏伟前景。

上阕写游泳的感受。"才饮长沙水，又食武昌鱼"，这两句化用《三国志·吴书·陆凯传》语：吴主孙皓把都城从建业（今南京）迁到武昌，老百姓不愿意，陆凯上疏引童谣曰："宁饮建业水，不食武昌鱼。"武昌鱼，指湖北鄂州樊口所产"团头鳊"鱼，以鲜美著称，长沙水指的是在长沙城东，有一个有名的"白沙井"，其水甜美。毛泽东词句是化用童谣点窜而成，意谓才离开长沙，又来到武昌，点明行踪。两处名地，两个名产，长沙水甜，武昌鱼鲜，以亲历的感受，风趣而轻松地点出祖国江山之秀美，风物光华之可爱，个人心情之舒畅。以"才""又"两字在时间上的前后紧接，既表明行动的迅速，又表达了内心的欢快和要横渡长江的急切心情。

"万里长江横渡，极目楚天舒。"何言"万里长江"？因为长江全长 5800 公里。何言"横渡"？因为武汉的江面宽约 2 公里，斜游过去距离更长。“万里长江横渡”，描绘出作为 64 岁老人的毛泽东，以强健的体魄和敢于搏风斗浪的气魄，面对江面浩阔、水急浪高、惊涛不已的万里长江，以雄姿伟势挥臂击水，表现了对自然界强大挑战等闲视之的潇洒。“极目楚天舒”的“极目”，即纵目放眼远望。“楚天”，即楚国的天空，武昌在春秋战国时属楚，故称。“舒”是舒展宽阔。全句是说毛泽东在仰游和侧游的过程中，自然而然地遥望天空，就有了在“万里长江横渡”时“极目楚天舒”的感受。这时才情横溢的毛泽东，仿佛找到了最理想的艺术心灵的载体，把自己融化在烟波浩渺的大江和茫无边际的楚天境界之中，气连广宇，心胸畅开。

“不管风吹浪打，胜似闲庭信步，今日得宽余。”“不管风吹浪打”的风浪是一种什么样的景象呢？据 1957 年第 10 期《中国青年》记载：“五月，在宽约两公里的武汉长江的江面上，经常吹过三级到五级的风，江水以每秒 1.3 公尺到 1.9 公尺的速度日夜不停地向东流去。”又记载：“游泳的那一天，江上的风浪相当大。主席以 60 多岁的高龄，花了两个多小时终完成了横渡。”可见，毛泽东畅游大江时风浪大，险阻多，自然不会轻松自如。但“不管”二字表现了任凭风浪惊骇也要顶风破浪而勇往直前游泳的大无畏精神，自我感觉比在闲静的庭院随意漫步还要来得轻松、悠闲、舒心。“今日得宽余”写出了毛泽东在日理万机的繁忙工作中偷得浮生一刻闲的喜悦之情。这几句将伟大领袖那种从容不迫的风度和藐视困难的精神跃然纸上。

“子在川上曰：逝者如斯夫”，这是《论语·子罕》中的原句。意谓孔子在河边上，见流水从不停歇，故感叹人生的消逝也像这条河里的流水一样。毛泽东在这里以巧妙引用孔子的话来喻示一切事物都在不断发展变化，已往的现实已成了今天的历史，同样今天的现实正是走向未来的历史，告诫人们要抓住今天的时机，奋发有为、克难制胜，焕发出建设社会主义的巨大热情，创造史无前例的辉煌业绩。

下阕写心中建设社会主义的宏伟蓝图。

“风樯动，龟蛇静，起宏图”，这几句承接上阕，极其自然地点明了畅游长江的具体地点及其江上风光：桅杆上扬帆，无数帆船在江面上迎风行驶，龟蛇两山静静伫立在隔江两岸，观景而骋其怀，一幅长江建设规划的宏伟蓝图在脑海里浮现。那么，浮现在毛泽东脑海里的远大规划是一幅什么样的宏图呢？

“一桥飞架南北，天堑变通途。更立西江石壁，截断巫山云雨，高峡出平湖”，这就是此时此刻，毛泽东展现给全国人民长江建设规划的宏大壮美理想。“一桥飞架南北，天堑变通途”是指中国历史上第一座跨越长江的武汉长江大桥，极其迅速地凌空架起，连通了长江南北两岸，从此，天然沟壕形成的令人难以逾越的长江天险，变成畅通无阻的大道。这里一个“飞”字，出神入化地描绘出了大桥腾空而起的雄伟壮景和建设的速度之快，原计划用三年零四个月建成的大桥，这时确定提前一年，在 1957 年通车。“变”字突现了自古阻隔交通的“天堑”转眼成为平坦畅通大道的神奇。“更立西江石壁，截断巫山云雨，高峡出平湖”表明更宏伟的长江建设规划蓝图，是要在长江四川部分的江流（古称西江）之上，建成长江上游的三峡拦水大坝，截断三峡峡区因受地形影响形成的特有湿气雨水，在高耸的三峡（巫峡、瞿塘峡、西陵峡）建成平静的大湖。其中“立”字写出了一座蓄水发电的巨型水坝突兀耸起的显目，“截”字写出了拦水大坝腰斩三峡急流的凌厉，“出”字写出了平湖建在崖壁陡峭的“高峡”之上的不凡。总之，上述词句，把武汉长江大桥、长江上游的拦江大坝、长江三峡大水库三大奇景胜境，逐层挨次地展示出来，使人对社会主义建设的壮丽前景，耳目一新。

“神女应无恙，当惊世界殊”这结束全词的两句词，既是古代神话的点化，也是神女峰的拟人化。神女，指巫山神女，相传为西王母之女，名瑶姬，称云华夫人，曾帮助大禹治水，驱逐鬼神、斩石疏波、为民造福，死后葬于巫山南面，为巫山神女，在巫山十二峰中，其中看得最真切的一峰纤丽奇峭，其形态如亭亭玉立的神女，故有神女峰之称。正是这个在毛泽东想象中还活着的神女，为眼前长江大变样的景象而惊讶，慨叹当今世界与已往大大不同，她惊讶“一桥飞架南北，天堑变通途”；她惊讶“更立西江石壁，截断巫山云雨，高峡出平湖”；她惊讶大禹用疏导方法治水，让水白白流去，而现代用大坝拦蓄发电，为人民造福，带来巨大经济效益。

通观此词，风格豪放潇洒，气势雄浑奔放，意境开阔深远，想象瑰丽奇特，情调浪漫美妙，语言精彩生动，堪称革命现实主义与革命浪漫主义完美结合的代表作，是新中国成立后毛泽东诗词中少有的佳品。

解读感悟

“不管风吹浪打，胜似闲庭信步”这句名言，不仅适用于面对和战胜各种自然风浪，而且适用于面对和战胜各种复杂的社会政治风浪。这些方面毛泽东堪称典范，光彩照人，为人们树立起一座光辉的历史丰碑。

在战胜自然风浪中，青年时代的毛泽东多次畅游湘江，豪迈地宣告：“到中流击水，浪遏飞舟”，他立志以人力游泳击起的浪花去阻遏飞速的行船，这是何等气魄！

1956 年 6 月，64 岁的毛泽东面对江面浩阔、水急浪高、惊涛不已的万里长江，又以雄姿伟势， 于 6 月 1 日、3 日、4 日三天，三次“万里长江横渡，极目楚天舒，不管风吹浪打，胜似闲庭信步”，表现出了一个花甲之年的老人，对自然界大风大浪严峻挑战等闲视之的从容与潇洒。

“不管风吹浪打，胜似闲庭信步”，这种气魄、这种胸襟、这种心境，也充分体现在他当年身处逆境的艰难时代所写的诗词中。

比如说《如梦令·元旦》：“宁化、清流、归化，路隘林深苔滑。今日向何方，直指武夷山下，山下山下，风展红旗如画。”这是 1929 年冬，“古田会议”刚刚结束，国民党便集中闽、粤、赣三省 16 个团的兵力来进剿红军，为安全计，朱、毛分兵转移。毛泽东所率部队多不过数千，而且弹少粮缺，生死未卜，但毛泽东仍以革命乐观主义精神，置个人生死于度外，以诗人的胸怀，以审美的情趣，去看半山腰里红军队伍逶迤行军，只觉红旗招展，风光如画，在强敌进剿中这又是何等的从容潇洒，何等精神境界。

还有1933年的《菩萨蛮・大柏地》：“赤橙黄绿青蓝紫，谁持彩练当空舞？雨后复斜阳，关山阵阵苍。当年鏖战急，弹洞前村壁。装点此关山，今朝更好看。”请注意，当年那密集的子弹打的就是毛泽东，但毛泽东居然对此毫不介意，竟能带着欣赏的眼光来赞叹这弹洞斑驳的墙壁点缀了山村的美丽：“装点此关山，今朝更好看。”面对当年的危险处境，毛泽东又是何等的从容潇洒。

再举一首《清平乐·会昌》，1934年夏第五次反“围剿”告急，转移前夕，毛泽东已被排斥在红军领导核心之外，可以说是政治生涯的低谷，甚至还有生命的危险，这要放在一般人身上，早都会心情沉郁，满腹牢骚，甚至一蹶不振。然而毛泽东却面对逆境豪迈地吟唱：“东方欲晓，莫道君行早，踏遍青山人未老，风景这边独好。会昌城外高峰，颠连直接东溟。战士指看南粤，更加郁郁葱葱。”这种格调又是多么明朗，情绪又是多么阳光，风度又是多么从容潇洒，对革命前途又是多么乐观自信！

其实，作为一代伟人的毛泽东不光是与自然风浪斗争的勇士，是与社会政治风浪斗争的领袖，是充满豪放气魄的诗坛北斗，更是一位具有超凡魅力的世界伟人，他治大国如烹小鲜，谈笑间引导世界风云。这里举两个例子，20世纪五六十年代，他曾在游泳池边上穿着泳裤接见赫鲁晓夫。到了70年代，毛泽东就更是深居简出，常常让大国政要，如美国尼克松总统、日本田中首相上书房觐见。到1975年10月，前德国总理斯密特访华受到毛泽东接见，十分兴奋和自豪，因为当时西方大国政要往往攀比的是访华是否受到毛泽东接见，会谈时间多长……而且法国总统戴高乐以未能实现访华见毛泽东的夙愿而成为终生遗憾。这些例证所体现的是毛泽东在世界政治风云中，在东西方大国政要面前的“不管风吹浪打，胜似闲庭信步”的风范和魅力。

无论是在自然界的风浪中，还是在社会政治风浪中，做到“不管风吹浪打，胜似闲庭信步”，谈何容易！这不是随便什么人都能做到的。只有那些对自己的事业具有坚定信念的人，只有那些在复杂社会政治斗争中久经锻炼具有超凡革命胆略的人，只有那些具有富贵不能淫、贫贱不能移、威武不能屈的浩然之气的人，只有那些具有机动灵活战略战术的人，才能做到。

蝶 恋 花

答李淑一

一九五七年五月十一日

我失骄杨君失柳，杨柳轻飏直上重霄九。
问讯吴刚何所有，吴刚捧出桂花酒。
寂寞嫦娥舒广袖，万里长空且为忠魂舞。
忽报人间曾伏虎，泪飞顿作倾盆雨。

毛泽东为什么要写这首悼妻词？题目何以称之为《答李淑一》？词作蕴含着怎样的寓意和意境？吴刚捧出的桂花酒深藏着什么样的寓意？下边就这些问题谈谈我的解读。

何以称为《答李淑一》

李淑一，湖南长沙人，1901 年生，20 世纪 20 年代初与毛泽东夫人杨开慧同为长沙福湘女子中学学生，交谊深笃。1924 年，经杨开慧介绍，与毛泽东早年革命时期的战友柳直荀结婚。柳直荀 1923 年加入中国共产党，曾任中共湖南省委委员，省农民协会秘书长，1927 年 8 月参加南昌起义，后在上海、天津、湖北等地从事地下工作。1928 年任中共湘西特委委员。1930 年到湖北革命根据地工作，历任红军第二军团政治部主任，后任红六军政委等职。1931 年 6 月任中共鄂西分特委书记。1932 年 9 月在洪湖革命根据地被王明“左”倾机会主义路线的执行者在“肃反”中误杀牺牲。李淑一听到传闻后，悲痛不已，一直过着孤独悲苦的生活。新中国成立后，在长沙第十中学担任语文教师。

1950 年 1 月 17 日，李淑一给毛泽东写信，告知杨开慧牺牲情景及自己多年来在国统区生活的苦痛。4 月 18 日毛泽东复信：“来信收到，直荀牺牲，抚孤成立，艰苦备尝，极为佩慰。”

1957年1月，《诗刊》创刊号正式发表了毛泽东的18首诗词，李淑一看后回想起毛泽东早年与杨开慧恋爱时有《虞美人·枕上》一首诗赠杨开慧，自己也曾听杨开慧说过，可惜因年代久远只记得开头两句，其余皆回忆不起。便于2月7日写信给毛泽东索要此词，并抄寄了1933年夏，听道路传闻说柳直荀牺牲后和泪怀念填写的《菩萨蛮·惊梦》：

兰闺索寞翻身早，夜来触动离愁了。
底事太难堪，惊侬晓梦残。
征人何处觅？六载无消息。
醒忆别伊时，满衫清泪滋。

毛泽东读了李淑一的书信和词后，很受感动，5月11日回信：“淑一同志，惠书收到。过于谦让了。我们是一辈的人，不是前辈后辈关系，你所取的态度不当，要改。大作读毕，感慨系之。开慧所述那一首不好，不要写了罢。有《游仙》一首为赠。这种游仙，作者自己不在内，别于古之游仙诗。但词里有之，如咏七夕之类。……暑假或寒假如有可能，请到板仓代我看一看开慧的墓。此外，你如去看柳直荀的墓的时候，请为我代致悼意。……”毛泽东所说的《游仙》，就是后来收入《毛主席诗词十九首》时更名为《答李淑一》的这首《蝶恋花》。

在这首词里，毛泽东将革命现实主义和革命浪漫主义创作方法相结合，将对爱侣杨开慧和挚友柳直荀深切缅怀的情感抒发与对民族解放事业英勇捐躯的英烈的热情赞颂相结合，将丰富的想象与浩茫的天空相结合，将凡人与神仙、地下与天上、现实与虚幻相结合，描绘出一个真情流淌而又想象神奇、崇高壮美、可歌可泣的感人情境。以“杨柳轻飏直上重霄九……”的浪漫想象，深切而又巧妙地回答了李淑一“征人何处觅，六载无消息”的痛苦询问。

词作的寓意和意境

毛泽东的夫人杨开慧和李淑一的丈夫柳直荀都在革命斗争中英勇牺

牲，献出了自己年轻的生命，毛泽东在上阕通过异乎寻常的奇绝想象，用感天动地的杨柳二人的姓氏比喻杨花和柳絮，进而想象杨柳二人的忠魂像杨花和柳絮那样轻盈飘扬，飘到圣洁清静的月宫，月神吴刚得知二位烈士到来，怀着无比崇敬的深情，捧出桂花酿制的醇香美酒，热情招待英烈。

下阕更加浪漫动人："寂寞嫦娥舒广袖，万里长空且为忠魂舞。忽报人间曾伏虎，泪飞顿作倾盆雨。"嫦娥是幽居在月亮里的仙女，据《淮南子·览冥训》中说，嫦娥是后羿的妻子，因为偷吃了后羿从王母那里求到的长生不死药而飞入月宫。唐代诗人李商隐有一首七绝《嫦娥》，其中有"嫦娥应悔偷灵药，碧海青天夜夜心"之句，喻示了嫦娥寂寞的原因。毛泽东借用前人的想象，通过更加丰富的想象和瑰丽的叙述，说长期寂寞的嫦娥在二位烈士的忠魂飘来时，飞出月宫，在万里长空中，挥动巨大的长袖翩翩起舞，表示对英烈革命献身精神的高度赞扬和无限敬仰之情。就在英烈受到月神吴刚和仙女嫦娥的热烈欢迎和盛情招待时，忽然得到人间响彻云霄的特大喜讯：那横行人间、残害百姓的蒋介石反动政权被打倒降伏，中国人民解放事业终于取得伟大胜利，自己毕生为之奋斗和献身的崇高理想得以实现，英烈忠魂闻之激动至极，那长久期盼、积蓄弥深的感情瞬间迸发，激动的泪花满天飞洒，顿时化作倾盆大雨。

首句"我失骄杨君失柳"点出全词主题：女子革命而丧其元，焉得不骄，悼念爱妻杨开慧和战友柳直荀，这是通篇抒情咏意的基础和发端。"失"字饱含深情，道出了对爱侣和挚友牺牲的无比痛惜和至深怀念。"骄"字既是对英烈坚强无畏精神的高度礼赞，又凝注着作者多年来对爱侣的崇敬和自豪的无比深情。全词由此展开了丰富的想象，描述了英烈飘游到仙境，在月宫受到神仙热情欢迎招待的盛况。

1962 年，章士钊曾问毛泽东"骄杨"二字何解。毛泽东答："女子革命而丧其元（注：元即头），焉得不骄。"1923 年，毛泽东曾在《贺新郎·别友》中勉励杨开慧"要似昆仑崩绝壁，又恰像台风扫寰宇。重比翼，和云翥"。杨开慧一生的革命实践证明，她没有辜负丈夫的嘱托，忠实地履行了自己的革命诺言。她的一生是光荣的一生，伟大的一生，是为革命事业无私奉献的一生。

杨开慧 1921 年加入中国共产党，是加入我党最早的共产党员之一。入党后，先是在中共湘区委员会负责机要兼交通联络工作。1923 年至 1927 年随毛泽东在上海、韶山、广州、长沙、武汉等地从事革命活动，创办农民讲习所。1927 年大革命失败后，毛泽东领导秋收起义上井冈山，她留居长沙板仓一带继续坚持地下斗争，把周围农民都组织起来。1930 年 8 月，湖南省清乡司令何键悬赏大洋 1000 元，缉拿“毛泽东的妻子杨氏”，地下党组织劝说杨开慧赶快离开，去找“毛委员”，杨开慧说“润之没有让我走，我不能离开自己的岗位”，仍然坚持秘密革命活动。10 月，因叛徒出卖，不幸被国民党当局逮捕。同时逮捕入狱的还有八岁的毛岸英和保姆陈玉英。在狱中，杨开慧备受折磨，遍体伤痕，面对敌人的威逼利诱，始终以一个共产党员的气节，英勇不屈，坚持斗争。国民党反动派承诺：只要她声明与毛泽东脱离夫妻关系，就马上可以得到自由，同样遭到杨开慧义正词严的拒绝。她还对前去探望她的亲人说：“我死不足惜，但愿润之革命早日成功！”并嘱托说：“我死后，不做俗人之举。”

11 月 4 日，法官在长沙济阳门外宣布杨开慧死刑的时候，问她是选择枪毙还是砍头，她选择枪毙，她不想让头颅被挂在公众场合示众。但刽子手并没有让她一枪立即死亡，而是对她连射数枪，让她倒在地上痛苦挣扎，备受疼痛折磨。后来处理遗体的人发现，她手指甲里全是泥土。就这样，杨开慧这位杰出的共产党员、英雄的母亲、忠贞的妻子，在长沙浏阳门外的识字岭英勇就义，年仅 29 岁。

杨开慧牺牲后，兄长杨开智委托族兄杨秀生出面，连夜运回遗体；灵柩安葬在青松环绕的棉花山上。毛泽东从报纸上闻听噩耗后，流泪不止，致信杨开慧的亲属：“开慧之死，百身莫赎。”并捎去了 30 块大洋为妻子修墓立碑，上刻“毛母杨开慧之墓，男岸英、岸青、岸龙刻，民国十九年冬立”。

此后,毛泽东经常委托友人、子女为杨开慧扫墓。杨开慧母亲向振熙去世后,毛泽东写信志哀,说“我们两家同是一家,是一家,不分彼此”,并嘱咐可以与其“亲爱的夫人同穴”。可见毛泽东对杨开慧爱之深远,情之真切。

纵观杨开慧短暂的一生,她对丈夫毛泽东无比忠贞,对革命事业无限忠诚,在敌人的威逼利诱面前铮铮铁骨,在英勇就义面前坚强从容、视死如归。所有这一切,焉得不骄,焉能不令人肃然起敬,她永远活在人们的心里。

天尽处,何处得香丘,毛泽东想象的重霄九的月宫仙境,就是英烈最美的归宿。

桂花酒深藏寓意

革命的英烈羽化成仙,成为寻访月宫的客人:“问讯吴刚何所有,吴刚捧出桂花酒。”为什么月神吴刚捧献出桂花酒而不是别的酒?就我从有关资料来推测,领悟到有其深藏的寓意。

首先,它蕴含着烈士的精神永生不灭、浩气长存及对英烈的无限崇敬。唐代段成式《酉阳杂俎》前集卷一《天咫》记载:西汉西河人吴刚,因为学仙犯了错误,被贬到月亮上去砍伐桂树。这棵桂树高五百丈,在吴刚砍树时,随砍即合,长生不死。这难道不是在喻示革命英烈的精神将永世长存吗!桂花酒系由吴刚斫桂之说想象而出,而桂花酒是传说中仙人喝的酒,用桂花酿制,醇美而名贵,屈原在《楚辞·九歌》中赞美:“奠桂酒兮椒浆。”月宫的神仙用桂花酒招待英烈忠魂,足见其对英烈的无限敬仰。

“吴刚捧出桂花酒”,不仅是对初恋夫人杨开慧的悼念,而且也深藏着对第二位夫人贺子珍的怀念。贺子珍是桂花飘香季节出生的,小名就叫桂花。1961 年 9 月 1 日,毛岸青、邵华索求毛泽东书写《蝶恋花·答李淑一》以怀念生母,毛泽东神色凝重,慢慢写出“我失杨花”四个字,当即岸青、邵华以为有误,忍不住问:爸爸,不是“骄杨”吗?毛泽东停住笔,这时岸青、邵华赶紧递过一张白宣纸，但毛泽东并没接，而是缓缓地说道："称杨花也很贴切。"岸青、邵华把这理解为："骄杨"表达了父亲对杨开慧的赞美，而"杨花"则表达了对杨开慧的亲切之情。他们哪里会知道，在毛泽东的心目中，杨花是指骄杨（杨开慧）和桂花（贺子珍）两个人。

就我的理解和领悟，这首词既是悼念杨开慧，又是怀念贺子珍。一个是他的初恋、相濡以沫患难与共的革命战友，一个是陪伴他共同走过10年最艰苦岁月中生死与共的人生伴侣，这首千古绝唱无疑是写给他一生中最重要的两个女人的。

贺子珍当年是江西省井冈山下永新城里的第一美人，在毛泽东上井冈山之前，就跟随哥哥贺敏学上了井冈山。贺子珍有文化，是当地的才女，而且性格刚强，有为革命宁可牺牲自己的精神。有一次，毛泽东和朱德正在开会，贺子珍也参加了，这时，敌人来了，贺子珍二话不说，自己出门骑上一匹没有马鞍的马，手上拿着两支枪，东西各放一枪，把敌人引开了。她转了一圈把敌人甩掉后，自己平安回来了。贺子珍这股子英雄气概也深深地吸引着毛泽东，慢慢地，他们相爱了。1928年龙口大捷之后，18岁的贺子珍同毛泽东结婚，此后经历在井冈山革命根据地患难与共，生死相依，在五次反"围剿"中转战疆场，在长征路上的崇山峻岭雾嶂恶水中，冒着敌人枪林弹雨英勇跋涉，身上留下17块弹片，矢志不渝，最终跟随毛泽东到了延安。从1928年到1937年，可以说陪伴毛泽东走过了人生最困难、最艰险的10年。以后贺子珍由于在生活方式上与毛泽东不协调、不适应，经常发生口角之争，便于1937年底赌气出走西安，毛泽东多次派人去劝解让她回延安，她都执意不肯，表示同毛泽东"永诀"。从此她取道兰州，途经新疆，最后到达苏联。

当年轮又过了十圈，贺子珍满身伤痕地回到祖国怀抱的时候，毛泽东也是无限感慨。先是年初他同意王稼祥夫妇和罗荣桓夫妇帮助将贺子珍从苏联的精神病院接回国，接着在5月30日致信时任中共中央妇委书记、东北局妇委书记的蔡畅，请她照顾好即将从苏联回国的贺子珍。8

月，贺子珍携带女儿娇娇（李敏）和岸青兄妹抵达哈尔滨，先在东北财政部任机关党支部书记工作，后调至哈尔滨总工会干部处做工运工作。第二年她随机关迁至沈阳，并与妹妹贺怡会面。

在贺怡的帮助下，贺子珍和女儿娇娇分别用俄文给毛泽东写了一封信。贺子珍写给毛泽东的信，除谈到她在苏联和回国后的一些情况后说："现在我要好好工作。现在我学做工会工作。我很感谢您对我妹妹和母亲的照顾，代我尽了姐姐和女儿的责任，我将终生铭记在心。"

此后，毛泽东还给贺子珍写过很多信，都是通过他们的女儿娇娇转交的，抬头写的都是"桂妹"。

从 1928 年到 1937 年，尽管毛泽东和贺子珍的婚姻仅仅只保持了整整十年，随着贺子珍出走苏联而结束，但他们的生死相依患难与共的爱情，并没有随着岁月的流逝而改变，有伤也有泪，有痛也有恨，一切都成了永恒的牵挂与缅怀。

七律二首

送 瘟 神

一九五八年七月一日

读六月三十日《人民日报》,余江县消灭了血吸虫。浮想联翩,夜不能寐。微风拂煦,旭日临窗。遥望南天,欣然命笔。

其一

绿水青山枉自多,华佗无奈小虫何!
千村薜荔人遗矢,万户萧疏鬼唱歌。
坐地日行八万里,巡天遥看一千河。
牛郎欲问瘟神事,一样悲欢逐逝波。

其二

春风杨柳万千条,六亿神州尽舜尧。
红雨随心翻作浪,青山着意化为桥。
天连五岭银锄落,地动山河铁臂摇。
借问瘟君欲何往,纸船明烛照天烧。

写作背景

关于写作背景,毛泽东在前面的序言和后记里已经说得很明白了,在序言里写道:“读六月三十日《人民日报》,余江县消灭了血吸虫。浮想联翩,夜不能寐。微风拂煦,旭日临窗。遥望南天,欣然命笔。”在后记里写道:“6 月 30 日《人民日报》发表文章说:余江县基本消灭了血吸虫,十二省市灭疫大有希望。我写了两首宣传诗,略等于近来的招贴画,聊为一臂之助。就血吸虫所毁灭我们的生命而言,远强于过去打过我们的任何一个或几个帝国主义。八国联军、抗日战争,就毁人一点来说,都不及血吸虫。除开历史上死掉的人以外,现在尚有一千万人患疫,一万万人受疫的威胁。是可忍,孰不可忍?然而,今之华佗在前几年大多数信心不足,近一二年干劲渐高,因而有了希望。主要是党抓起来了,群众大规模发动起来了。党组织、科学家、人民群众,三者结合起来,瘟神就只好走路了。”

下边,就以毛泽东的序言和后记为导引,展开说明《七律二首·送瘟神》的写作背景。

余江县,位于江西省东北部。1950 年以前,白塔河旷久失修,河两岸沟塘密布,坑潭遍地,污水盈野,极利于血吸虫尾蚴滋生的钉螺大量繁殖,故这一带血吸虫病严重流行,造成很多人死亡。《第一面红旗》一文记载了余江县蓝田坂方圆25公里的病灾情况:过去因血吸虫为害,在近 50 年内,有3000 多人因患血吸虫病死亡,20 多个村庄完全毁灭,有1.4 万多亩田地变成荒野。另据记载,1950 年以前的百余年中,白塔河畔有 40 余个村庄毁灭,2 万亩良田变成“草木比人高,野兽到处窜”的荒野。许多人从小就染上血吸虫病,未成年便已死亡,侥幸活下来的,也是“身无三尺长,脸上干又黄,人在门槛里,肚子出了房”。

1955 年,毛泽东亲自视察了血吸虫疫区,发出“一定要消灭血吸虫病”的号召,同时指示:“卫生部要把消灭血吸虫病作为当前的政治任务。”1956 年 2 月 27 日,毛泽东在最高国务会议上又强调:“全党动员,全民动员,消灭血吸虫病。”党中央根据他的建议,专门成立了防治血吸虫病领导小组,有关部门派出医务人员赴疫区对广大患者实行免费治疗。

1958 年 6 月 30 日,《人民日报》头版头条刊登了该报记者与《江西日报》记者联合采写的通讯《第一面红旗——记江西余江县消灭血吸虫病的经过》。当天,毛泽东在杭州读到这篇文章后非常高兴,连声说:“好!好!全国都这样那该多好!”他思绪飞转,无法入睡,以此为题一连写了这两首七律。

写完诗后,他随即指示胡乔木,“乔木同志:睡不着觉,写了两首宣传诗,为灭血吸虫而作。请你同《人民日报》文艺组同志商量一下,看可否用？如有修改，请告诉我。如可以用，请在明天或后天《人民日报》上发表，不使冷气。灭血吸虫是一场恶战。诗中坐地、巡天、红雨、三河之类，可能有些人看不懂，可以不要理他。过一会，或许做点解释。毛泽东，七月一日”。

写完指示信，毛泽东感到又未尽意，又坐下来写出 255 个字的后记。

这两首诗后来经过修改，最初同时发表于 10 月号的《诗刊》和 10 月 3 日《人民日报》第一版。

意境赏析

《送瘟神》，诗的题目，瘟神，又叫疫鬼。古代传说，认为瘟疫也有主管的神祇（注：神，指天神，“祇”，指地神，“神祇”泛指神），这就是瘟神。“送瘟神”原本是一种民间习俗，即以祭祀的方式把传说中的瘟疫之神送走。毛泽东的这两首诗，只是拿瘟神作为血吸虫的象征，以《送瘟神》为题，是拟人化的用法。

毛泽东在《送瘟神》的题下，写了非常优美的序文，道出了他从 6 月 30 日《人民日报》上读到有关江西省余江县消灭了血吸虫的特写《第一面红旗》的无比兴奋激动之情，以致心绪难平，浮想联翩，睡不着觉，到第二天早晨，在旭日微风中，遥望南国的天空，欣然地提起笔来，写下这想象丰富、意蕴无限的诗篇。

这两首诗“其一”是写历史，“其二”是写现实。

其一

首联“绿水青山枉自多，华佗无奈小虫何”，意为祖国大地白白有这么多的绿水青山，连神医华佗拿小小的血吸虫也没有根治的办法。其中，“绿水青山”概指江南山清水秀，用山水的“枉自多”来暗示人民之稀少，揭示了血吸虫病危害之严重。血吸虫是一种白色线状寄生虫，寄生在钉螺体内，成虫钻进人的皮肤引发血吸虫病。患病者起初时下痢，继而食欲减退，精神萎弱，四体消瘦，逐渐削弱以至完全丧失劳动能力。病剧时，腹部膨大如鼓，俗称鼓胀，进入晚期后肝硬化，死亡率很高。华佗，指东汉末年至三国时期精通内、外、妇、儿各科的名医，这里泛指旧社会的医生，对血吸虫也毫无办法，以此说明长期以来人民深受血吸虫病之害。

颔联"千村薜荔人遗矢，万户萧疏鬼唱歌"，意为许多的村庄荒草丛生，杳无人迹，瘟疫无情蔓延，千门万户家破人亡，听到的只是鬼唱歌的号叫。其中，薜荔，又称木莲，鬼馒头，是一种蔓生的，多生长在墙壁上的野生藤本植物，这里比喻村庄被薜荔等杂草覆盖，一片荒芜败落的景象。"人遗矢"化用《史记·廉颇蔺相如列传》之句："廉将军虽老，尚善饭；然与臣坐，倾之，三遗矢矣。"矢，粪便，指血吸虫病后期人常腹泻的症状。两句形象地勾画出了广大江南农村遭受血吸虫病危害的悲惨图景。

颈联"坐地日行八万里，巡天遥看一千河"，意为坐在地球上每天行走八万里的路程，沿着天路遥遥看过浩渺的银河。鉴于这两句最难解释，历来聚讼纷纭，莫衷一是，毛泽东在 1965 年 10 月 25 日致周世钊的信中做了说明："坐地日行八万里是有数据的，地球直径约 12500 公里，以圆周率 3.1416 乘之，得约 4 万公里，即 8 万华里。这是地球的自转里程。坐火车、轮船、汽车，要付代价，叫作旅行。坐地球，不付代价（即不买车票）日行 8 万华里，问人这是旅行吗？答曰不是，我一动也没动。真是岂有此理！囿于习俗，迷信未除。完全的日常生活，许多人却以为怪。巡天，即为我们这个太阳系（地球在内）每日每时都在太阳系里穿来穿去。银河，河也，河则无限，'一千'言其多而已。我们人类只是巡在一条河中，看则可以无数。"这两句是毛泽东对时间过得飞快的想象。

尾联"牛郎欲问瘟神事，一样悲欢逐逝波"，这两句是紧承颈联而生发出来的。毛泽东的思绪因"巡天遥看一千河"，又想到天河边的牛郎（古代神话传说中的人物）。牛郎可说是天上诸神中出身于劳动人民的一位代表，自然对民间的疾苦尤为关心，所以当牛郎问起人间瘟神肆虐之事，毛泽东便回答说，昔日血吸虫给人民带来的悲哀痛苦，在今天已像向东流去的水波一去不返了。这是对第一首诗意的结束,也是对第二首诗的起点。

其二

第二首诗由第一首的尾句逻辑地过渡而来,突出写新中国的面貌。

首联"春风杨柳万千条,六亿神州尽舜尧",描绘出新时代新中国的画面,意为春风吹拂杨柳新绿,新中国一片春意盎然,生机勃勃,欣欣向荣。六亿中国人民意气风发,斗志昂扬创造伟大的奇迹,个个都像古代的唐尧、虞舜一样贤明。

颔联"红雨随心翻作浪,青山着意化为桥",此句紧承首联"春风"句的境界,进一步开拓新中国欣欣向荣的烂漫风光。意为落花随着自己的心意翻波逐浪,青山有意化崎岖险阻为康庄大道。"红雨""青山"突出了美丽明艳的色彩,令人耳目一新。其中,红雨句化用唐代诗人李贺《将进酒》中的"况是青春日将暮,桃花乱落如红雨",但与李贺诗句的情调不同。在李贺诗中,"红雨"(即春天的落花),触发了诗人的暮春伤感;而在毛泽东笔下,"红雨"却成为明丽的景象:花雨随心洒落,翻作红色的波浪。"青山"也不再是"绿水青山枉自多"了,而是比旧时更明媚、更新艳、更富有生机了,它也不再是交通的阻碍,而是被人民所征服,成为沟通天堑的桥梁。这两句诗既是写景,又是抒情,"随心""着意"两词,景中寓情,把景色的美好与作者的内心喜悦之情很自然地融在一起。

颈联"天连五岭银锄落,地动三河铁臂摇",此句紧承"六亿"句,进一步开拓诗境,描绘了人民群众劈山治水、改造河山的雄伟壮阔的劳动场面,从而体现了"六亿神州尽舜尧"的具体内涵。句中的五岭,指五岭山脉,泛指南方的大山;句中的"三河"原指黄河、淮河、洛河,此处泛指北方广阔的原野。两句意为在整个祖国大地,人民群众挥动银光闪闪的铁锄,挥舞着坚实的臂膀,兴修水利,整治山河,使大地都为之颤动。

尾联"借问瘟君欲何往,纸船明烛照天烧",是对两首诗的总束,点明送瘟神的主题。意为试问瘟神啊,你要往哪里去?人们焚化纸钱,点起明烛，火光明亮，照耀天空，以此来送走瘟神。送走瘟神，原本是民间祛灾病、禳不祥、驱瘟神、除恶鬼的习俗，毛泽东用这两句诗表明中国人民消灭血吸虫、送走瘟神的决心。“纸船明烛”一经烧起，瘟神无处可藏，还欲何往，只好逃之夭夭。君为尊称，称瘟神为君，极富调侃，包含着对瘟神的嘲笑意味，给人一种战胜瘟神的幽默感，表现了毛泽东积极豪迈的乐观之情。

总起来说，这两首诗既独立成章，又有机联系，前首写旧社会之悲，后首写新时代之喜，成为一个各臻其妙、相得益彰的统一整体。

解读感悟

这两首七律很能说明新中国成立后，特别是在党的八大以后毛泽东的焦急心态。其中“坐地日行八万里，巡天遥看一千河”“天连五岭银锄落，地动三河铁臂摇”的诗句，正好反映了作为伟大领袖为了尽快摆脱中国一穷二白的落后面貌，不再遭受帝国主义的欺凌，使社会主义中国在各方面大干快上、图强求富的紧迫愿望。

毛泽东的上述诗句，同之后不久写的诗句“多少事，从来急；天地转，光阴迫。一万年太久，只争朝夕”可说是一脉相承，反映的都是毛泽东当时热衷大干快上、除旧布新、改天换地的雄心壮志和豪迈气概，那一时期形成的社会主义建设总路线、“大跃进”、人民公社化运动三面红旗，就是这一指导思想下的具体行动。

1958 年 5 月 5 日党的八大二次会议上，在毛泽东主持下正式确定下来的“鼓足干劲，力争上游，多快好省地建设社会主义”的总路线，把速度问题放在首位。当年 6 月 21 日《人民日报》社论《力争高速度》是这样强调和诠释“快”字的：“用最高的速度来发展我国的社会生产力”是“总路线的基本精神”，而“速度是总路线的灵魂”，“快，这是多快好省的中心环节”。这个“快”字贯穿在“大跃进”运动和人民公社化运动的整个过程。

关于“大跃进”，1958年3月，毛泽东在成都会议上提出，要在 15 年赶超英国的基础上,20年赶上美国。毛泽东主持的八大二次会议推动了“大跃进”运动的全面展开,会议充分肯定了已经出现的“大跃进”的形势,认为我国正在经历马克思所预言的“一天等于二十年”的伟大时期,经济文化事业完全能够以远远超过西方发达国家的速度发展。因而在工业方面出现了各地不顾实际情况,掀起大办工业,特别是全民大炼钢铁的热潮;农业方面出现了“人有多大胆,地有多大产”的农作物产量的严重浮夸;文化教育工作出现了很多不切实际的要求。毛泽东提出的关于破除“资产阶级法权”的思想,是把马克思所说的在按劳分配原则中体现的、只能在共产主义阶段实行按需分配原则时取消的资产阶级法权,误解为在社会主义阶段就应该取消和破除,明显地超越了历史阶段。

关于人民公社化运动,1958年8月召开的北戴河会议通过的《中共中央关于在农村建立人民公社问题的决议》,宣布:“共产主义在我国的实现,已经不是什么遥远的将来的事情了,我们应该积极地运用人民公社的形式,探索出一条过渡到共产主义的具体途径。”在人民公社以“一大二公”为特征的指导下,人们头脑发热,形成了一股“共产风”,即由集体共了个人的产,穷社共了富社的产,公社共了国家的产。

社会主义建设总路线和“大跃进”运动的最大失误是在建设速度上急于求成,人民公社化运动的最大失误是在所有制关系上盲目求纯。两者共同的教训,归根到底,是限于当时对社会主义的认识,脱离了中国社会生产力发展水平的现实,违背了经济和社会发展的规律。

我们应该怎样看待1958年形成的三面红旗呢?1981年6月党的十一届六中全会通过的《关于建国以来党的若干历史问题的决议》对此做了科学的、客观公正的评价:“一九五八年,党的八大二次会议通过的社会主义建设总路线及其基本点,其正确的一面是反映了广大人民群众迫切要求改变我国经济文化落后状况的普遍愿望,其缺点是忽视了客观的经济规律。在这次会议前后,全党同志和全国各族人民在生产建设中发挥了高度的社会主义积极性和创造精神,并取得了一定的成果。但是,由于对社会主义建设经验不足，对经济发展规律和中国经济基本情况认识不足，更由于毛泽东同志、中央和地方不少领导同志在胜利面前滋长了骄傲自满情绪，急于求成，夸大了主观意志和主观努力的作用，没有经过认真的调查研究和试点，就在总路线提出后轻率地发动了‘大跃进’运动和农村人民公社化运动，使得以高指标、瞎指挥、浮夸风和‘共产风’为主要标志的‘左’倾错误严重地泛滥开来。”

七 律

到 韶 山

一九五九年六月

一九五九年六月二十五日到韶山，离别这个地方已有三十二周年了。

别梦依稀咒逝川，故园三十二年前。
红旗卷起农奴戟，黑手高悬霸主鞭。
为有牺牲多壮志，敢教日月换新天。
喜看稻菽千重浪，遍地英雄下夕烟。

写作背景

毛泽东在本诗前的一句话，明示了这首诗的写作背景。《到韶山》，是毛泽东说自己1959年6月回到故乡韶山。韶山，即韶山冲，位于湖南省湘潭城西北90里，是湘乡、宁县、湘潭三县交界处一条山峦绵亘的山冲。周围群山环抱，林木葱茏，风景秀丽。毛泽东的故居坐落在韶山落脉处的韶山嘴对面，名叫上屋场。1893年12月26日，毛泽东诞生于此。他在故乡韶山度过了童年和少年时代，离别这个地方已有32周年了。这里所说的32年，是指1927年1月6日至10日毛泽东从武汉回到湘潭、湘乡、衡山、长沙等县考察农民运动距1959年6月回到韶山，其间相隔32周年。毛泽东曾说："我写《七律·到韶山》的时候，就深切地想起了32年前许多往事，对故乡是十分怀念的。"他就此诗的主题曾做过明确说明："通首写32年的历史。"

1925年1月，毛泽东偕同妻子杨开慧及儿子岸英、岸青从上海回到韶山，领导故乡人民革命一直到8月份。在此期间，他开办农民夜校，组织建立了全国第一个农村党支部——中国共产党韶山支部和秘密农民协会、“五卅惨案”雪耻会，领导故乡人民开展革命斗争。因遭到反动当局的缉拿而离开韶山。

1927 年 1 月，他在湖南考察农民运动时再次回到韶山，紧张工作了三昼夜。其间，向农民群众做讲演，组织召开座谈会，听取韶山党支部的汇报，并特别指示：要建立农民革命武装，随时准备粉碎反革命势力破坏农民运动的阴谋。之后，韶山一带的农民运动发展很快。时过三个月，蒋介石发动“四一二”反革命政变。5 月 21 日，湖南长沙也发动了血腥的“马日事变”，反革命势力突然袭击总工会和农民协会等革命组织，逮捕、屠杀共产党人和革命群众。他们的倒行逆施激起了广大工农群众的愤怒，各地群众立即成立起革命武装，韶山也成立了农民自卫军湘宁边区司令部，组织 1000 多人、300 多条枪，准备配合友军夺取长沙，后因陈独秀右倾机会主义的错误领导，致使湖南农军被反动派各个击破，韶山农军也在反动军队的三路进攻下，虽然英勇抵抗，终因众寡悬殊而遭失败。在反动派持续的残酷镇压中，八个月内，韶山牺牲了近百名优秀儿女，农民领袖大部分都壮烈牺牲了。从此经过十年土地革命战争、八年抗日战争、三年解放战争和新中国成立后的向社会主义过渡及经济建设，时隔 32 年，毛泽东终于又一次重返家乡。

1959 年毛泽东重返家乡时，国际国内是怎样一种形势呢？在国际上，中苏两党之间的矛盾日益公开化；在国内，社会主义建设总路线、“大跃进”、人民公社等三面红旗教育在全国大张旗鼓地展开，“大跃进”浪潮不断高涨，故乡韶山的面貌完全变了。

1959 年 6月25日下午 7 时，毛泽东在公安部部长罗瑞卿和湖南省委书记周小舟的陪同下，回到了他 1927 年离开后就没有再见的家乡，住在韶山宾馆松山一号楼。第二天清晨，他来到名叫南竹的小山坡上，祭奠父母。短短两天，他的日程安排得很满：他到韶山小学校同师生们畅谈，拜访家乡启蒙老师毛宇居，携手而行，并合影留念；他走访农户，与乡亲、老地下党员、老游击队员座谈，了解韶山的人民公社、公共食堂和“大跃进”

运动;他来到韶山水库,兴致勃勃地跳入水中,畅游了约两个小时;上岸后还与农民群众合了影;他在住处宴请家乡父老,饭后继续聊天到很晚。

当天晚上,毛泽东在他的住所,送走客人,仍激动不已。夜深人静,他还是无法平静下来,用铅笔在纸上写了涂,涂了写,一会儿走走,一会儿坐坐,夜不能寐。大约两个小时,毛泽东把写好的诗稿交秘书誊清,这篇诗稿就是《七律·到韶山》。写罢,又拿笔写了一行字:"1959 年 6 月 25 日到韶山,离别这个地方已有 32 周年了。"此诗最早发表于人民文学出版社 1963 年 12 月版《毛主席诗词》。

意境赏析

这首诗通过对韶山人民革命斗争历史的回顾,以及对人民公社社员通过热情劳动而喜获丰收的描绘,歌颂了中国人民战天斗地的新风貌。

首联"别梦依稀咒逝川,故园三十二年前",第一句原作为"别梦依稀哭逝川",湖南省委秘书长梅白建议将"哭"改为"咒",毛泽东欣然同意,并幽默地说:"你是我的半字之师。"改后加大了无比浓郁的感情色彩,写出了对旧社会的仇恨,诗段更显沉着。首联第二句暗点回到故乡,引起对往事的回想,意为毛泽东回到阔别已久的故乡,往事如烟似梦,竟像流水一般逝去。32 年前,蒋介石叛变革命,大肆屠杀共产党人和人民群众的血腥场景,一齐涌现到脑际心头。其中的"别梦依稀",化用五代张泌《寄人》诗中"别梦依依到谢家"而来。"逝川"化用李白诗句"逝川与流光,飘忽不相待"而来,这里比喻过去流逝的岁月。"咒"即诅咒,咒骂,毛泽东自解:"'咒逝川'和'三十二年前'指大革命失败,反动派镇压了革命。"

颔联"红旗卷起农奴戟,黑手高悬霸主鞭",此联写 32 年前,即 1927 年那个时期在中国大地上所进行的光明与黑暗、革命与反革命之间的激烈搏杀的阶级斗争。前句写毛泽东高举共产党武装斗争的旗帜发动领导秋收起义,被压迫的穷苦农民扛起梭镖,端起土枪,抬出土炮,举行声势浩大的农民革命。后句写蒋介石统治集团对农民革命运动进行血腥镇压,使韶山笼罩在一片白色恐怖之中。戟指古代兵器,“农奴戟”指农民革命武装。霸主,古代诸侯中的统治者,本诗中指蒋介石,“霸主鞭”,指国民党反革命武装。

颈联“为有牺牲多壮志,敢教日月换新天”,前句是缅怀往事,激励斗志,后句是抒发情感,表达决心。两句意为因为有革命烈士的前仆后继,流血牺牲,更加激发了人们为改变贫穷落后面貌而努力奋斗的雄心壮志。“为有”化用唐代李商隐“为有金屏无限娇,凤城寒尽怕春宵”句,毛泽东在此简练地概括了32年前白色恐怖的血雨腥风和革命志士艰苦奋斗、流血牺牲的史实,赞美了人们为建设新中国改天换地的英雄气概。

尾联“喜看稻菽千重浪,遍地英雄下夕烟”,描写了毛泽东兴奋地看到田间的稻子、豆子等庄稼波浪滚滚,到处是劳动英雄,他们满怀喜悦,在黄昏中收工归来,沐浴在夕阳的余晖里,享受着一派丰收、祥和、充满浓郁生活气息的田园风光。

解读感悟

就我的体会,“为有牺牲多壮志,敢教日月换新天”是本诗的主旨。“为有牺牲多壮志”是教我们继承先烈的遗志,为建设社会主义的新中国战天斗地,改天换地。社会主义新中国来之不易,她是无数革命先烈前仆后继、英勇奋斗,抛头颅、洒热血,用自己宝贵的生命换来的。在1927年的八个月内,光韶山就牺牲了近百名优秀儿女,农民领袖大部分都壮烈牺牲了。在十年土地革命战争、八年抗日战争、三年解放战争和抗美援朝战争中,毛泽东一家有六个人献出了宝贵的生命。他的前妻杨开慧同志1930年就义于长沙,时年只有29岁;他的大弟毛泽民同志1943年被盛世才匪帮杀害于新疆,时年47岁;他的小弟毛泽覃同志1935年和国民党匪军作战,阵亡于江西瑞金和福建长汀交界的地区,时年仅30岁;小妹毛泽建同志1929年牺牲于湖南衡阳,时年仅24岁;他的长子毛岸英同志1950年殉难于抗美援朝前线,时年28岁;他的侄儿,也就是毛泽民同志的儿子毛楚雄烈士1945年被国民党反动派杀害于湖北、陕西交界的地方，年仅18岁。真是一门忠烈！在土地革命战争、抗日战争、解放战争和抗美援朝保家卫国战争中，整个中华儿女为革命的胜利、人民的解放牺牲献身的不计其数，毛泽东在诗中歌颂的不仅是自己家庭的六位亲人，也包括一切革命的家庭，一切殉难的同志。毛泽东在诗里鼓励今天的人们要继承弘扬先烈遗志，改天换地建设国家。

值得注意的是，毛泽东1959年6月写《七律·到韶山》前后，当时举国上下正在掀起大力宣传社会主义建设总路线的狂潮，无论是“大跃进”运动、公社化运动，还是大炼钢铁运动，都围绕着15年赶超英、20年赶美的目标，都以快字当头、大干当先，以“一天等于二十年”的高速度急于求成。当时全国各地流传着这样的民谣：“天上没有玉皇，地上没有龙王，我就是玉皇，我就是龙王，喝令三山五岭开道，我来了！”在尽快改变落后贫穷面貌的热情激励下，广大干部群众干劲十足，许多地方不避风雪，挑灯夜战。这些都体现了诗中“敢教日月换新天”的大干快上精神。

自1840年的鸦片战争以来，中国被帝国主义列强瓜分得四分五裂，积贫积弱，急于要改变“一穷二白”的落后面貌，这不仅是毛泽东的迫切心情，也是那个时期几乎所有党组织和所有中国人民的良好愿望。问题在于：毛泽东诗中的“喜看稻菽千重浪”这种盛世现象，有很多都是经过各地方领导加工改造后的虚报材料，是党内好大喜功、浮夸风盛行的表现，它造成的后果是国民经济的发展比例严重失调，我国的粮食产量大幅度下降。

就在毛泽东欣喜地写下“喜看稻菽千重浪”的几乎同时，彭德怀也回到故乡湖南湘潭调研。他看到的是在虚假的统计数字下，群众是大面积饥饿浮肿，彭总心如刀绞，他含泪写道：“谷撒地，薯叶枯，青壮炼铁去，收禾童与姑。来年的日子怎么过？我为人民鼓与呼！”为什么毛泽东听不到像彭德怀那样的真实情况呢？正如毛泽东生前的卫士李银桥所说：“万岁喊多了，必然神化，神化了就脱离群众了。越脱离群众就越容易被神化;循环下发展,悲剧就会发生。”以致接踵而来的是一场旷日持久、连续三年的大伤新中国元气的空前饥荒。

有过多年农村生活的毛泽东也知道当时全国各地报上来的数字是不大可靠的,存在着报喜不报忧的问题,比如,1958 年 7 月 23 日《人民日报》报道河南省西平县和平农业社小麦亩产达到 7320 斤。之后又报道广西壮族自治区环江县红旗农业社“发射”的最大一颗水稻高产“卫星”,竟然宣称亩产高达 13 万多斤。毛泽东曾对湖北省委书记王任重有些后悔地说:“你把湖北的真实情况告诉我。”“看来,利用全国人大开会的机会,把全年公布的那些数字和今年的生产指标修改一下就好了。失去了一个机会,造成目前的被动。”

七　律

登　庐　山

一九五九年七月一日

一山飞峙大江边，跃上葱茏四百旋。
冷眼向洋看世界，热风吹雨洒江天。
云横九派浮黄鹤，浪下三吴起白烟。
陶令不知何处去，桃花源里可耕田？

写作背景

在1958年上半年的杭州会议、南宁会议、成都会议上，毛泽东严厉批评反冒进，提出了发动“大跃进”运动的一系列任务、指标口号和方法。

经过上述三次中央会议的酝酿和准备，党的八大二次会议于5月5日至23日召开，推动了“大跃进”运动的全面展开。会议充分肯定了已经出现的“大跃进”形势，认为我国正在经历马克思所预言的“一天等于二十年”的伟大时期，经济文化事业完全能够以远远超过西方发达国家的速度发展。会议通过的第二个五年计划指标，与八大一次会议通过的第二个五年计划建议相比，工业方面普遍提高一倍左右，农业方面则提高20%~50%。其中计划到1962年第二个五年计划完成时，钢的年产量指标由八大确定的1050万至1200万吨提高到2500万至3000万吨；粮食由5000亿斤左右提高到6000亿至7000亿斤；基本建设五年投资总额由900亿元提高到1500亿至1600亿元。按照这样的要求，第二个五年计划期间工业、农业总产值的年平均增长率将分别达到26%~32%和12%~16%。这样，八大二次会议就把国民经济发展的第二个五年计划纳入了“大跃进”的轨道。

“大跃进”在工业方面的表现，首先是钢产量指标的不断提高。为了完成在五年至七年的时间内地方工业产值超过农业产值的任务，各地不顾实际情况，掀起了大办工业的热潮。

农业“大跃进”的主要特征，是农作物产量指标的严重浮夸。《人民日报》发表多篇文章，大批所谓“条件论”“悲观论”和“粮食增产有限论”，鼓吹“人有多大胆，地有多大产”“只怕想不到，不怕做不到”等口号，宣称“只要我们需要，要生产多少，就可以生产多少粮食出来”。

在“大跃进”运动全面展开的形势下，在反对右倾保守思想的指导、推动下，党内许多人的头脑都热了起来。缺乏领导工业生产经验的各级领导干部层层加码，在原来就高的指标的基础上纷纷提出更高的生产指标，这些反过来又对党中央、毛泽东产生了相当大的影响。根据这些不实际的情况，毛泽东进一步提出更高的要求，并且深信这是可以实现的。从而，使以高指标、瞎指挥、浮夸风和“共产风”为主要标志的“左”倾错误，在全国范围内严重泛滥开来，使城市和农村的经济建设受到伤害，国民经济已经出现严重困难。毛泽东根据自己到各地视察所了解的情况，判断国内当时形势而得出的总评价却是“成绩很大，问题不少，前途光明”。这时，他虽然已经觉察到在运动中出现了“左”倾错误，并准备予以纠正，但对于错误的严重性，没有足够的认识，他说：“从全局来讲，还是九个指头和一个指头的问题。成绩还是主要的，问题没有什么了不起。”他不同意“大跃进”得不偿失的看法。因此，仍然对“大跃进”、大炼钢铁、人民公社运动的现实抱着赞赏和歌颂的态度。

6 月 29 日，毛泽东辞别故乡韶山后，和彭德怀等同志来到庐山，参加在那里召开的政治局扩大会议。当汽车贴着陡峭的山壁盘旋而上的时候，毛泽东被庐山壮美的景色所吸引，欣然下车步行了一段路。当晚下榻于庐山的牯岭住所，写下《七律·登庐山》。本词原有小序：“一九五九年六月二十九日登庐山，望鄱阳湖、扬子江，千峦竞秀，万壑争流，红日东升，成诗八句。”

意境赏析

这首诗描绘毛泽东立于群山之巅，极目四方，看到了一个雄奇壮阔的世界，抒发登庐山的所见所感，歌颂当时轰轰烈烈的“大跃进”浪潮，它同六天前写的《七律·到韶山》是同一时期的作品，二者一脉相承，都是以乐观的情绪、革命的豪情，表现出对“大跃进”浪潮的赞美和歌颂，旨在反对国内一些人对“大跃进”的否定。

首联“一山飞峙大江边，跃上葱茏四百旋”，写庐山山势高峻，山路旋长。意谓突兀而出的一座独立的庐山，仿佛万丈高峰凌空飞来，落地生根，耸立在长江南岸，乘车盘旋而上，飞驰在山色青翠浓茂的崇山峻岭之间。“一山飞峙”，静境动写，描绘出非同凡响的气势。“跃上葱茏”以动见静，充满生气，将人和山融为一体。“四百旋”写山路之长之高，为之后的颔联、颈联登山远眺做了厚实的铺垫。

颔联、颈联写在庐山南、北、东、西四个方向远望的所见所感。毛泽东站在山巅，极目远望，环视天下，眼前所见和心中所感浑然一体，构成全新的景象。朝南望去，“冷眼向洋看世界”，喷发出对于敌视新中国的西方反华世界的轻蔑和冷峻。“冷眼”的“冷”，意同鲁迅“横眉冷对千夫指”的“冷”。转身朝北望去，“热风吹雨洒江天”。“热风吹雨”，取自自然风光，“热风”指夏天的风。“吹雨”指雨后的大地派生出无限的盎然生机，全句寓意亿万中国人民以高涨的革命热情摧动起来的建设热情，挥汗如雨，漫天洒落。这两句表面上是写景，实则是借景抒怀，意与景会，情景交融。立身庐山，朝西向长江上游望去，“云横九派浮黄鹤”意谓隐隐约约几乎可以望到武汉三镇，云彩横陈“九派”江水之上，似乎黄鹤楼也飘浮在空中。句中的黄鹤并非实指，而是从黄鹤楼联想到黄鹤，一语双关。盖暗用唐代诗人崔颢“昔人已乘黄鹤去，此地空余黄鹤楼。黄鹤一去不复返，白云千载空悠悠”诗意。“浪下三吴起白烟”，描写向东望去，长江波浪滚滚，直奔长江下游江浙一带的三吴之地，极目远眺，江天一色，迷迷漫漫，有如一片白色的雾气。这两句写景，既是眼前所见，又是通过想象向东西两边无限延伸，一直到极目望不到的地方，胸中展现的是长江中下游地区一片祥和、滋润的大地—— 新时代的桃花源。

尾联两句“陶令不知何处去，桃花源里可耕田”，是由远望转为近观，把目光再收回到庐山，洞察古今之变，想到了曾在庐山脚下生活过的晋代大诗人陶渊明，陶渊明因不满社会的腐朽、官场的黑暗，辞去彭泽县令，归隐田园。他的名作《桃花源记》，幻想出一个与世隔绝的人间乐园——桃花源。最后两句以设问作结，呼唤曾隐居在庐山脚下的陶渊明重返桃花源，告诉人们，原始公社式的乌托邦（即空想社会主义）在陶渊明那个时代是不曾存在的理想境界，而现代化新社会里有亿万劳动者正在实现着古人的美好理想。

综观全诗，感情激越，寄意深远，基调是热情鼓励全国亿万人民继续跃进，为新中国实现现代化式的桃花源而努力奋斗。

解读感悟

《七律·登庐山》以“陶令不知何处去，桃花源里可耕田”作结，乃是有着隽妙蕴意的。

陶渊明（365—427），名潜，字渊明，东晋浔阳柴桑（今江西九江西南）人。早年几次出仕，曾任江州祭酒、建威参军、彭泽县令等职。41 岁辞去彭泽县令，长期在农村过着躬耕的隐居生活。421 年作《桃花源记》，作品以引人入胜的手法，将人们引进武陵地区一个以桃花林为标志、与世隔绝的山中小村，那里风景优美如画：“土地平旷，屋舍俨然，有良田、美池、桑竹之属。阡陌交通，鸡犬相闻。其中往来耕作，男女衣着，悉如外人；黄发垂髫，并怡然自乐。”但可惜的是这样的生活环境令人历而再未复得。

“陶令不知何处去,桃花源里可耕田”反映的正是毛泽东庐山会议前夕的心态。“庐山会议”本来是为了纠正“大跃进”时期造成的“左”倾错误而召开的。对于“大跃进”运动以来“左”的错误,毛泽东通过调查研究已经有所察觉,并做了自我反省。在1958年11月21日至27日,党中央在武昌召开的政治局扩大会议(即武昌会议)上,针对许多干部思想中存在的急于向共产主义过渡的倾向,在11月21日和23日的讲话中,毛泽东联系苏联社会主义建设的历史,带头做自我反省。他指出:苏联在准备向共产主义过渡的问题上很谨慎,搞了那么多年,想过渡,但没有讲过渡,还说是准备条件。我们中国人,包括我在内,大概是个冒失鬼。只有九年,就起野心。中国人就这么厉害?整个中国进入共产主义要多少时间,现在谁也不知道,难以设想。……我们现在是一穷二白,五亿多农民人均收入不到80元,是不是穷得要命?我们现在吹得太大了,我看是不合事实,没有反映客观实际。

他还反思自己1958年提出钢产量翻一番(即1070万吨)是个“冒险的建议”,说“从前是别人反我的冒进,现在是我反人家的冒进”。

从第一次郑州会议到武昌会议,毛泽东开始做出纠正已经觉察的“左”倾错误的努力,但他并没有从根本的指导思想上解决“大跃进”和人民公社化运动的指导方针,而只是要解决“大跃进”和人民公社化运动中出现的乱子,压缩膨胀了的空气,反而觉得美好的理想社会就在眼前。

毛泽东心中的理想社会,一个很重要的特征,就是破除资产阶级法权,实现领导和群众之间的平等、民主的关系。毛泽东关于破除“资产阶级法权”的思想,是他的社会主义平等观的重要内容,他是想通过这种方法,防止干部脱离群众,从而推动美好理想社会的尽快实现。从这个意义上说,毛泽东的《七律·登庐山》,并非反“大跃进”和人民公社化运动“左”倾错误,而仍然是旨在反对否定“大跃进”和人民公社化运动右倾错误的,对此,他在1959年9月1日致《诗刊》的信很能说明毛泽东当时的心态和认识:“近日写了两首七律(注:指《七律·到韶山》和《七律·登庐山》),录上正改。自以为可,可以上《诗刊》。”又说:“近日右倾机会主义猖狂进攻,说人民事业这也不好那也不好,我这两首诗,也算是答复那些王八蛋的。”

七 律

答 友 人

一九六一年

九嶷山上白云飞，帝子乘风下翠微。
斑竹一枝千滴泪，红霞万朵百重衣。
洞庭波涌连天雪，长岛人歌动地诗。
我欲因之梦寥廓，芙蓉国里尽朝晖。

写作背景

毛泽东的这首《七律·答友人》是答和朋友的诗。这里所说的友人是指乐天宇、李达、周士钊等人，他们都是毛泽东的故交好友。乐天宇、周士钊是毛泽东在湖南省立第一师范学校的老同学。李达是毛泽东的老战友，同是出席上海召开的中共第一次代表大会的代表，毛泽东写这首诗时，李达任武汉大学校长。

1961 年秋，乐天宇到故乡九嶷山进行科学考察。九嶷山即苍梧山，位于湖南宁远县南 30公里，为五岭之一萌渚岭的支脉，其所以称九嶷山，是因山有九峰，形状相似，行者疑惑，故称。乐天宇这次进行科学考察，与同在湖南做社会调查的李达、周士钊相逢，三人一起闲谈，猜想毛泽东面临连续三年自然灾害的严重困难局面，心情一定很不好受，于是决定送几件九嶷山的纪念品给毛泽东，以示信任和安慰。乐天宇送的是一枝客人送给他的九嶷山斑竹，一张蒋伯喈《九嶷山铭》复制品的条幅，一首自己写的七古《九嶷山颂》。李达送的是一支斑竹毛笔，并写了一首咏九嶷山的诗词。周士钊送的是一幅内有东汉文学家蔡邕的文章的墨刻。

毛泽东收到这些礼物后，引起对家乡和老同学、老朋友的怀念。10月16日，他曾手书王勃的名句“海内存知己，天涯若比邻”，又手书自己

1925 年所作的《沁园春·长沙》。毛泽东面对朋友送给他的礼物,睹物思人思乡,遂作这首七律。此诗最早发表于人民文学出版社 1963 年 12 月版《毛泽东诗词》。

意境赏析

这首诗以动情的笔调,借用熟悉的湘妃泪洒斑竹的凄美传说,深切地表达了对故乡、友人的思念和对爱妻的怀念,赞叹了新湖南、新中国的壮丽辉煌。

首联"九嶷山上白云飞,帝子乘风下翠微"。其中,帝子指尧帝的女儿娥皇、女英,尧年老让位给舜,她们也都嫁给舜帝为妃。翠微,即苍翠微茫的山色,此处代指九嶷山。这两句是说在九嶷山头,白云缭绕飘飞,尧帝的女儿娥皇、女英二位帝子,凭借风势下落到一片微茫青翠的山上。

颔联"斑竹一枝千滴泪,红霞万朵百重衣"。其中,"斑竹"指湘江一带盛产的一种竹子,竹竿上有天然的紫褐色斑点,如同点点滴滴的泪痕。"红霞"指以红霞为主色调的彩霞,此处形容娥皇、女英二妃身上的衣饰如云霞织成的一样绮丽。这句是说,湘竹上带美丽的紫色斑点,仿佛无数的泪滴。仙女一般以云霞做的衣裳,纹彩繁褥,花团锦簇,从空中缓缓下落。

颈联"洞庭波涌连天雪,长岛人歌动地诗"。其中,"洞庭"指洞庭湖,"洞庭波"指洞庭湖的波涛。洞庭湖位于湖南北部,长江南岸,面积 2820 平方公里,号称"八百里洞庭",湘、资、沅、澧四大河流均汇集于此。"洞庭波"取自《楚辞》中的《九歌·湘夫人》:"洞庭波兮木叶下。""长岛",即橘子洲,也叫水陆洲,因洲形长狭,又名长岛,长沙也因此而得名。"长岛人"指湖南老乡、友人,即乐天宇、李达、周士钊等人。这两句诗的意思是:洞庭湖涌起的浪涛翻腾,好似一片连天的白雪,湖南的老乡、友人吟唱惊天动地的诗歌。

尾联"我欲因之梦寥廓,芙蓉国里尽朝晖"。其中,"梦寥廓"指梦见辽阔的大地，即毛泽东自己的家乡。“芙蓉国”，湖南的别称。古时，湘江一带秋季盛开芙蓉花。唐五代谭用之《秋宿湘江遇雨》诗有“秋风万里芙蓉国”句。这两句诗是说：我因为洞庭波涌连天雪和长岛人歌动地诗那些动人景象，梦见家乡湖南辽阔的天地，到处都是光芒四射、充满生气、旭日东升的晨光和一派生机勃勃的景象。

解读感悟

毛泽东这首诗的艺术境界很高，堪称革命浪漫主义和革命现实主义高度结合的佳作之一。关于此律诗，佛雏有一段赞语：“主席这首诗，以无边逸兴，运生花彩笔，传湘娥之优美，状洞庭之寥廓，答长岛友人之豪兴，颂今日楚国之朝晖。全诗仪态万方，逸韵横生，极飞动，极缛丽，气吞云梦，秀搴芙蓉。我想，如果今日而有冯夷起舞，湘灵鼓瑟，他们定会撇去那些古调哀音，而欣然奏出一曲‘芙蓉国里尽朝晖’吧！”这段优美的文字，言简意赅地阐明了毛泽东这首诗将革命浪漫主义和革命现实主义巧妙结合的风采韵致和艺术境界。

从革命浪漫主义来说，诗中运用了古代神话传说用以叙事，用以抒情。首联“九嶷山上白云飞，帝子乘风下翠微”，说的是相传舜帝南巡到九嶷山，病死后葬在山上，他的夫人娥皇、女英听到舜死的消息后，追至湘江，南望痛哭，后投湘水而亡，成为湘水女神，称湘妃。诗中的山与云是自然景物的代表，山给人以凝重崇高之感；而云有流动飘逸之姿，正为仙女开道而“飞”。毛泽东写湘水女神下凡，以乘风状仙人形态舞姿，从九嶷山上空的白云缓缓下落，把人们引入神话传说的世界之中。杨开慧字云锦，“白云飞”暗喻着毛泽东对夫人杨开慧的无限崇敬深情。“斑竹一枝千滴泪，红霞万朵百重衣”，更是意蕴着毛泽东对亡妻杨开慧的怀念与敬仰。杨开慧小名霞姑，过去二人分居两地时，毛泽东给杨开慧写信，抬头常以“霞”称呼。这两句诗毛泽东以浪漫的想象，用湘妃来比喻杨开慧像凤冠霞帔的仙女，在红云之中飘洒出千滴眼泪，以“斑竹一枝千滴泪”中

“一”与“千”的对比,表达了怀念之深切。

从革命现实主义来说,颈联“洞庭波涌连天雪,长岛人歌动地诗”,描写波澜壮阔的现实景观:“洞庭波涌”句说的是八百里洞庭衔远山,吞长江,浩浩荡荡,横无际涯,波澜壮阔,好似连天大雪。体现湖南的水拍击云天,湖南的人引吭高歌,干着惊天动地的伟业。尾联“我欲因之梦寥廓,芙蓉国里尽朝晖”更是发挥浪漫的想象,逸兴飞扬,寄意苍梧,梦魂飞渡,将自己的思绪融合在深远寥廓的空间之中,仿佛看到芙蓉盛开着的湖南,沐浴在灿烂的旭日光辉之中,呈现出一派勃勃生机。

综观全诗,毛泽东以绮丽的想象、绚烂的画面、象征夸张的艺术手法、委婉动情的笔调,将神话传说与现实紧密地结合起来,借用人们熟悉的湘妃泪洒斑竹的凄美故事,深切地表达了对故乡友人和爱妻杨开慧的思念和怀恋,赞叹了新湖南、新中国的壮丽辉煌,从而创造出优美动人的将革命乐观主义和革命现实主义高度结合的艺术意境,使这首七律成为毛泽东后期诗词的代表佳作之一。

解读毛泽东反修反帝诗词

20世纪60年代初,毛泽东写的诗词,反修反帝的内容占主导地位。包括《七绝·为李进同志题所摄庐山仙人洞照》(1961年9月9日)、《七律·和郭沫若同志》(1961年12月27日)、《卜算子·咏梅》(1961年12月)、《七律·冬云》(1962年12月26日)、《满江红·和郭沫若同志》(1963年1月9日)、《念奴娇·鸟儿问答》(1965年秋)。

要领会毛泽东这些诗词的内涵和精神实质,就要首先了解这些诗词是在什么时代背景下写的。

中苏之间的矛盾,实质上是中共坚持马克思列宁主义路线和苏共修正主义路线的分歧与斗争,这种分歧和斗争是从20世纪50年代后期就开始的。毛泽东后来说:“中苏闹翻实际上是在1958年,他们要在军事上控制中国,我们不干。”

苏联在军事上要控制中国,主要表现在三件事上。第一件是 1958 年 4 月下旬,苏联提出在中国境内建设一座大功率长波电台,苏方坚持长波电台由中苏共同建设,共同管理,共同所有。中方明确表示,电台由中方负责建设,所有权属于中国,建成后两国共同使用。双方分歧的焦点在电台的所有权问题上。第二件是,就在中苏关于共建长波电台问题发生争执时,苏联又向中国提出建立共同潜艇舰队的问题,因为这个问题涉及中国的主权问题,当即遭到毛泽东和中国其他领导人的严词拒绝。第三件是赫鲁晓夫对中国炮轰金门的行动很不满意,甚至担心这种行动发展下去会引起美苏冲突。

在 1959 年,中苏分歧进一步发展,双方矛盾开始暴露出来。9 月底,赫鲁晓夫在访美后抵达北京,参加中国国庆十周年庆典。他此行的一个重要目的是宣传苏美和解和所谓的"戴维营精神",并试图压中国向美国让步,以利于苏美改善关系。在同中国领导人的会谈中,赫鲁晓夫要求中国在台湾问题上不再使用武力,还指责中国把印度总理尼赫鲁推向西方阵营。台湾问题和中印边界问题事关中国的领土完整和主权独立,中国领导人对赫鲁晓夫的言论据理予以驳斥,会谈不欢而散。

这年 12 月,毛泽东在思考国际形势和对策时,提出了"修正主义是否已经形成了系统"的问题。尽管他当时还认为,中苏根本利益,决定这两个大国总是要团结的,但他把某些不团结的暂时现象看得很重,并把造成中苏矛盾的原因归纳为四个方面:"父子关系""不愿学生超过先生""留一手"和"搞颠覆活动"。

1958 年至 1959 年间发生的一系列事件,在中苏两党之间造成明显的裂痕。这些事件表明,中苏分歧已从最初的意识形态领域扩展到现实的国家利益范围。此后,中苏两党分歧逐步公开,两国关系也迅速恶化,双方报刊拉开了中苏论战的序幕。1960 年 6 月下旬,在罗马尼亚工人党召开的第三次代表大会上,苏共动员各兄弟党批判中国党,赫鲁晓夫在最后发言中激烈攻击中国共产党,内容涉及内政、外交各个方面。以彭真为首的中共代表团按照中央的指示，同苏共领导人展开针锋相对的斗争，指责赫鲁晓夫破坏两党确定的协商解决共同问题的原则。会后，为向中国施加压力，苏联采取了恶化两国关系的严重步骤。

7月16日，苏联突然照会中国政府，单方面决定全部召回在华苏联专家。在一个多月的时间内，苏联将在华担负重要任务的1390名专家全部撤回国，同时撕毁了两国政府签订的两国科学院签订的一个协议书以及343个专家合同和合同补充书，废除了257个科学技术合作项目。苏联一系列蓄意恶化中苏关系的行为，不仅使中国蒙受巨大的经济损失，也极大地伤害了中国人民的感情，给中苏关系造成难以弥合的创伤。中国共产党和中国人民发扬独立自主、自力更生的精神，顶住了巨大的压力。面对中苏两党、两国关系急剧恶化的形势，中共中央制定了“坚持原则，坚持团结，坚持斗争，留有余地，后发制人，反对分裂”的对苏二十四字方针。这一方针的目的仍是争取两个社会主义大国重新团结起来。

1961年10月17日至31日，苏共召开第二十二次代表大会，中国共产党派遣以周恩来为首的代表团赴会，赫鲁晓夫在大会报告中公开批判不赞成苏共观点的阿尔巴尼亚劳动党。他的矛头指向阿尔巴尼亚党，影射的是中国共产党。在这次代表大会上，苏共修改了党的纲领，赫鲁晓夫提出了“全民国家”“全民党”“和平共处”“和平竞赛”“和平过渡”的“三和两全”路线，周恩来于19日的大会上发言，当场与苏共领导人进行了针锋相对的斗争，严肃批评赫鲁晓夫的错误做法，明确指出，他们的倒行逆施“只能是亲者痛，仇者快”，严正表明了中国共产党的抗议和抵制态度，并率代表团立即退出会场。10月22日，周恩来同赫鲁晓夫等苏共领导人进行了九小时的长谈，就苏阿关系、苏共二十大等问题，详细阐明了中国的看法，苏方不接受中方意见。23日晚，周恩来提前回国，指定彭真代理中共代表团团长，继续参加会议。24日，周恩来抵达北京首都机场时，受到毛泽东、刘少奇、朱德、邓小平等中央最高领导人的迎接。中国以这种方式，表示了对苏共二十二大的强烈不满。

会后，苏联把中苏两党之间的原则争论变为国家争端，从各方面对我国施加压力。强调苏共“今后仍将进行坚决的斗争”，“我们在共产主义运动的理论和策略的原则性的根本问题上仍将不会调和”，从而表明了苏共领导人准备长期公开争论下去的决心。

为答复苏联的挑战，从 1963 年 9 月至 1964 年 7 月，中国共产党连续发表了总称为《关于国际共产主义运动的总路线的论战的九篇文章》（通常简称为“九评”），全面批评苏共的对外对内政策。

毛泽东从 1961 年至 1965 年发表的《七律・和郭沫若同志》和《念奴娇・鸟儿问答》等六篇诗词就是在上述大时代背景下发表的。

七 绝
为李进同志题所摄庐山仙人洞照

一九六一年九月九日

暮色苍茫看劲松，乱云飞渡仍从容。
天生一个仙人洞，无限风光在险峰。

写作背景

1961 年 8 月 23 日至 9 月 6 日，中共中央在庐山举行工作会议，讨论工业、粮食、财贸及教育等问题，毛泽东出席了这次会议。9 月 9 日，正逢毛泽东领导湘赣边秋收起义 34 周年纪念日，他看到江青会议期间拍摄的庐山仙人洞照片时，作《七绝 · 为李进同志题所摄庐山仙人洞照》，作为对这张照片所写的说明性文字。此时，正是我国处于 1959—1961 年三年困难时期，在国内，党中央为克服严重自然灾害采取了一系列措施恢复经济；在国际上，1959 年 3 月西藏上层反动集团发动叛乱后不久，印度政府正式向中国政府提出大片领土要求，接着印度武装人员不断深入中国领土并向中国边防部队挑衅，在中印边界一再发生武装冲突。之前，美国介入越南战争，在南海诸岛对我国进行骚扰。当中国的南部边疆渐呈紧张之势时，北部的中苏边境也不安宁。从 1960 年起，苏联方面就不断在中苏边境挑起事端，出现了 6 万多居民在苏方策动下越境前往苏联的情况，有的地方甚至发生了一些不法分子冲击政府机关、抢夺政府档案的情况。

此外，在台湾的蒋介石集团以为对自己时机有利，开始着手准备反攻大陆，东南沿海地区的局势再度紧张起来。

综上所述，在毛泽东写此诗前后，中国的周边环境趋于恶化，大有“黑云压城城欲摧，山雨欲来风满楼”之势。这些情况使得中国领导人认为，帝国主义、反动的民族主义和现代修正主义正联合掀起反华逆流。郭沫若说：“诗是一九六一年九月九日写的，当时美帝国主义和国际反动派的反华大合唱，正在甚嚣尘上，国内又连年遭到特大的自然灾害。……主席在这样的时候，题诗赞扬‘暮色苍茫’中的劲松，赞扬它在‘乱云飞渡’中的‘从容’，这是寓有深意的。”此诗最早发表于人民文学出版社 1963 年 12 月版《毛主席诗词》。

意境赏析

《七绝·为李进同志题所摄庐山仙人洞照》，是毛泽东为李进所摄庐山仙人洞照写的喻理诗，是见景生情、造境抒怀、托物言志之作。

李进，即江青，她《所摄庐山仙人洞照》，据郭沫若考证：“左下部所显出的是白鹿升仙台上的御碑亭，岩身浓黑。御碑亭之外，高处低处都有葱茏的树木。照片的上部是苍劲的松枝，是近景，可能是罩覆在摄影者的头上的。其余大部分空白是一片云海，在白色的曲折的云涛之中有几团黑色的稠云，像海中的洲岛。”仙人洞，乃庐山名胜之一，位于牯岭之西，佛手岩下，接近顶峰的高崖上，其上有仙台，海拔 1049 米，飞崖绝迹，古木撑天。洞为天然生成，高约 7 米，深、宽各约 10 米。相传唐时吕洞宾、明初周颠在此学道成仙，洞中有“一滴泉”，泉水终年不涸不竭。风景秀丽，适宜游览。洞门外不远即悬崖，崖边有横石悬空向北伸展，名曰“蟾蜍石”，石背裂缝中生长一古松。江青所摄“仙人洞”照片，实为从仙人洞远望西北锦绣峰的景观。

头两句“暮色苍茫看劲松，乱云飞渡仍从容”写照片上的景观，谓傍晚时分，夜幕降临，从一片苍茫中望去，松色苍翠，松枝挺劲，傲然屹立，矫然凌云，任那乱云飞渡，盘旋缭绕，仍然从从容容，不惊不动。诗中的劲松是毛泽东自喻，也喻中国共产党和中华民族。在毛泽东看来，“美帝国主义、现代修正主义、各国反动派进行反华大合唱”都是微不足道的“乱云”，而中国共产党和中国人民则是从容自若的“劲松”。

后两句“天生一个仙人洞，无限风光在险峰”写照片外的景观，说的是仙人洞本是天然生成在悬崖绝壁上，而愈是险恶，才愈富风光，这就把上面劲松凌乱云的自然形象更赋予了博大精深的哲理的光辉。毛泽东以“险峰”寓指我国在上世纪 50 年代末 60 年代初遇到的国内外的艰难险阻。而达到了“险峰”,则蓄有迎接胜利的意韵。饱览“无限风光”,是眺望战胜美帝国主义、现代修正主义、各国反动派掀起的反华逆流的光明前景。

总之,这首寄情喻理诗,通过对照片风光的描写,热情地歌颂了中国共产党和中华民族面对巨大自然灾害和美帝国主义、现代修正主义和各国反动派掀起的反华大合唱,不畏强暴、镇定自若、坚定不移、坚持斗争、迎接胜利的英雄气概。

解读感悟

“乱云飞渡仍从容”,“无限风光在险峰”这两句诗是这首诗的主旨,闪耀着哲理的光辉。“乱云飞渡仍从容”的“劲松”,“无限风光在险峰”的“仙洞”,联想到不同的境遇,尽可以从中受到深刻的人生启示。

松树是坚贞不屈的象征,古往今来,常以苍松喻示人们的气节精神和青春永葆。“劲松”的“劲”,即坚强有力,体现松树有伟岸的身躯,挺拔的姿态,苍翠的色彩,强劲的力量,抗衡严寒冰雪的风骨,这些就是松树的性格。即使是在夜幕的笼罩下,依然看得见它那高大直立的形象。诗以次句“乱云飞渡仍从容”,将松树的坚忍,映衬得更伟岸,更挺拔!任凭那纷乱的乌云翻滚,它仍然是顶恶风、冒严寒、岿然不动的英姿,仍然是蓬张伞展、泰然自若的神态,在风狂云涌中傲然挺立,坚不可摧!联系到上世纪 50 年代末 60 年代初当时的国内外斗争形势,来理解毛泽东此句诗的深刻寓意,就不难看出毛泽东以“劲松”自喻,同时也隐喻中国共产党和中华民族在“暮色苍茫”“乱云飞渡”的严峻形势下,象征一种巍然屹立于群魔乱舞中的孤直品格,象征一种不畏危难、不惧强暴的抗争力量,象征一种坚贞不屈的顽强意志,象征一种“威武不能屈”的浩然正气。

在建设中国特色社会主义的今天,我们仍然要保持“劲松”的气节和风骨，无论国际风云怎样变幻，国内出现多大艰难险阻，都要像“劲松”一样，坚持党的领导不动摇，坚持改革开放不动摇，坚定不移地将邓小平开创的建设中国特色社会主义道路从容镇定地走下去。

“无限风光在险峰”，是毛泽东赞叹“仙人洞”，傲视于峻峭万仞崖壁之上的神采，极富哲理性，极富挑战性，极富担当性，为广大读者所传诵和吟味，同时成为人们激励自己的警语和格言。中华民族的精英早已以勇攀高峰为己任、为荣耀。唐代“诗圣”杜甫在《望岳》中高唱：“会当凌绝顶，一览众山小”，意谓总有一天要登上泰山顶峰，环视周围众山将显得低矮而渺小，这种“登泰山而小天下”的感慨，充分显现一种奋发向上、积极乐观的旷达情怀。北宋著名的政治家、改革家、文学家王安石通过亲自游历安徽省褒禅山体会到：“夫夷以近，则游者众；险以远，则至者少。而世之奇伟、瑰怪、非常之观，常在于险远，而人所罕至焉。故非有志者，不能至也。”马克思也有句激励人们的名言：在科学上面是没有平坦大道可走的，只有在崎岖道路上不畏劳苦而攀登的人才有可能达到光辉的顶点。

毛泽东“无限风光在险峰”诗句的思想境界，超越了一般自然领域的“险峰”和科学领域的“险峰”，而把它引入社会政治领域，寓有迎接胜利前景的寄托。人们之所以把这句哲理诗当作激励自己的格言，是因为它告诉人们这样一个真理：对一切事业的追求，不论是革命和建设事业，还是为学、做人和做事，都只有立志坚持不懈地去努力奋斗，才能如攀登顶峰一样取得辉煌的成就，而“险峰”恰有“登泰山而小天下”的“无限风光”，可展望“世之奇伟、瑰怪，非常之观”。

七 律

和郭沫若同志

一九六一年十一月十七日

一从大地起风雷，便有精生白骨堆。
僧是愚氓犹可训，妖为鬼蜮必成灾。
金猴奋起千钧棒，玉宇澄清万里埃。
今日欢呼孙大圣，只缘妖雾又重来。

写作背景

这首诗是毛泽东应和郭沫若的诗而写的。郭沫若(1892—1978),四川乐山人,现代著名诗人、剧作家、历史学家、古文字学家。新中国成立后,历任中央人民政府委员、政务院副总理、中国科学院院长、全国人大常委会副委员长等职。

1961年10月18日,郭沫若在北京民族文化宫第一次看到浙江省绍兴剧团演出的《孙悟空三打白骨精》。这出戏是根据《西游记》第二十七回《尸魔三戏唐三藏 圣僧恨逐美猴王》改编的绍剧。郭沫若观看后认为对配合当时的反修斗争很有教育意义,于25日写出一首七律《看〈孙悟空三打白骨精〉》:

人妖颠倒是非淆，对敌慈悲对友刁。
咒念紧箍闻万遍，精逃白骨累三遭。
千刀当剐唐僧肉，一拔何亏大圣毛。
教育及时堪赞赏，猪犹智慧胜愚曹。

郭沫若的诗,虽就绍剧《孙悟空三打白骨精》而发,实则直指当时所说的推行大国沙文主义的苏联领导人赫鲁晓夫,但他将被白骨精蒙蔽的唐僧视为当时所说的现代修正主义而进行诛伐。11月17日,毛泽东在广州读到郭沫若的七律，不同意郭诗将唐僧作为打击对象，于是就依其体裁和题材相和，予以纠正，诗中的“僧是愚氓犹可训，妖为鬼蜮必成灾”就是纠正郭沫若对唐僧错误看法的。毛泽东自解：“郭沫若原诗针对唐僧，应针对白骨精。唐僧是不觉悟的人，被欺骗了。我的和诗是驳郭老的。”毛泽东的和诗及自解，针对的是郭沫若对现实阶级斗争中和国际舞台上出现的投降主义者的性质，没有估计准确，于是从事物本质上深入地分析这一问题，告之现代修正主义就是白骨精，他们不是唐三藏。

郭沫若于1962年1月6日在广州读过毛泽东的和诗后，受到很大启发，说：“主席的和诗，事实上是改正了我对于唐僧的偏激的看法。”当天就用主席诗的原韵又写了一首和诗。

赖有晴空霹雳雷，不教白骨聚成堆。
九天四海澄迷雾，八十一番弭大灾。
僧受折磨知悔恨，猪期振奋报涓埃。
金睛火眼无容赦，哪怕妖精亿度来！

毛泽东看后致郭信说：“和诗好，不是‘千刀万剐唐僧肉’了。对中间派采取了统一战线政策，这就好了。”毛泽东这首和诗，首次公开发表于1963年12月人民文学出版社版《毛主席诗词》。

意境赏析

首联“一从大地起风雷，便有精生白骨堆”，字面意思是自从大地发生风雨雷电以后，同时就出现了白骨夫人这样潜灵作怪的僵尸，专以迷人败本。其深刻政治寓意为：自从有了无产阶级革命运动，各种反动腐朽势力便乔装打扮，混进革命阵营内部，随着革命运动的进展而逐渐暴露出自己的本质，不断兴妖作怪。一部马克思列宁主义发展史，就是同反马克思列宁主义思潮辩论、斗争并战胜它们的历史。“精生白骨堆”即《西游记》第二十四回所说的白骨精在孙悟空金箍棒下化作的“一堆粉骷髅”，毛泽东的诗句喻指形形色色的机会主义和修正主义。“风雷”句化用清代龚自珍《己亥杂诗》“九州生气恃风雷”。“风雷”即风暴雷霆,毛泽东诗中的“起风雷”此处比作无产阶级革命运动。

颔联“僧是愚氓犹可训,妖为鬼蜮必成灾”说的是像唐僧这样的愚氓、糊涂人,在受到教育开导之后,还可以悔悟,是内部矛盾,而像白骨精这样的妖魔鬼怪是一定要兴风作浪带来灾祸的,则是敌我矛盾。这两句诗是针对郭诗“人妖颠倒是非淆,对敌慈悲对友刁”说的,在郭沫若的眼里,“白骨精”是指帝国主义而言,唐僧则是当时所说的现代修正主义的化身,所以要“千刀万剐唐僧肉”方解心头之恨。

按照毛泽东的观点,当时所说的现代修正主义,根本不是“人妖颠倒是非淆,对敌慈悲对友刁”的唐僧,而是阴险狡诈暗中害人的鬼蜮,是化作美女要复活资本主义的白骨堆,与他们是敌我矛盾,如不消灭,必受其害。而与唐僧那些中间派是内部矛盾,可以通过事实来教育,促其觉悟。从绍剧《孙悟空三打白骨精》的剧情看,唐僧在本质上是好的,他之所以对孙悟空“咒念紧箍闻三遍”,使白骨夫人“精逃白骨累三遭”,做出使亲者痛仇者快的事情,完全是受了白骨精的蒙蔽。而当白骨精一旦在孙悟空的金箍棒下原形毕露,唐僧也就豁然醒悟,师徒携手重上征途。这说明唐僧还是可以争取、教育、团结的。可见郭沫若把唐僧视为当时所说的现代修正主义的化身是不符合事实的,而毛泽东将其比作中间派则是恰如其分的。“僧是愚氓犹可训,妖为鬼蜮必成灾”,是毛泽东对郭沫若以委婉的态度纠正其“对于唐僧的激烈的看法”,实际上纠正的是他对当时所说的现代修正主义的本质的认识,从而明确地划清了敌友,阐明了严格区分两类不同性质的矛盾,团结大多数、集中打击当时所说的现代修正主义的策略。

颈联“金猴奋起千钧棒,玉宇澄清万里埃”,紧扣孙悟空三打白骨精戏剧故事的胜利大结局,赞扬了孙悟空运用重达13500斤的金箍棒,除妖斗魔,对白骨精进行无情打击,使妖怪终于现出了原形,降灭了妖气,澄清了琼天玉宇。“金猴奋起千钧棒”句,着力突现孙悟空智勇双全、无敌天下的英雄气概。“玉宇澄清万里埃”句，展示孙悟空辉煌的业绩，加之“金”“玉”鲜亮的色彩，还有“奋起”“澄清”的无畏精神，使神话境界展现于读者面前，闪耀着革命浪漫主义的光辉，从而用艺术形象揭示出在国际共产主义运动中，马克思列宁主义必胜，在资本主义白骨堆上复活的现代修正主义必败的历史规律。

尾联“今日欢呼孙大圣，只缘妖雾又重来”。用毫无隐讳的大笔，直截了当地从艺术舞台的剧情过渡到政治舞台，从总结历史转移到当时的现实政治斗争，提出反对当时所说的现代修正主义的重大课题，揭示了全诗的主旨。“今日欢呼孙大圣”句承上文，极力渲染孙悟空形象的巨大威望和影响，热情表达了对当代“孙悟空”的高度称赞、热烈召唤和殷切期望。“只缘妖雾又重来”句，近承颈联，远应首联，指出当时所说的赫鲁晓夫现代修正主义兴风作浪，甚嚣尘上，搞得世界乌烟瘴气，强调了反对当时所说的现代修正主义的紧迫性、必要性和长期性。

总之，毛泽东这首诗，不是一般的酬唱应和之作，而是一首关乎时局大政的针对性极强的政治抒情诗，它以鲜明的时代特征，表明了毛泽东“不怕斗争、善于斗争，不斗则已、斗则必胜”的信念，明确地划清了敌友，阐明了严格区分不同性质的两类矛盾，团结大多数，集中打击当时所说的现代修正主义的策略。

解读感悟

在毛泽东灵魂深处，始终有一个“孙悟空情结”，从少年时代起，他便熟读《西游记》，孙悟空成为他一生推崇的文学形象，也成为他效法的榜样。纵观他的一生，其灵便、威猛，与天斗、与地斗、与人斗、与鬼神斗……同孙悟空的斗争精神何其相似。

毛泽东 13 岁写出《井赞》：“天井四四方，周围是高墙。清清见卵石，小鱼囿中央，只喝井里水，永远长不长。”可见，他从小就渴望挑战艰险，走出小天地、搏击大风浪，其远大志向异于常人。16 岁时又写出《咏蛙》：

“独坐池塘如虎踞，绿杨树下养精神。春来我不先开口，哪个虫儿敢作声。”这哪里是青蛙，简直就是一只老虎的“霸蛮”。青年毛泽东“与天奋斗，其乐无穷！与地奋斗，其乐无穷！与人奋斗，其乐无穷！”表现出在逆境中的泰然心态和顽强斗争精神。

在新民主主义革命阶段，毛泽东面对险恶逆境，以大无畏的革命胆略同陈独秀右倾机会主义斗，同王明“左”倾冒险主义斗，同美帝国主义支持的蒋介石反动政权斗，同侵略中国的日本帝国主义斗，且一一都取得了斗争的胜利。

新中国成立后，正当中国人民从各方面落实党的七届三中全会部署，为争取财政经济状况好转而斗争的时候，朝鲜内战爆发。美国随即派兵进行武装干涉，发动对朝全面战争，战火烧到了鸭绿江边，新中国的国家安全受到严重的外来威胁。我国如要出战，所迎击的是经济实力比我国强大 28 倍的美帝国主义。在军事装备方面，美国拥有包括原子弹在内的大量先进武器和现代化后勤保障，而我军基本上还处于“小米加步枪”的水平。敌我力量如此悬殊，出兵参战，能不能打赢？会不会“引火烧身”“惹祸上门”，使国内经济建设不能进行？在军事紧急、压力巨大、决策异常艰难的情况下，毛泽东权衡利弊，不惧强暴，以大无畏的斗争精神，毅然决定派志愿军抗美援朝，与美帝国主义抗争。经过 1950 年 6 月 25 日至 1953 年 7 月 27 日三年零一个月的殊死较量，迫使其 1953 年 7 月 27 日在《朝鲜停战协定》上签字，使朝鲜战局从此稳定在了战前的三八线。此时担任美国远东军和“联合国军”总司令的克拉克，后来在回忆录中沮丧地写道：“我获得了一个不值得羡慕的名声：我是美国历史上第一个在没有取得胜利的停战协定上签字的司令官。”

从 1958 年起，为维护中国的主权完整和民族独立，毛泽东同当时所说的现代修正主义、大国沙文主义的苏联进行了针锋相对的斗争。1958 年 4 月，苏联国防部向中国国防部提出，在中国境内建设一座大功率长波电台，苏方坚持长波电台由中苏共建，共同管理，共同所有。接着苏联又向中国提出建立共同潜艇舰队的问题，以控制中国的领海，毛泽东表示，同合资建立长波电台一样，建立共同潜艇舰队也是一个涉及中国主权的政治问题，他言词尖锐地说："要讲政治条件，连半个指头都不行"，"在这个问题上，我们可以一万年不要援助"；"你们可以说我是民族主义"，"如果你们这样说，我就可以说，你们把俄国的民族主义扩大到了中国的海岸"。后来，赫鲁晓夫又干涉我国炮轰金门，害怕中国打出乱子，拖苏联下水，发展下去会引起美苏冲突。上述三件事已经涉及苏联干涉中国内政，关系到中国主权的重大敏感问题，毛泽东后来说，中苏闹翻实际上是在 1958 年，他们要在军事上控制中国，我们不干。1959 年 12 月，毛泽东把造成中苏矛盾的原因归纳为四个方面："父子关系""不愿学生超过先生""留一手"和"搞颠覆活动"。在苏联大国沙文主义面前，毛泽东与当时所谓的修正主义和大国沙文主义进行了针锋相对的斗争，维护了我国的主权完整和中华民族的尊严。

毛泽东的"孙悟空情结"，还表现在对当时所说的现代修正主义赫鲁晓夫的戏弄上，看过《西游记》的人都会有这样的印象，孙悟空无论是对白骨精还是"铁扇公主"这样的害人妖魔，都予以嘲弄，经过一番嘲弄以后，就是"金猴奋起千钧棒，玉宇澄清万里埃"。毛泽东对不可一世的赫鲁晓夫何尝不是这样！1959 年 9 月底，赫鲁晓夫在访美后抵达北京，参加中国国庆十周年庆典。他此行的一个重要目的是宣传苏美和解和所谓的"戴维营精神"，并试图施压中国向美国让步，以利于苏美改善关系。在同中国领导人的会谈中，赫鲁晓夫要求中国在台湾问题上不再使用武力，还指责中国把印度总理尼赫鲁推向西方阵营，毛泽东对赫鲁晓夫这种被帝国主义吓破了胆的投降主义嗤之以鼻。

纵观毛泽东的一生，可以明显看出，他的性格极富挑战性和斗争性，愈挫愈奋，压迫愈深反抗愈烈，这不仅鲜明地体现在他的革命斗争实践中，而且体现在他的创作生涯中。

从1925年到1936年遵义会议前的这12年期间，是毛泽东个人和中国革命最艰难困苦的时期，可以说，内忧外患，凶险莫测，九死一生，前途未卜，创作的条件和环境更是无从谈起。但毛泽东的非凡过人之处就在此中，表现出了巨大的压力带来巨大的反弹，毛泽东的诗情空前迸发，前后写下了《沁园春·长沙》《沁园春·雪》等十多首脍炙人口的精彩华章。为什么会有这种现象？乃毛泽东极富挑战性和斗争性的性格使然。

毛泽东的“孙悟空情结”还鲜明地体现在其书法艺术上。孙悟空一生性格豪爽、随心所欲，这一切特点都在毛泽东的书法艺术中有明显反映。他在书法上自创狂草一体，不拘法度、随心所欲、另辟蹊径；虽谋篇深远，但又狂放飘逸、势若奔雷、性格峥嵘、气象万千，博采众长，自成一家。正如他自己所说“各个体我都研究过，我都不遵守，我写我的体”，从而创立了独具一格，被人们誉之为“毛体”的书法。

毛泽东的“孙悟空情结”还体现在他的文风上，《毛泽东选集》的多数文章正如《毛泽东传》所评价的：“内容重要、思想深邃、文字上乘、艺术性高，既有高屋建瓴、势如破竹的气势，又有行云流水、谈笑风生的韵致，还有嬉笑怒骂皆成文章的幽默、讽刺，刚柔相济，痛快淋漓。”这些特点，都能在孙悟空身上找到影子。

中国台湾作家李敖在《毛泽东的精神就是民族复兴的光辉道路》一文中对毛泽东的精神做了如此的描述：“毛泽东精神就是一种强烈的自信、自尊、自立、自强的精神，就是一个人、一个民族要活得顶天立地的精神，它是自唐朝以来久失了的浩然之气和天行健、自强不息的精神，是1840年以来中华民族面对保国、保种、保教三重危机的挑战而激应出的勇敢的应战精神，它是我们民族的精神。”在建设中国特色社会主义小康社会的今天，在复杂多变的国际形势面前千万不能削弱和失掉这种精神。

卜算子

咏　梅

一九六一年十二月

读陆游咏梅词，反其意而用之。

风雨送春归，飞雪迎春到。
已是悬崖百丈冰，犹有花枝俏。
俏也不争春，只把春来报。
待到山花烂漫时，她在丛中笑。

写作背景

1962年12月，毛泽东在广州为即将召开的中共中央扩大会议做准备。当时从国际形势来看，帝国主义、当时所说的现代修正主义和各国反动派联合起来进行反华大合唱，甚嚣尘上，大有黑云压城城欲摧之势。其中，苏联前领导人赫鲁晓夫推行大国沙文主义，严重威胁我国，不仅在政治上施加高压，孤立中国，而且背信弃义，撤走在华全部专家，撕毁几百个协定和合同，停止供应重要设备。并蓄意在新疆挑起内乱。趁此机会，印度也企图在中印边界侵占中国领土，发动大规模的军事入侵。这时，盘踞在台湾的蒋介石也蠢蠢欲动，叫嚣要反攻大陆。从国内来说，是我们遭受三年特大灾荒，经济上遇到空前困难的时候。在政治、经济、外交极其严峻的形势下，毛泽东泰然自若，“读陆游词，反其意而用之”。

陆游，南宋著名诗人，一生力主北伐抗金，北伐中原，收复失地，遭到投降派的排挤压制，终不得志。他喜欢梅花，有很多咏梅词作。《卜算子·咏梅》：“驿外断桥边，寂寞开无主。已是黄昏独自愁，更著风和雨。无意苦争春，一任群芳妒。零落成泥碾作尘，只有香如故。”毛泽东读后为此词作注:“作者北伐主张失败,皇帝不信任他,卖国分子打击他,自己陷于孤立,感到苍凉寂寞,因作此词。”陆游在这首词里,以梅花自喻。既表现了受到挫折而不屈节的品质,又流露出受侮后的哀怨牢骚、顾影自怜、孤芳自赏、幽独冷落之感伤。

毛泽东的“读陆游咏梅词,反其意而用之”,是说用之而反其意。“用之”是指用它的题目《卜算子·咏梅》,即用其格律形式,用梅花在中国传统文化中高洁傲骨的象征。“反其意”是指:反陆游词境界静止、局促而为流动、开阔;反陆词情绪消极凄凉而为坚强乐观;反陆词品格清高孤傲而为谦虚谨慎。从而使毛泽东的《卜算子·咏梅》,通过赞咏梅花的独特风貌神采,寄托了中国共产党人在我国社会主义事业遇到困难挫折和国际反动势力巨大压力面前的坚定信念、革命情操和宽广胸怀。毛泽东笔下的梅花,象征着毛泽东自己、中国共产党人和中国人民在严峻困难和巨大压力面前,不畏强暴、坚贞不屈的坚强斗志,以及对社会主义前途充满革命乐观主义的精神。毛泽东写出此词来鼓励大家,首先是在党内传阅的,旨在希望党的干部和党员同志要擎得住,成为毫不动摇、毫不害怕寒冷的梅花,为中国人民做出好榜样。与帝国主义、当时所说的现代修正主义、大国沙文主义、反动民族主义斗争了两年,情况逐渐好转了,冰雪的威严逐渐减弱了。这首词在人民文学出版社 1963 年 12 月版《毛主席诗词》中予以发表。

意境赏析

《卜算子》,词牌名,又名《百尺楼》《楚天谣》《缺月挂疏桐》《眉峰碧》等。相传唐朝骆宾王作诗好用数目字,人称它为“卜算子”,词牌由此而得名。“咏梅”,词的题目,即歌咏梅花。

该词的主题是反对赫鲁晓夫修正主义,但该词着笔含蓄,通篇在散发着一种和谐的美感中,寄寓了中国共产党人和中华民族在严峻危难形势面前英勇无畏、虚怀若谷的情怀,意在激励全党和全国人民坚持真理,不屈不挠，斗争到底，迎接胜利。

上阕四句描绘的是寒梅傲立风雪的挺拔形象。“风雨送春归，飞雪迎春到”，意谓风风雨雨把去春送走，满天飞雪又把来春迎到，从而用人所共知的自然界节序更替现象，先为梅花描绘了一个既艰难又充满希望的绽放环境，给人以希望和向往，启示人们以发展的眼光辩证地看待现实，不要像陆游那样，局囿困窘于一时一地而不能自拔。开篇透露出的春讯，为下文咏赞梅花催春和报春设下伏笔，定下乐观、自信的情感基调。“已是悬崖百丈冰，犹有花枝俏”，意为在那悬崖峭壁冻结了百丈冰柱的严寒下仍然有梅的花枝绽放着俊俏、艳丽的梅花，傲迎风雪。这两句咏赞梅花催春的英姿，描摹出一幅玉骨冰心的梅花挺立于严寒中坚忍不拔地迎风斗雪的伟大形象。“已是悬崖百丈冰”，足见隆冬之深，严寒之冽。梅花的如此处境，较之陆词中那春天“黄昏”，“风和雨”中的“驿外断桥边”，不知要严酷多少倍，而毛泽东词中梅花昂首“悬崖”，傲视“百丈冰”之坚强、无畏、风流，使陆词中那哀叹“无主”“独自愁”的形象显得脆弱、可怜、颓丧。二者的不同风骨是何等鲜明！

下阕赞美梅花大公无私、谦逊自处的崇高精神境界。“俏也不争春，只把春来报”意谓梅花虽然俏丽艳放，却不同谁争夺春日的光辉，只是把春的信息向群芳预报。这两句从正反两方面揭示了梅花虽然冲寒绽放、俏丽无比，但她不是为了与百花争艳，争占人间春色，而只是一个报春的使者，体现了一种无私奉献精神和谦逊自处的风格。这和陆词“无意苦争春，一任群芳妒”所体现的与世无争而又怨愤牢骚的“梅花”形成鲜明对比。结尾“待到山花烂漫时，她在丛中笑”意谓等到满山遍野都开满了色彩绚丽的鲜花，梅花在群芳花丛中微笑。这两句显示出梅花的意愿是满足于担任一个报春的前驱者。当春暖花开、万紫千红、百花争艳之时，梅花却隐身掩映在百花丛中，展露出安详而又欣慰的微笑。这笑是藐视困难的笑，是苦尽甘来面对胜利无比欣慰的笑，是功成身退、谦逊宽容、光明磊落的笑，展现的是梅花心底无私天地宽的崇高精神境界和高风亮节的内在美。这又是对陆词“零落成泥碾作尘,只有香如故”那种孤傲清高遗世独立的反其意而用之。

解读感悟

毛泽东的《卜算子·咏梅》,表面上写的是季节更替的自然现象,其深刻寓意则是当时的国际政治环境和斗争形势。就词中所揭示的梅的性格和精神来看,寓意的是毛泽东自己、中国共产党和社会主义新中国的伟大形象。

上阕:“风雨送春归”,喻新民主主义革命时代已经过去。“飞雪迎春到”喻社会主义建设的时代正在新中国如火如荼展开。“已是悬崖百丈冰”是说帝国主义、以赫鲁晓夫为代表的现代修正主义、大国沙文主义及各国反动派沆瀣一气掀起反华逆流,一时闹得甚嚣尘上、乌烟瘴气,国际形势极为严峻。“犹有花枝俏”喻示中国共产党和中国人民藐视牛鬼蛇神,不怕高压,硬是顶住逆流,迎风斗雪,傲然挺立。

下阕:“俏也不争春,只把春来报”是回击赫鲁晓夫之流对中国共产党的诬蔑诽谤,造谣中伤。中国共产党人同当时所说的现代修正主义的斗争,并非是像它们说的要争什么领导权,而是坚持马克思列宁主义的革命原则,指出正确方向,预示马列主义必胜,修正主义必败。“待到山花烂漫时,她在丛中笑”是喻示当我们同帝国主义、现代修正主义和各国反动派的斗争取得胜利之日,正是我们和世界上一切爱好和平的人民将一道普天同庆、共享和平之时。

同是咏梅，为什么毛泽东和陆游却创造了两种迥然悬殊的意境呢？梅花是两首《卜算子》共同的描写对象，对梅的自然属性——独于早春盛开，不与群芳争艳，毛泽东和陆游的描写都反映的是这种真实情况，但由于二者所处的时代不同、社会地位不同、所站的立场不同、心胸气度不同、品格修养不同、处事态度不同、审美理想不同、世界观价值观不同，所寄寓在词中的意境自然也就不同。陆游词中所描写的梅花“寂寞”“独自愁”“苦争春”“群芳妒”，最后“零落成泥”“只有香如故”不正是生长在南宋时代，抗金爱国的壮志未酬，功名利禄的雄心壮志不就而又自视高洁的陆游形象的真实写照吗？而毛泽东《卜算子》所咏之梅则是悬崖梅枝俏，傲对百丈冰，报春不争春，丛中笑东风，这些岂不正是毛泽东对己，对中国共产党，对中国人民伟大品格、铮铮风骨形象的高度概括吗？

毛泽东词前简序云:“读陆游咏梅词,反其意而用之。”从这里,我们仿佛找到了一把打开词门的金钥匙,从而深刻理解领悟到毛泽东《卜算子·咏梅》的真谛。

七　律

冬　云

一九六二年十二月二十六日

雪压冬云白絮飞，万花纷谢一时稀。
高天滚滚寒流急，大地微微暖气吹。
独有英雄驱虎豹，更无豪杰怕熊罴。
梅花欢喜漫天雪，冻死苍蝇未足奇。

写作背景

这首词作是前篇《卜算子·咏梅》的姊妹篇，二者写作在同一历史背景下。两首词作的主题都是反帝反修的。当时，苏联领导人赫鲁晓夫连篇累牍地发表文章和演说诬蔑攻击中国共产党，并且加紧了对我国逼债，单方面撕毁了所有援建中国的合同。我国进行了针锋相对的斗争，坚决予以还击，公开指责赫鲁晓夫为修正主义和大国沙文主义。以美帝国主义为首的资本主义世界也对社会主义国家采用了经济封锁、军事恐吓、文化渗透、政治瓦解的手段，妄图在地球上铲除社会主义国家。在国内，连续三年遭受大规模的自然灾害，经济极端困难，人民群众物质生活十分匮乏。盘踞在台湾的蒋介石反动政权认为时机已到，加紧进行反攻大陆的活动。面对如此险峻的国际国内形势，毛泽东以勇于斗争、乐于斗争的性格特点，以处变不惊、临危不惧的英雄气概，以饱蘸必胜信念、充满浪漫主义色彩的笔触，写下这首写景言志的词作，借自然景色的描绘以抒心怀。诗中形象地反映了国际共产主义运动面临的严峻形势，嘲笑了敌人的恶毒攻击，抒发了中国共产党人傲立风雪迎接胜利的英雄气概，表达了中国共产党和中国人民藐视敌人、敢于斗争的立场，由衷地赞美他们像梅花一样不畏严寒与风雪斗争的风骨和必胜信心。

意境赏析

首联“雪压冬云白絮飞，万花纷谢一时稀”，写当时的气候和政治空气的严峻。意谓乌云低垂，漫天大雪飞舞，无数花卉纷纷凋谢。表明严寒来势凶猛，不少花草一时经不住打击，零落稀少。这两句以严冬带来的肃杀气氛，象征着当时严峻的国际形势。寓意当时反华势力的高压封锁政策和反动势力的阴谋活动十分猖獗，坚持马列主义和社会主义道路的工人阶级政党少了许多，同时，指明这只不过是暂时的现象。

颔联“高天滚滚寒流急，大地微微暖气吹”，意谓尽管大雪纷飞，高天寒流滚滚奔腾，春意却已浮动，暖气在大地下慢慢运行。这两句化用了唐代杜甫“冬至阳生春又来”的诗意，揭示了革命力量必将逐渐发展壮大、终将取代反动力量的必然规律，进一步喻示了我国和我党遇到的困难都是暂时的，黑暗即将过去，光明就在前头。

颈联“独有英雄驱虎豹，更无豪杰怕熊罴”，化用杜甫《石龛》“熊罴哮我东，虎豹号我西”句。“独有”句，意谓只有英雄敢于驱除虎豹，“英雄”喻指中国共产党和中国人民，“虎豹”喻指帝国主义（毛泽东早在解放战争时期，就把帝国主义和一切反动派喻作纸老虎），这句暗喻中国人民在中国共产党的领导下，经过漫长而艰苦的革命斗争，推翻了压在中国人民头上的三座大山，赶走了帝国主义，把千疮百孔的旧中国建设成崭新的社会主义国家。“更无”句，意谓作为豪杰，更不会惧怕熊罴之类的野兽。熊和罴都产于欧洲与亚洲的北部，罴，俗称人熊，体形和力气都比熊大，人们曾把赫鲁晓夫时代推行大国沙文主义和霸权主义的苏联称作北极熊，“熊罴”暗喻当时所说的修正主义。“豪杰”暗喻中国共产党和中国人民。两句喻示中国共产党领导中国人民过去不畏强暴，敢于斗争，赶走了帝国主义的侵略，今天，更不会惧怕修正主义的威胁恐吓。沧海横流，方显英雄本色，这两句集中体现了中国人民敢于斗争、敢于胜利的大无畏英雄气概。

尾联“梅花欢喜漫天雪，冻死苍蝇未足奇”，这两句回到主题，由“冬云”再引出两个富有寓意的意象：梅花、苍蝇。既与开头两句相呼应，又总结了全诗，进一步突出了中国共产党和中国人民藐视敌人、不怕威胁恐吓、砥柱中流的英雄气概。“梅花”喻示中国共产党和中国人民，它越是在霜剑雪刀的威逼之下，越发开得鲜艳俏丽，越发显出风骨凛然的耐寒本色。而肮脏、丑陋的苍蝇，喻指当时所说的修正主义在漫天风雪之中，经不住严寒的考验，终被冻死，这是历史的必然，丝毫不足奇怪。

解读感悟

毛泽东的《七律·冬云》在写作背景、主题思想上、寓意意象上，都与《卜算子·咏梅》基本相同，因此，应将二者联系在一起咏读，加深理解领会。值得注意的是，写《冬云》的时间是 1962 年 12 月 26 日，这天正是毛泽东 69 周岁的生日，意味即将进入 70 岁，而 70 岁是“从心所欲，不逾矩”，此刻毛泽东的诗句中充满了阅历人世的自信与豪情，有自况之意。

毛泽东在这首词作里，以深刻的哲理，表述他对人生、社会和时政的见解，寓于他所写的自然景物之中，发挥形象思维的功力，通过意象，借物起兴，设喻寓意，抒情议论，富有极强的说服力。将颔联“高天滚滚寒流急，大地微微暖气吹”两句透过冬的现象揭示冬的本质：否极泰来，阴至阳生。指出在冬寒之中孕育着春暖的本质，预示代表中国共产党和中国人民的“微微暖气”，在当时尽管显得较弱，但随着斗争的发展，它终将驱散国际反动势力的“滚滚寒流”，这正是“物极必反”辩证法的体现。

另外，毛泽东在本诗中运用一正一反的鲜明对比，对中国共产党和中国人民同帝国主义、修正主义、各国反动派两个对立面褒贬强烈，美丑分明，如白絮与万花、寒流与暖气、英雄与虎豹、梅花与苍蝇。其中，代表进步势力的是万花、暖气、英雄、梅花；代表反动势力的是白絮、寒流、虎豹、苍蝇。作者向来主张“诗言志”，集中表达了毛泽东爱憎鲜明的政治立场和气势不凡的顽强斗争精神。

尾联中“梅花欢喜漫天雪，冻死苍蝇未足奇”，更是延续了《卜算子·咏梅》的意象，把中国共产党和中国人民比作梅花，越是凛冽的寒风，越是漫天的飞雪，越要欢天喜地地怒放，一来表示傲立严寒，二来报告春的信息，这都蕴含着“否极泰来、阴至阳生”的深刻哲理。

满　江　红

和郭沫若同志

一九六三年一月九日

小小寰球，有几个苍蝇碰壁。嗡嗡叫，几声凄厉，几声抽泣。蚂蚁缘槐夸大国，蚍蜉撼树谈何易。正西风落叶下长安，飞鸣镝。

多少事，从来急；天地转，光阴迫。一万年太久，只争朝夕。四海翻腾云水怒，五洲震荡风雷激。要扫除一切害人虫，全无敌。

写作背景

20世纪50年代末到60年代初，中国共产党和中国人民在以毛泽东为首的党中央的坚强领导下，面对国际形势动荡、反华反共浪潮猖獗、国内自然灾害严重的艰难局面，采取了一系列有效措施。到1962年年底，全国经济情况好转，我们度过了困难时期，出现了“柳暗花明又一村”的局面。在此期间，中苏两党在意识形态领域发生了一场激烈的辩论，苏联的报刊上连续刊登文章，攻击中国共产党。《红旗》杂志和《人民日报》等党的重要舆论阵地也连续发表文章，对苏联予以有力还击，挫败了大国沙文主义的嚣张气焰。对此，郭沫若感到十分高兴，于是在1963年元旦为新年写了一首《满江红·一九六三年元旦书怀》：

沧海横流，方显英雄本色。人六亿，加强团结，坚持原则。天垮下来擎得起，世披靡矣扶之直。听雄鸡一唱遍寰中，东方白。

太阳出，冰山滴；真金在，岂销铄？有雄文四卷，为民立极。桀犬吠尧堪笑止，泥牛入海无消息。迎东风革命展红旗，乾坤赤。

郭沫若在这首词中对国际上的反华逆流进行了正面的揭露和批判，

将诗呈送毛泽东,同时发表于1963年1月1日《光明日报》上。词中,郭沫若用“英雄本色”“坚持原则”“擎得起”“扶之直”“太阳出”“真金在”“展红旗,乾坤赤”等来歌颂毛泽东,歌颂毛泽东思想,歌颂坚强的中国人民。还借用“桀犬吠尧”和“泥牛入海”两个典故隐喻当时所说的赫鲁晓夫修正主义对中国共产党和中国人民的诽谤诬蔑,喻示赫鲁晓夫之流自身难保,难以逃脱灭亡的命运。上述寓意无疑都切合实际,写得理直气壮,富有激情,是一首好诗,但在郭词的字里行间,却似乎把国际上反华逆流的声势看得过重了些,比如“沧海横流”“天垮下来”“世披靡矣”等,未免有点夸大其词。

郭沫若作词之时,毛泽东正在广州。当从《光明日报》上看到郭诗时,毛泽东非常兴奋和激动,于是诗兴勃发,当晚写了这首《满江红·和郭沫若同志》作答。据毛泽东身边的工作人员回忆,当晚毛泽东在屋里踱来踱去,时而凝眉沉思,时而仰首吟哦,时而坐下写几句,觉得不满意,就把纸揉成一团,扔进纸篓,然后又站起来踱步,吟哦,再坐下写……在不断的吟哦写作中,这首《满江红·和郭沫若同志》诞生了。1月9日毛泽东还将这首词赠送周恩来,并特意提醒“郭词见1月1日《光明日报》”。这首词的写作时间距《七律·冬云》的写作仅14天,故毛泽东写此词的情绪与写作《七律·冬云》相仿。这首唱和词最早发表于人民文学出版社1963年12月版《毛主席诗词》。

意境赏析

本词重在说理,取材于国际政治斗争,是一首集比喻、象征、幽默、诙谐、辛辣、犀利等艺术表现手法,对敌人极尽嘲讽和藐视,抒发了毛泽东的宏大气度和广阔胸襟,洋溢着乐观豪放、大义凛然、蔑视群敌、充满信心的大无畏战斗精神,鼓舞士气、激发斗志的战斗诗篇。

《满江红》,词牌名,又名《上江虹》《念良游》《伤春曲》等,双调93字,上阕9句,下阕10句。此词特点声情激越,宜抒深沉壮烈情感,一般用于豪放之作。南宋抗金名将、民族英雄岳飞所作的一首《满江红·怒发冲冠》很有名。《和郭沫若同志》是词的题目，是唱和郭沫若写的《满江红·一九六三年元旦书怀》而作的。

词作分上下两阕。

上阕勾画出渺小脆弱的害人虫们狂妄自大、穷途末路的丑态。开端几句："小小寰球，有几个苍蝇碰壁。嗡嗡叫，几声凄厉，几声抽泣。""寰球"指地球，之所以说地球只是一个小小的星球，是因为它在太阳系中是倒数第四大行星，而宇宙中含有1万个银河系，可谓沧海一粟。至于苍蝇，更是小得不可言状了，但它们并不感到自惭形秽，而是不自量力地阻挡地球的转动，还要嗡嗡叫，发出凄凄厉厉的哀鸣和抽抽啜啜的哭泣，这种妙喻与讽刺，形象地说明了当时不自量力的帝国主义、修正主义等反华势力的可怜形象与丑态秽行。这几句显然是毛泽东针对郭词中使用"天垮下来""世披靡矣"和"桀犬吠尧"把敌人比喻得过重而言的。在毛泽东的心目中，反华势力不过是几只苍蝇"碰壁"，怎么能使"天垮下来" "世披靡矣"？它们"凄厉"和"抽泣"的"嗡嗡叫"，只能令人鄙夷和憎恶。

"蚂蚁缘槐夸大国，蚍蜉撼树谈何易"，这里的"缘槐夸大国"，典出唐代李公佐撰写的传奇小说《南柯太守传》，以此寓意反华势力像爬树的蚂蚁妄自尊大。"蚍蜉撼大树"典出唐代韩愈的诗句"蚍蜉撼大树，可笑不自量"，以此讽喻那些反华反马列主义势力，妄图动摇中国这棵大树，"撼"倒马列主义这棵大树，真是谈何容易！这两句更深一层地惟妙惟肖地刻画了那些夜郎自大、得意忘形、愚蠢无知又妄想称王称霸的修正主义、大国沙文主义的虚弱形象。

"正西风落叶下长安，飞鸣镝"，这两句由唐代贾岛的诗句"秋风吹渭水，落叶满长安"翻新演化而来。借用秋风吹下的树叶落满了长安城的景象，象征强大的人民革命力量正使反华的修正主义和帝国主义摇摇欲坠，望风披靡，走向衰败。"鸣镝"，古代的一种响箭，典出《史记·匈奴传》冒顿单于做鸣镝夺位的故事。"飞鸣镝"是说像飞一样呼啸而出的响箭，喻指我们乘机对敌人发动的声讨、反击。

下阕承接“飞鸣镝”转入发议论，谈形势，立主题，发号召。“多少事，从来急；天地转，光阴迫。一万年太久，只争朝夕。”毛泽东对这几句词自注为：“你要慢，我就要快，反其道而行之。你想活一万年？没有那么长。我要马上见高低，争个明白，不容许搪塞。但其实时间在我们这边，‘只争朝夕’，我们也没有那么急。”这六句词是立主题，要我们在当时的形势下，既要有使命感，善于抓住转瞬即逝的时机，针对“苍蝇”“蚂蚁”“蚍蜉”之类的反华反马列主义的秽行非为，进行反击，又要有时不我待的紧迫感，用“只争朝夕”的进攻精神，以赢得时间，取得主动，夺取胜利。

“四海翻腾云水怒，五洲震荡风雷激”，这两句是谈形势。词中的“四海”是指太平洋、大西洋、印度洋、北冰洋，词中的“五洲”是指亚洲、非洲、美洲、欧洲、大洋洲。“云水怒”和“风雷激”是喻指当时世界革命风暴的高涨和激烈。它是对当时国家要独立、民族要解放、人民要革命的掀天揭地的国际形势走向的形象概括。

结句“要扫除一切害人虫，全无敌”，是毛泽东发出的振奋人心的号召。要我们扫除嗡嗡叫的“苍蝇”、夸大国的“蚂蚁”、撼大树的“蚍蜉”等反历史潮流而动的腐朽势力，取得全面胜利。

解读感悟

“多少事，从来急；天地转，光阴迫。一万年太久，只争朝夕”是毛泽东对于宇宙和革命形势的观察和哲学思考。这首先是对光阴易逝、时间紧迫的感叹，又是毛泽东对生命接近终点而引发的人生感受。从这点出发，我们每个人都应珍惜生命，爱惜时间，努力学习工作，在人生有限的时光里，不断充实自己，提升自己，多做些对自己对社会对人民有益的贡献，实现人生价值，切勿“少壮不努力，老大徒伤悲”，“莫等闲，白了少年头，空悲切！”

为什么毛泽东晚年在社会主义建设事业上采取急躁冒进的政策和行

动呢？从“多少事，从来急；天地转，光阴迫。一万年太久，只争朝夕”这六句词里也可以探索到缘由。毛泽东从他1935年在遵义会议上确立了党和军队的领导地位以后，领导全党和全国人民仅用15年时间，以小米加步枪，打垮了美帝国主义支持下武装到牙齿的国民党800万军队，推翻了蒋介石反革命政权，建立了新中国，这无疑给了他极大的信心，便急欲在他的有生之年再创辉煌。他认为：经过社会主义三大改造，全党整风，开展反右斗争，在经济战线上的社会主义革命和政治战线上的社会主义革命都已取得伟大胜利，广大人民群众热情高涨，经济建设可以搞得更快一些。为此，毛泽东酝酿并制定了“鼓足干劲，力争上游，多快好省地建设社会主义”的总路线，并在这个过程中相继发动了“大跃进”和“人民公社化运动”。这些急于求成的做法，一方面反映了毛泽东要领导站起来之后的中国人民为改变“一穷二白”落后面貌图强求富的热切愿望，另一方面又反映了他似乎忽视了要在中国建成现代工业、现代农业、现代科技、现代文明的社会主义强国之路的遥远漫长和任务之复杂艰巨，试图在他的有生之年实现自己的宏伟理想，过渡到共产主义。最能说明这一点的是在1958年3月召开的成都会议上，毛泽东在听取各省、市负责人发言时的插话中提出，要在15年赶超英国的基础上，20年赶上美国。还有，在1958年8月召开的北戴河会议前后，毛泽东提出破除“资产阶级法权”的思想，这是把马克思所说的在按劳分配原则中体现的，只能在共产主义阶段实行按需分配原则时取消的资产阶级法权，过早地在社会主义阶段就要取消和破除，这显然是超越了社会发展的历史阶段，反映了一种急躁冒进的情绪。

在这种形势下，在全国相当大的范围内出现了急于向共产主义过渡的倾向。河北省徐水县提出1959年基本建成社会主义并向共产主义过渡，1963年进入共产主义社会。山东省寿张县规划，两年内基本建成共产主义。山东省范县（今属河南省）宣布，1960年过渡到共产主义。有的省委也制订了向共产主义过渡的计划。

“四海翻腾云水怒,五洲震荡风雷激”是全词的一个总结和高潮,它所描绘的既是当时的世界革命形势,又是毛泽东的晚年心态,也是他后来发动的轰轰烈烈的无产阶级“文化大革命”的形象的写照。

贺 新 郎
读 史
一九六四年春

人猿相揖别。只几个石头磨过，小儿时节。铜铁炉中翻火焰，为问何时猜得？不过几千寒热。人世难逢开口笑，上疆场彼此弯弓月。流遍了，郊原血。

一篇读罢头飞雪，但记得斑斑点点，几行陈迹。五帝三皇神圣事，骗了无涯过客。有多少风流人物？盗跖庄蹻流誉后，更陈王奋起挥黄钺。歌未竟，东方白。

写作背景

20世纪60年代初，在国内发生严重经济困难，国际上受到战争威胁和巨大压力，主要的发达资本主义国家对我国长期封锁禁运，苏联单方面撕毁合同、撤走专家、中断援助的情况下，党和人民坚持独立自主，自力更生，不怕挫折，顶住压力，团结一致，艰苦奋斗，依然以无比的英雄气概和高昂的热情投身建设事业，不倦地探索适合国情的发展道路，并由此培养起自强自立，不依附于人、不怕鬼、不信邪的精神。这种精神，对于维护国家主权和民族尊严，推进社会主义建设事业，巩固和发展社会主义制度，发挥了重大作用。在严重困难的岁月里，领袖和人民、干部和群众，休戚与共、同甘共苦，为战胜困难付出了艰辛的劳动和巨大的牺牲，各条战线涌现了一批先进集体典型和英雄模范人物。“工业学大庆，农业学大寨”是工农业战线上树立起的两个先进典型。在平凡的工作岗位上做出不平凡业绩的焦裕禄、王进喜、雷锋等先进人物，成为时代的楷模。以钱学森、李四光、钱三强、茅以升等为代表的一批著名科学家辛勤工作，刻苦攻关，为祖国的科技事业和经济文化建设做出重大贡献，以原子弹、导弹、人造卫星为代表的国防尖端科学技术成果最为显著,中国爆炸成功了原子弹,赫鲁晓夫1964年10月下台……总之,我国人民艰苦奋斗,度过了三年困难时期,在政治、经济、思想、文化、科技、军事战线上呈现出一派生机勃勃、欣欣向荣的繁盛景象。

面对大好形势,毛泽东展读史籍,纵览万古,雄视千秋,在高度概括人类发展历史的同时更借古颂今,书写了这首时间跨度极大的《贺新郎·读史》。

意境赏析

《贺新郎》,词牌名,又名《乳燕飞》《金缕曲》《贺新凉》等。《读史》是题目,即读史有感的咏史词。

这首词以历史唯物主义观点和辩证唯物主义方法咏史。它以中国历史为主体,通过艺术的思维和形象的语言,高度概括了整个人类发展的历史,热情歌颂了历史的真正创造者——劳动人民,反映了作者的历史观,即阶级斗争是阶级社会发展的动力和一条主线。

上阕主要写读史,以辩证唯物主义和历史唯物主义的观点叙述了人类社会发展的历史。

首句"人猿相揖别"概括说明了由猿到人的漫长进化过程。这个过程是一部分类人猿在漫长的演变过程中,通过不断劳动,促进手和脑不断进化,直立行走,大约在300万年前发展成为由消极适应自然到能够制造和使用简单工具的原始人类。从此,人与猿拱手拜别,人类有了自己的社会以及相应的历史。

二、三句"只几个石头磨过,小儿时节"喻指石器时代,主要生产工具只有极少而又简陋的打磨石器,是人类社会的初始阶段。石器时代经历了二三百万年,是实行生产资料公有、没有剥削、没有阶级的原始社会。

"铜铁炉中翻火焰","铜铁"指青铜时代和铁器时代,概括了奴隶社会和封建社会生产力的发展变化。“炉中翻火焰”指在炉火中冶炼、锻造和翻铸。大约4000年前，我们的祖先发明了青铜冶炼技术，奴隶制的夏朝出现了铜鼎等器物，商朝时出现了青铜礼器、农具和兵器。春秋战国时期，出现了铁制生产工具，我国由奴隶社会进入封建社会。

“为问何时猜得？不过几千寒热”这两句是毛泽东针对当时史学界正展开的奴隶制与封建制分期的争论问题而言的，意思是说，至于铜器、铁器在我国何时出现，学者们也意见分歧，各抒己见，但青铜时代和铁器时代，即奴隶社会和封建社会加起来也不过经历了几千年，这是无疑的，比石器时代短多了，猜不猜得也不过几千年而已。

“人世难逢开口笑，上疆场彼此弯弓月。流遍了，郊原血”，这几句是说，人类过去的历史充满了苦难和战争，很少看见让人高兴的笑容，战场上弓箭张弓如圆月，彼此战乱不息，广大人民生灵涂炭，鲜血流遍原野。

上阕仅用10句56字就概括了几百万年的人类发展史。特别是“铜铁”以下7句，表明了阶级社会的本质特征。

下阕咏史论史，毛泽东在读史中爱憎分明、情绪激昂，发议立论，明确提出了自己对历史问题精到的思索和深刻的理解。“一篇读罢头飞雪”，总上启下，表明上阕是读史，下阕开始转入论史。为什么一部中国古代史，读完它竟需要一生直至头发雪白呢？这是因为中国古代的正史浩如烟海，仅《史记》《汉书》等二十四史，多达3200卷，要读完，怎不令人“头飞雪”。

“但记得斑斑点点，几行陈迹”是说在一部中国古代史中，所记载的人民群众当中的英雄人物事迹很少，只有斑斑点点几行陈旧的事迹。

“五帝三皇神圣事，骗了无涯过客”，是说旧史中对中国古代传说中的“三皇”（伏羲、女娲、神农）、“五帝”（黄帝、颛顼、帝喾、尧、舜）等帝王和历代统治者的故事，大加褒扬，树碑立传、歌功颂德，而对盗跖等那些英雄人物极力贬损，诬蔑毁斥为强盗。这样就骗了无数阅读历史的人。

“有多少风流人物”一句，以诘问对旧史学家厉声质问：“在几千年的中国历史上出现了多少风流人物,你们为什么不写?”

“盗跖庄蹻流誉后,更陈王奋起挥黄钺”,这两句是说,春秋战国时期的农民起义领袖盗跖、庄蹻却名声若日月,流誉后世。更有秦末农民起义领袖陈胜同吴广在蕲县大泽乡发动同行被征戍卒900人起义,挥动以黄金为饰的长柄大斧,建立张楚政权,被推为陈王,对推翻秦王朝的残暴统治起到了先驱作用。他们的历史功绩是永远抹杀不了的。

“歌未竟,东方白”,由唐代诗人杜甫“日转东方白,风来北斗昏”演化而来,意思是作者在读史之后有感而发,写作此词,但歌颂英雄的赞歌没有唱完,东方已经破晓,天已亮了。暗喻的含蓄之意是:在中国历史上,像盗跖、庄蹻、陈胜这样的“风流人物”太多了,还有西汉的赤眉,东汉的黄巾,隋末的翟让、李密,唐朝的黄巢,宋朝的宋江、方腊,明朝的李自成,清朝的洪秀全……他们的英雄事迹是歌之不完的。就在人民这唱不完的赞歌声中,迎来了新中国的诞生,开创了中国历史的新纪元。

解读感悟

通过咏读《贺新郎·读史》,笔者从中领悟到以下观点:

第一,是劳动创造了人类本身和人类社会。远古时期在我国的北方和南方都有原始人类。类人猿的活动足迹,主要有:元谋人,约170万年前,生活在云南元谋一带,是现在已知的我国最早的人类;蓝田人,约80万年前,生活在陕西蓝田一带;北京人,四五十万年前,生活在北京周口店一带。是什么促进了类人猿向人类的转化和人类社会的诞生呢?是为了谋求生存的劳动。从事劳动的重要条件是要有劳动工具,最初的劳动工具主要是大自然普遍存在的石头,可分为以打制为特征的旧石器时代和以磨制为特征的新石器时代,这在人类历史上属原始社会时期。劳动是怎样创造了人类本身呢?类人猿为了谋求生存而从事劳动,在劳动过程中学会直立行走,手足进行分工。直立开阔了视野,手足分工促进了手的灵巧,劳动过程中发现了火,火使生食烧熟,促进了脑的发育。打猎等集体劳动需要互相交流联系传达信息，逐渐产生了语言，推动了人类社会的产生。可见没有劳动，就没有人类本身，也没有人类社会。

为什么说劳动推动了人类社会向前发展呢？据考古发现，约4000年前，我们的祖先发明了青铜冶炼术，青铜器的出现使生产工具比石器大大进步，生产力的发展，使劳动产品有了剩余，促进了原始社会的解体和奴隶制社会的出现。我们的祖先于春秋时期在劳动过程中学会冶铁技术，铁制工具的使用，使生产力大大前进了一步，从而促进了奴隶社会的解体，封建社会的诞生。可见，劳动不仅创造了人类本身，也推动了社会向前进步。

纵观人类的进步史和社会发展史，劳动不仅创造了供人需要的使用价值，而且也创造了价值和剩余价值，创造了人类的精神文明。从这个意义来说，没有人类的劳动就没有人类的一切，我们应记住马克思关于劳动重要性的名言："任何一个民族，如果停止劳动，不用说一年，就是几个星期，也要灭亡，这是每一个小孩都知道的。"对我们今天的人来说，一定要树立劳动所得为荣不劳而获为耻的观念，热爱劳动，积极参加劳动，在劳动生产中创造物质财富，提高生活水平，在劳动中洗礼自己，改造自己，完善自己。以自己的诚实劳动为社会做奉献，为自己创造幸福。

第二，咏读《贺新郎·读史》，使我进一步领悟到阶级斗争是阶级社会向前发展的直接动力。

恩格斯指出，自从原始社会解体以来，"全部历史都是阶级斗争的历史，即社会发展各个阶段上被剥削阶级和剥削阶级之间，被统治阶级和统治阶级之间斗争的历史"。他还指出："组成为每个社会的各阶级之间的斗争，总是历史发展的伟大动力"。阶级斗争作为阶级社会发展的直接动力，在我国历史的发展进程中得到了充分证明。在我国的奴隶社会，不断发生奴隶反抗奴隶主的斗争，特别是春秋末年，盗跖在北方领导起义军9000人，战国时期庄蹻在楚国领导起义，聚众数千，给奴隶主统治者以沉重打击。奴隶的革命斗争，从根本上动摇了奴隶主阶级的统治，动摇了奴隶社会的基础,使奴隶制走向衰弱,加速了向封建社会转变的进程。

战国、秦汉是我国封建社会的形成和初步发展阶段,封建社会的主要矛盾是农民阶级和地主阶级的矛盾,农民阶级反抗地主阶级的革命斗争,贯穿于整个封建社会的产生、发展和衰亡的历史过程中,特别是秦末陈胜、吴广领导的大泽乡起义,是中国历史上第一次大规模的农民起义,起义军攻占陈,陈胜自立为王,建立革命政权,国号张楚。陈胜领导的秦末农民起义的历史意义在于它的革命首创精神,在于它开创了封建社会农民阶级反抗地主阶级的先河,在中国历史上成为鼓舞后来农民革命斗争的一把火炬。在之后的各个封建王朝,农民起义的烽火接连而起,连绵不断。在中国封建社会中,农民阶级反抗地主阶级的每一次斗争,都在不同程度上打击了当时的统治阶级,或多或少地推动了社会生产力的发展,加速了封建制度的解体,从而对中国历史的进步起到了强大动力作用。

第三,人民群众是历史的创造者。这种对历史的创造包括三个方面:一是人民群众是社会物质财富的创造者;二是人民群众是社会精神财富的创造者;三是人民群众是社会变革的决定力量。人民群众对社会发展的直接推动作用,在朝代更替和社会变革时期,表现得尤为突出,人民群众是社会变革的决定力量,表现在历史的各个时期。奴隶们的英勇斗争冲垮了奴隶主的反动统治,无数农民起义使一个个封建王朝土崩瓦解,无产阶级的英勇斗争推翻了资产阶级统治,正如毛泽东所说:“人民,只有人民,才是创造世界历史的动力。”时势造英雄,时势呼唤英雄,作为融于人民群众中的杰出人物,如春秋战国时期的奴隶起义领袖盗跖、庄蹻,秦末农民大起义的领袖陈胜等,都是当时那个时代的英雄,是当时社会变革的先导、组织者和领导者。毛泽东《贺新郎·读史》中的“有多少风流人物”不但指他们,而且包括历代的农民起义领袖,他们的英雄事迹虽然“斑斑点点,几行陈迹”,但他们的历史功绩是永远抹杀不了的。“盗跖庄蹻流誉后,更陈王奋起挥黄钺”,其名声若日月,留誉后世,写之不尽,歌之不完。

水调歌头

重上井冈山

一九六五年五月

久有凌云志，重上井冈山。千里来寻故地，旧貌变新颜。到处莺歌燕舞，更有潺潺流水，高路入云端。过了黄洋界，险处不须看。

风雷动，旌旗奋，是人寰。三十八年过去，弹指一挥间。可上九天揽月，可下五洋捉鳖，谈笑凯歌还。世上无难事，只要肯登攀。

写作背景

1965年毛泽东视察大江南北后，从湖南长沙驱车前往井冈山，并于5月22日回到了阔别38年的井冈山革命根据地。井冈山这个由毛泽东创建的革命根据地，星火燎原，对中国革命做出过巨大贡献，在中国革命史上有着特殊地位。

从1927年10月秋收起义受阻撤于井冈山腹地，到1934年10月红军主力被迫撤离井冈山进行二万五千里长征，毛泽东在井冈山战斗了整整七个年头。这七年，对毛泽东来说，是极不寻常的七年，这是点燃中国革命星火的七年，是为中国革命开辟正确道路的七年，是自己革命生涯中最为艰难的七年，也是诗词创作大丰收的七年。正是在这个中国革命的红色摇篮里，在当年的"谢氏慎公祠"，他被选为第一届特委书记，在祠后不远的八角楼里，他写下了《中国的红色政权为什么能够存在》这一指导中国革命的光辉篇章，在茅坪这个井冈山革命根据地的党政机关里，写下了《井冈山的斗争》。在这七年当中，不单是中国共产党领导的工农武装斗争跌宕起伏，由小到大，再由大到小，毛泽东个人的政治生命也是几起几落,艰难多舛。井冈山时期的毛泽东几次被革职,剥夺了当时最重要的军事指挥权,屡受批判,而且身染重病,险些丧命。或许正是在逆境中的失意,更加激发了他内心的激情,使得他进入他一生中诗词创作的巅峰时期,写下了十多首优秀的诗词作品,如《西江月·井冈山》《采桑子·重阳》《渔家傲·反第一次大"围剿"》《菩萨蛮·大柏地》等。

毛泽东同井冈山有着极为特殊的感情,所以 1965 年 5 月 22 日回到了阔别 38 年的井冈山革命根据地时,当日就来到山下的茅坪,注视着当年的"谢氏慎公祠",还登上井冈山五大哨口之一的黄洋界,那里还保留着当年守哨红军住过的营房。毛泽东察看营房后举步走向黄洋界纪念碑,并在碑前注目良久。之后,他在地势险峻的黄洋界哨口极目远眺,回忆当年的峥嵘岁月。晚上,毛泽东下榻在茅坪。他在茅坪住了七天,视察和了解了井冈山地区的水利、公路建设和人民生活状况,会见了老红军、烈士家属、机关干部和各界群众,与当地人民促膝交谈。5 月 25 日,他写下了《水调歌头·重上井冈山》,同时写成的还有《念奴娇·井冈山》。这两首词有着相同的背景,作者在两首词中的心态、立意也十分相似。所不同的是,《水调歌头·重上井冈山》更受毛泽东喜爱,毛泽东生前就将其发表,1976 年元旦当天,全国各大报刊都在头版将其与同时创作的《念奴娇·鸟儿问答》一同刊载,而另一首《念奴娇·井冈山》则在毛泽东逝世十周年之际才在人民文学出版社 1986 年 9 月版的《毛泽东诗词选》中正式发表。

相同的题材用三首词,包括 1928 年写的《西江月·井冈山》来反复吟咏,这在毛泽东诗词创作中是唯一一例。1928 年秋天的《西江月·井冈山》标志着红军在井冈山站稳脚跟,后来的两首《井冈山》则是抚今追昔,感叹人世变化之作。

意境赏析

这首词属记游之作,描绘了毛泽东重游革命故地井冈山的所见、所闻、所思、所想。

上阕纪行，叙事写景，描写井冈山气象一新、生机盎然的壮美风貌，抒发故地重游的感慨。“久有凌云志，重上井冈山。”“凌云志”即壮志凌云，化用《后汉书·冯衍传》中冯衍自谓“常有凌云之志”。本词上阕中的“凌云志”是一语双关，既说明毛泽东很久以来就渴望登高峻的井冈山，同时又在表明自己年纪虽老，仍怀有宏伟的革命理想。回到阔别多年的革命根据地，看到什么样的景象呢？“千里来寻故地，旧貌变新颜”，一个“寻”字体现出毛泽东内心深切的怀旧情感。令毛泽东无限欣慰的是，眼前的井冈山和昔日的井冈山根据地相比，简直是新旧两重天：“到处莺歌燕舞，更有潺潺流水，高路入云端”，这句是说：映入毛泽东眼帘的新井冈山是群莺鸣唱，新燕飞舞，流水潺潺，交通方便。它将大自然的清闲曼妙与人工建设的卓越成就融为一体，纳入井冈山的新景观之中，给人一派春光明媚、生机盎然、安乐祥和的景象。其中“高路入云端”一语，指的是1960年冬修建的从江西宁冈砻市至井冈山茨坪的盘山公路，将昔日羊肠小道，建设成今日盘山公路高入云端。令人生发革命建设征途的远大前景和高山仰止之情。尾句“过了黄洋界，险处不须看”，语意双关，言近旨远。“黄洋界”是井冈山最险峻处的一个哨口，过此则山势化险为夷。1928年秋，我工农红军以不足一营的守军，凭借黄洋界天险，英勇抗敌，终将来犯之敌击退，这就是毛泽东在《西江月·井冈山》词中所描述的“黄洋界上炮声隆，报道敌军宵遁”。“不须看”三字，看似轻巧，实则力比千钧，它体现出内心的豪壮，不仅蔑视黄洋界的自然险阻，而且包含着把人世间的一切艰难险阻都不放在话下，予以藐视。

下阕抒情言志，抒发革命领袖勇攀高峰、敢于斗争、敢于胜利、远大而壮烈的情怀，表达自己内心正在酝酿着的气势磅礴的政治抱负和雄心壮志。“风雷动，旌旗奋，是人寰”是对自己从创建井冈山革命根据地以来如火如荼的革命斗争历程的回顾。这三句表明，毛泽东站在井冈山故地，面对神州大地，思绪如潮：打从井冈山“山下旌旗在望，山头鼓角相闻，敌军围困万千重，我自岿然不动”起步，经过“红旗跃过汀江，直下龙岩上杭”，武夷山下“风展红旗如画”，广昌路上“风展红旗过大关”，龙岗之战“不周山下红旗乱”，直到“六盘山上高峰，红旗漫卷西风”……革命红旗从东打到西，从南打到北，又从北打到南，直打到“百万雄师过大江”，“一唱雄鸡天下白”，打出了一个“中国人民从此站起来了”的中华人民共和国。“三十八年过去，弹指一挥间。”“三十八年”是指毛泽东1927年领导秋收起义部队上井冈山到1965年再上井冈山这段时间，中间相隔了38年。“弹指”是佛家语。《僧祇律》说“二十念为一瞬，二十瞬为一弹指”，即言时间暂短。这两句是说38年的革命和建设过程，也不过像一挥手之间便很快过去了。而在这短短的时间内，中国人民在中国共产党的领导下，不但取得了新民主主义革命的伟大胜利，而且在社会主义革命和社会主义建设事业中也取得了举世瞩目的伟大成就。从本词看出，毛泽东对过去不做过多的流连，而是积极地着眼于现在，放眼于未来：“可上九天揽月，可下五洋捉鳖，谈笑凯歌还”。其中，“九天”，旧谓天有九重，喻天之极高处，化用李白《望庐山瀑布》：“飞流直下三千尺，疑似银河落九天。”“揽月”指摘取月亮，化用李白《宣州谢朓楼饯别校书叔云》：“俱怀逸兴壮思飞，欲上青天揽明月。”“五洋”指太平洋、大西洋、印度洋、北冰洋、南冰洋，喻海的极深处。“捉鳖”，指抓住甲鱼，比喻擒敌。“谈笑”化用苏东坡《念奴娇·赤壁怀古》：“谈笑间，樯橹灰飞烟灭。”这三句词表明毛泽东壮志凌云的政治抱负和绝不惧怕任何艰难险阻的坚定决心及胜利信心。“世上无难事，只要肯登攀”以富有哲理的格言作结，号召全国人民树立壮志，勇攀高峰，努力战胜目前的阻力和困难。

解读感悟

这首词的下阕抒情言志，是这首诗的主旨。“风雷动，旌旗奋，是人寰。……可上九天揽月，可下五洋捉鳖，谈笑凯歌还”的词句，既是毛泽东对38年来如火如荼的革命斗争历史的回顾，也是对未来革命斗争的酝酿和展望。它涵盖的深刻内容是：毛泽东站在井冈山故地，面对神州大地，思绪如潮，在内心深处酝酿着“文化大革命”的构想，暗喻要把斗争的矛头指向“那些走资本主义道路的当权派”。也当是他对即将发动的“文化大革命”怀有胜利信心的流露。这样理解有没有根据呢？有的。这个根据就是，由于一系列复杂的政治、思想原因，在20世纪60年代的中国，国际“反修”和国内批判“修正主义”被紧密地结合起来，并进而发展成一种互动关系。

1964年12月15日至1965年1月14日，党中央在北京召开工作会议，会议在毛泽东的主持讨论下，制定了《农村社会主义教育运动中目前提出的一些问题》(即“二十三条”)，由中央下发全党。它正式明确地规定运动的重点“是党内那些走资本主义道路的当权派”。这是从苏联党“变修”的所谓教训和夸大国内存在的阶级斗争出发，党在城乡社会主义教育运动中提出的概念。这时，党的注意力和斗争矛头，越来越集中到自己内部甚至党的领导机关。毛泽东反复强调“要警惕中央出修正主义”，并最终提出要“识破现在正睡在我们身旁”的所谓“赫鲁晓夫那样的人物”。这就为后来的“文化大革命”把斗争矛头集中指向所谓“党内走资派”提供了理论根据，制造了思想舆论。

毛泽东诗词的一个重要特点是“诗史合一”“诗言志”，《重上井冈山》当然也不例外，无疑是他20世纪60年代对于重大政治问题的内心真实情感流露和心态表达，而这种流露和表达在当时不可能是直白的，只能将自己的政治抱负坚决予以实现的决心，用含蓄的、暗喻的方式表达出来。

念 奴 娇

鸟儿问答

一九六五年秋

鲲鹏展翅，九万里，翻动扶摇羊角。背负青天朝下看，都是人间城郭。炮火连天，弹痕遍地，吓倒蓬间雀。怎么得了，哎呀我要飞跃。

借问君去何方？雀儿答道：有仙人琼阁。不见前年秋月朗，订了三家条约。还有吃的，土豆烧熟了，再加牛肉。不许放屁，试看天地翻覆。

写作背景

1962 年 9 月,苏联在古巴部署中程导弹,10 月,美苏之间爆发了古巴导弹危机,亦称加勒比海危机,使美苏关系处于冷战期间最紧张的状态,双方都采取了“战争边缘政策”。苏联赫鲁晓夫集团被美帝核讹诈吓破了胆。他们一方面不惜牺牲原则向美帝乞求和平,一方面到处散布核战争恐怖论调,说自从核武器出现以后,人类生活在“一个装满核热武器的火药桶里”。说原子弹不遵循阶级原则,“不会辨别帝国主义在什么地方,而劳动人民又在什么地方”。今天的人类处境“就像一个被处死刑的人头上悬着断头台的铡刀的情形,这个人只好躺在那里等着,不知什么时候这把铡刀会落下来把他的头砍掉”。他们还害怕一切战争,说:“任何一个小小的局部战争,都会成为引起世界大战的火灾的星星之火。”1963 年 6 月 14 日,中共中央致信苏共中央,提出《关于国际共产主义运动总路线的建议》。这份包括 25 条内容的建议,逐条阐述了中共与苏共在关于当代世界革命和国际共产主义运动一系列重大问题上存在的原则分歧。

7 月 5 日至 20 日,邓小平率中共代表团赴苏参加中苏两党高级会谈，在双方会谈期间，苏联与美英开始了部分禁止核武器试验问题的谈判。这样，中苏两党会谈无法取得任何进展而中途破裂。

1963 年 8 月 5 日，苏联单方面违背中苏两党结束论战的会谈精神和友好互助同盟条约，与英美两国在莫斯科签订了限制包括中国在内的国家拥有核武器的条约，即《禁止在大气层、外层空间和水下进行核武器试验条约》。其目的是由世界上几个超级大国垄断核武器，保持核优势，进行核讹诈，主宰全世界，剥夺包括中国在内的其他国家进行核试验以抗拒核讹诈的权利。这种“核垄断”的做法和骗局激起了毛泽东的极大愤怒和强烈反对，他认为这是赫鲁晓夫在向美帝国主义讨好献媚。这个条约是三国采取“把停止核试验同全面禁止核武器完全分开”的办法，意图限制其他国家发展核武器，实现三国核垄断，以利于他们对全世界进行霸权主义统治，是一个大骗局。毛泽东坚持反对赫鲁晓夫修正主义集团，并将其放在与反帝同等重要的地位。他认为，国内有些领导同志还没有认清苏联修正主义的反动本质，对苏联修正主义存在幻想，因而触动了他的灵感，于 1965 年 5 月至 9 月，写下了这首词。

意境赏析

《念奴娇》，词牌名，见前注《昆仑》；《鸟儿问答》，词的题目，借《庄子 · 逍遥游》中鲲鹏和小鸟的寓言故事，用来比喻中苏论战，表达了毛泽东对当时国际形势的观察和思考。

这首词属政治寓言词，巧借鲲鹏和蓬间雀的形象和寓言故事，采用拟人化手法，展开丰富的想象，讽刺了苏联的“苏美合作”主宰世界的幻想，表现了马克思主义者和修正主义者两种不同的政治品质和社会理想，歌颂了马克思主义者所具有的革命坚定性和崇高目标，批判了修正主义者在战争与和平等问题上的修正主义观点，以及他们的懦弱胆怯和卑微渺小，矛头明确指向当时所说的“苏联修正主义集团”。

该词是怎样借用《庄子 逍遥游》中关于鲲鹏和斥鷃的寓言故事，并做创造性的发挥，赋予这个典故以崭新意义的呢？《庄子·逍遥游》曰：“穷发之北有冥海者，天池也。有鱼焉，其广数千里，未有知其修者，其名为鲲。有鸟焉，其名为鹏，背若泰山，翼若垂天之云，抟扶摇羊角而上者九万里，绝云气，负青天，然后图南，且适南冥也。斥鴳笑之曰：‘彼且奚适也？我腾跃而上，不过数仞而下，翱翔蓬蒿间，此亦飞之至也，彼且奚适也？’”；“蜩与学鸠笑之曰：‘我决起而飞，抢榆枋而止，时则不至而控于地而已矣，奚以之九万里而南为？’”庄周原意在于泯灭“大”“小”的差别，无论“鲲鹏”或“斥鴳”都未能达到“无待”的“逍遥”境界。毛泽东在此则进行了一番巧妙的改造，只取庄周虚构的“大”“小”两种形象的对比，将大鹏比作坚持马克思主义的共产党人和革命者，而将蓬间雀比作当时所说的苏联修正主义集团及其代表人物，包括赫鲁晓夫。因为赫鲁晓夫于1959年9月21日在美国圣约瑟市计算机工厂举行的宴会上发表讲演时，曾自比鹌鹑，即“蓬间雀”。

上阕通过“鲲鹏”和“蓬间雀”对于人间战争的不同表现，反映了坚持马克思主义的共产党人和革命者，同当时所说的以赫鲁晓夫为代表的苏联修正主义集团对待战争等现实问题的不同观点。词首“鲲鹏展翅，九万里，翻动扶摇羊角”，字面意思是鲲鹏展开垂天如云的大翅，直上九万里的高空，掀起自下而上的旋风。而深层寓意是以形体巨大、高飞远举的鲲鹏塑造了一个坚强勇敢、胸怀广阔、理想远大、意志坚强的马克思主义者的形象，预示了它的非凡气概和叱咤风云的远大前程。“背负青天朝下看，都是人间城郭”，说的是鲲鹏凌空高飞，背靠着青天，鸟瞰风起云涌、势不可当的世界革命人民斗争。“炮火连天，弹痕遍地，吓倒蓬间雀”，比喻亚、非、拉人民为挣脱帝国主义殖民枷锁而进行的革命斗争景象，吓得卑怯的蓬间雀惊慌失措、六神无主地大呼小叫“怎么得了，我要飞跃”，即要临阵脱逃。上阕总的来写大鹏与蓬间雀，即马克思主义者与修正主义者对全世界被压迫人民和被压迫民族的解放战争截然不同的态度，大鹏鸟受到欢欣鼓舞，更增奋飞之志，吓得蓬间雀魂飞魄散，临阵脱逃。

下阕通过"鲲鹏"和"蓬间雀"的问答，批判苏联赫鲁晓夫修正主义战争与和平以及关于什么是共产主义的主要观点。"借问君去何方"，这是鲲鹏假装十分尊重对方，以充满蔑视和嘲讽的口吻，郑重其事地向蓬间雀发问：你要前往什么地方？蓬间雀妄自尊大，自以为是，正儿八经地坦然回答道："有仙山楼阁。不见前年秋月朗，订了三家条约。"意思是我要到神仙居住的名山和有珍宝的地方去，这句化用白居易《长恨歌》"忽闻海外有仙山，山在虚无缥缈间。楼阁玲珑五云起，其中绰约多仙子"，借其虚无缥缈讥讽当时苏联领导人所鼓吹的"三无世界"（没有武器，没有军队，没有战争），只是一种幻想。"不见前年秋月朗，订了三家条约"进一步说明：你没有看见前年月光晴朗的秋天，也就是 1963 年 7 月至 8 月，苏美英三国在莫斯科签订的部分禁止核试验的条约。赫鲁晓夫认为，世界上只有一两个大人物能够决定人类的命运，只要与帝国主义的首脑达成某种协议，就可以保证世界和平。"还有吃的，土豆烧熟了，再加牛肉"，这是针对赫鲁晓夫在苏共二十二大上提出的"福利共产主义"形象化为"一盘土豆烧牛肉的好菜"而说的。毛泽东对赫鲁晓夫曲解共产主义的说法极为震怒，于是便借"鲲鹏"之口怒斥喻指修正主义的"蓬间雀"："不许放屁，试看天地翻覆。"意思是不许胡说八道，你看看世界形势的巨大变化。

解读感悟

对于 1963 年 7—8 月苏美英三国在莫斯科签订的部分禁止核试验的条约，毛泽东十分震怒，强烈反对。他认为这是赫鲁晓夫在向美帝国主义讨好献媚，意图限制其他国家发展核武器，剥夺其他国家为抗拒核讹诈而试验核武器的权利，实现三国的核垄断，以利于他们对世界进行霸权主义统治。对于这样一个大骗局，作为 20 世纪在国际斗争中有崇高威望和巨大影响的伟大政治家和战略家，对于原子弹，他说过："不怕纸老虎。"对于战争，他讲过："我们有两条：第一反对；第二不怕。"恰巧在写作该词的一年之前(1964 年 10 月 16 日下午 3 时),我国独自完成了原子弹的研制和试射,一朵巨大的蘑菇云在罗布泊上空炸开。1966 年初,毛泽东在一份报告上这样批示:“敌人有的,我们要有,敌人没有的,我们也要有。原子弹要有,氢弹也要快。管他什么国,管他什么弹,原子弹,氢弹,我们都要超过。”在两年以后的 1967 年 6 月 17 日上午 8 时 20 分,我国自主研制的第一枚氢弹也在罗布泊爆响,其爆炸威力相当于美国当年投到日本广岛那颗原子弹的 150 多倍,这是中国核武器发展的又一个飞跃,标志着中国核武器的发展进入了一个新的阶段。

关于“试看天地翻覆”,1962 年 1 月 30 日,毛泽东面对 7000 人发表的豪言壮语很能解释:“从现在起,五十年内外到一百年内外,是世界上社会制度彻底变化的伟大时代,是一个翻天覆地的时代,是过去任何一个时代不能比拟的。处在这样一个时代,我们必须准备进行同过去时代的斗争形式有着许多不同特点的伟大的斗争。为了这个事业我们必须把马克思列宁主义的伟大真理同中国社会主义建设的具体实际并且同今后世界革命的具体实际尽可能好一些地结合起来。从实践中一步一步地认识斗争的客观规律。”

这段关于“翻天覆地的时代”的预见,解放军艺术学院副院长、教授朱向前曾做了如下解读,可作为我们解读这段话的引导。他说:“当然,毛泽东有毛泽东的所指,我有我的理解,我的一种解读是——其一,45 年过去了,白驹过隙,白猫黑猫,白领蓝领,白道黑道,市场经济,民主法制,全球化……不管毛泽东当时的所指是什么,但这40多年的发展变化,完全印证了他关于翻天覆地时代的判断。

“其二,斗争依然存在,国际的、国内的、政治的、经济的、军事的、宗教的、思想的、文化的、公开的、隐蔽的,离间计、反间计、美人计、超限战……五花八门,无奇不有,又完全印证了毛泽东关于同过去有许多不同的斗争特点和形式的判断。

“其三,近 30 年来,邓小平开创的建设中国特色社会主义道路越走越宽阔,又恰好印证了毛泽东关于把马列主义与中国社会主义建设的具体实际并且和今后世界革命的具体实际尽可能好一些地结合起来的发展道路和前途的判断。这就是毛泽东具有伟人气质、气势和远见卓识的伟大预言。”

“风雷动,旌旗奋,是人寰。”可以断言,再过 50 年,中华民族将完成翻天覆地的伟大复兴。而毛泽东的名字,将和这个伟大民族过去的觉醒、今天的崛起和将来的腾飞永远联系在一起。

七　律

有　所　思

一九六六年六月

正是神都有事时，又来南国踏芳枝。
青松怒向苍天发，败叶纷随碧水驰。
一阵风雷惊世界，满街红绿走旌旗。
凭阑静听潇潇雨，故国人民有所思。

写作背景

《七律·有所思》这首诗，是毛泽东诗词中一首直接描写"文化大革命"的作品，其写作时间和"文化大革命"爆发的时间正好吻合。

为了深入解读这首诗，我们首先要深入解读"文化大革命"是在什么样的社会大背景下发生的，毛泽东发动"文化大革命"的主要依据是什么，这场大革命为什么要采取极端的方式，它是怎样发动起来的。

进入20世纪60年代以后，国际形势发生复杂深刻的变化，特别是中苏关系由于意识形态上的激烈争论和苏联的霸权主义行径日益恶化，社会主义阵营和国际共产主义运动因此陷于分裂，面对当时社会主义各国、国际共产主义运动内部正在发生的这种深刻变化，毛泽东认为，世界上绝大多数共产党、工人党变成修正主义了，中国也面临着资本主义复辟的危险。

1966年5月4日至26日，中共中央政治局扩大会议在北京召开，会议于5月16日通过《中国共产党中央委员会通知》（后来被简称为《五一六通知》）。这个通知事前经过毛泽东七次修改，反映了他对当时党和国家政治形势的错误估计。他在修改过程中亲笔加写了这样一段话："混进了党里、政府里、军队里和各种文化界的资产阶级代表人物，是一批反革命的修正主义分子,一旦时机成熟,他们就会要夺取政权,由无产阶级专政变为资产阶级专政。这些人物,有些已被我们识破了,有些则还没有被识破,有些正在受到我们信任,被培养为我们的接班人,例如赫鲁晓夫那样的人物,他们正睡在我们的身旁,各级党委必须充分注意这一点。”这些严重不符合我们党实际情况的错误估计和论点,就是毛泽东发动“文化大革命”的主要依据,通过的《五一六通知》,成为发动“文化大革命”的纲领性文件。

《五一六通知》发出后,毛泽东在寻找自下而上地发动群众的突破口,以形成对“修正主义”的强大社会压力。恰在这时,北京大学哲学系党总支书记聂元梓等七人于5月25日在校园内公开贴出第一张大字报,号召说:“一切革命的知识分子,是战斗的时候了”“打破修正主义的种种控制和一切阴谋诡计,坚决、彻底、全部、干净地消灭一切牛鬼蛇神、一切赫鲁晓夫式的反革命的修正主义分子”。康生随即将聂元梓大字报的内容抄寄给当时离京南行的毛泽东。

6月1日晚,按毛泽东指示,新华社全文播发了聂元梓等人这张后来被称为“全国第一张马列主义的大字报”。同一天,已由陈伯达带领工作组接管的《人民日报》发表《横扫一切牛鬼蛇神》的社论,鼓动群众起来“横扫盘踞在思想文化阵地上的大量牛鬼蛇神,把所谓资产阶级的‘专家’‘学者’‘权威’‘祖师爷’打得落花流水”,号召彻底“破除几千年来一切剥削阶级所造成的毒害人民的旧思想、旧文化、旧风俗、旧习惯”。次日,《人民日报》刊载聂元梓等人的大字报,同时发表欢呼这张大字报的评论员文章。此后,短短几天里,全国几乎所有的大、中学校都出现了学生造反的“革命行动”。10月后,由批判资产阶级反动路线引发的造反浪潮,开始扩展到工农业领域,严重干扰了国民经济的正常运行。到1966年底,经过七个多月的发动,“文化大革命”终于以难以阻挡之势全面展开了。

为什么毛泽东发动的“文化大革命”要抛开党的各级领导,采用群众造反的"革命行动"？这是因为他认为过去几年的农村"四清"、城市"五反"和意识形态领域的批判，都已不能解决问题，只有采取断然措施和极端形式，公开地、全面地、由下而上地发动广大群众，才能揭露党和国家生活中的阴暗面，把被所谓"走资派"篡夺了的权力夺回来，才能"避免出修正主义"，"防止资本主义复辟"。

1966 年 5 月，中共中央政治局扩大会议在北京召开，毛泽东远在千里之外的杭州，会议由刘少奇主持，由康生向毛泽东汇报请示，但毛泽东一直关注着北京的政局。6月15日，毛泽东离开杭州，途经长沙，于17日回到故乡韶山，在滴水洞住了 11 天。在此，他写下了这首《七律·有所思》。

意境赏析

《有所思》，诗的题目，化用汉无名氏首句"有所思，乃在大海南"。这是毛泽东诗词中一首直接描写"文化大革命"的缘情言志的咏怀诗，最早发表在中央文献出版社 1996 年 9 月版的《毛泽东诗词集》中。

这首诗反映了毛泽东在"文化大革命"爆发初期所独有的复杂心境，表现了对祖国前途、党的事业的深切关注和隐含在心底郁结的思绪。

首联"正是神都有事时，又来南国踏芳枝"。其中："神都"，古代指京城，此处指北京；"有事"，指爆发的"文化大革命"；"南国"，中国南方的泛称；"踏芳枝"，指毛泽东视察南方诸省，时间为华芳时节。首联的意思是：正当北京发生"文化大革命"的时候，又来到南方的杭州、长沙等地来视察。

颔联"青松怒向苍天发，败叶纷随碧水驰"。其中，"青松"喻指革命造反群众；"败叶"喻指"走资派"和所谓资产阶级的"专家" "学者" "权威人士"以及所谓的剥削阶级所造成的旧思想、旧文化、旧风俗、旧习惯等"文化大革命"所要打倒的对象。这句就字面而言，说的是青松勃发，直指苍穹，败叶纷落，随水而流。而隐喻的深层意思是随着"文化大革命”的爆发，革命造反派怒不可遏，义薄云天，那些“文化大革命”所要打倒的对象像秋风扫落叶一样，随水漂流。颔联中没有首联中那“踏芳枝”的轻松感觉，而是在青松怒败叶驰的景象中透露出毛泽东内心中紧张和激烈的情绪。

颈联“一阵风雷惊世界，满街红绿走旌旗”。其中，“风雷”比喻“文化大革命”的激烈声势。这两句是说，刚刚爆发的“文化大革命”像暴风雷霆一样震惊了整个世界，在杭州、长沙等地的大街上，到处是戴着红袖章，穿着绿军装，打着“造反有理”旗帜的游行队伍，浩浩荡荡。这两句透露出毛泽东内心对“文化大革命”的支持和颂扬。

尾联“凭阑静听潇潇雨，故国人民有所思”。“阑”，同栏；“潇潇雨”，骤急的雨势。此句化用宋代岳飞《满江红》：“怒发冲冠，凭阑处，潇潇雨歇。”“故国”，祖国。“故国人民有所思”，化用杜甫《秋兴八首》其四：“鱼龙寂寞秋江冷，故国平居有所思。”尾联是说扶栏听雨，独立深思国运民瘼，显现出对于这场“文化大革命”，毛泽东的心态是自信中有迟疑，坚定中有犹豫和沉重。

解读感悟

《有所思》是诗的题目，表明毛泽东是因何而引发写这首诗的。“有所思”化用唐代杜甫《秋兴八首》其四：“鱼龙寂寞秋江冷，故国平居有所思。”《秋兴八首》其四，描写的是唐都城长安政局不稳、彼此争权夺利，文武官员前程难料，西北边境的动乱没有平息，远在夔州（今重庆奉节）江岸的诗人杜甫，对居住过多年的京都故国家园不胜思怀：“鱼龙寂寞秋江冷，故国平居有所思。”毛泽东此时对杜甫思考的政局、边患、衣冠人物、鱼龙寂寞等感怀引起共鸣，并激荡起他的诗情，于是便改动“平居”二字突出“人民”，融入杜诗成为对国家命运和人民疾苦的浩叹。

这首诗的主旨和基调是颂扬“文化大革命”的。这不仅从颔联和颈联描写的内容表现出来，而且从这首诗原稿的题目《七律·颂大字报（有感)》也透露出来。“颂大字报”,实际就是颂“文化大革命”。因为“文化大革命”就是以北京大学聂元梓等七人于1966年5月25日在校园内公开贴出大字报,向北京大学党委和北京市委发难为突破口的。5月底,北京清华附中十几名学生就自发集会,成立了全国第一个红卫兵组织,北京的其他中学也相继建立起类似的学生组织。清华附中红卫兵的大字报声称:“革命就是造反,毛泽东思想的灵魂就是造反”,“不造反就是百分之一百的修正主义”,“我们就是要把火药味搞得浓浓的”,“来一场大搏斗、大厮杀”,“把旧世界打个天翻地覆,打个人仰马翻,打个落花流水,打得乱乱的,越乱越好!”毛泽东赞扬这两张大字报,认为清华附中红卫兵的行动“说明对反动派造反有利”,表示“不论在北京,在全国,在‘文化大革命’运动中,凡是同你们采取同样革命态度的人们,我们一律给予热烈的支持”。

8月7日,中央政治局常委扩大会议印发毛泽东8月5日写的《炮打司令部——我的第一张大字报》。

从此,大字报就成为革命造反派在“文化大革命”中采取的对他们所谓的反动“专家”“学者”“学术权威”和“走资派”进行揭露批判斗争的一个重要阵地和形式,铺天盖地,遍及全国。

由上述事实看出,毛泽东颂大字报,实际上就是赞颂“文化大革命”,由此不难理解,《七律·有所思》就是赞颂“文化大革命”的。

此诗的一个重要特点是:一方面显示出毛泽东控驭现实进程的雍容心态。如首联,“正是神都有事时,又来南国踏芳枝”,对其估计的黑云压城的严重政治形势仅以“有事”二字轻轻带过,接着以“南国踏芳枝”的雅致,将天空阴霾化为柳暗花明的景观,直使人想起他畅游长江时“不管风吹浪打,胜似闲庭信步”,表现出他在“文化大革命”爆发之际的闲适心态。另一方面,诗的尾联“凭阑静听潇潇雨,故国人民有所思”又暗喻了他的救治之方一下子尚难见底的沉郁心思。在写《七律·有所思》后不久的7月8日,他在给江青的信中说:“全世界一百多个党,大多数的党不信马列主义了,马克思、列宁也被人们打得粉碎了,何况我们呢?”信和诗都融入毛泽东对党和国家前途命运的浩叹,表达的是一样的悲壮苍凉心境和沉郁忧虑情怀。我们究竟应怎样看待“文化大革命”呢?

十年“文化大革命”的实践证明,它根本不是任何意义上的革命或社会进步,而只是一场由领导者错误发动,被反革命集团利用,给党、国家和各民族人民带来严重灾难的内乱,使党、国家和人民遭到新中国成立以来最严重的挫折和损失,使全国人民艰苦创建的社会主义事业遭到前所未有的浩劫。

在“文化大革命”的中途,发生了一场惊心动魄的事件,人们清楚地看到,鼓吹个人崇拜最给力的林彪竟然企图阴谋杀害他所高呼的“伟大的导师、伟大的领袖、伟大的统帅、伟大的舵手”,由党章规定的接班人叛逃出国,新擢升的六名中央政治局委员竟然一同从事反革命活动,等等。这一具有极大尖锐性的事件促使人们严肃思考:“文化大革命”给党和国家带来的是什么结果、什么前途?“文化大革命”究竟是不是必要的,有没有合理性?“天下大乱”能不能导致天下大治?中国究竟有没有面临资本主义复辟的危险?无产阶级专政下要不要这样的“继续革命”?“文化大革命”能不能给中国各阶层的人民带来任何利益?“文化大革命”前期究竟依靠的是什么社会力量?它所造成的巨大损失和巨大灾难有什么借鉴?继续下去还有什么意义?“九一三事件”客观上宣告了“文化大革命”理论和实践的失败,它的尖锐性和突发性是毛泽东始料未及的,毛泽东也由此陷入极大的痛苦和矛盾之中。

跋

在纪念毛泽东同志120周年诞辰的背景下，王晓东先生编著了《毛泽东诗词解读》一书，具有其特殊的意义。王晓东先生一生从事教书育人的教育工作，酷爱毛泽东诗词。为了表达对毛泽东的崇敬、缅怀和追思之情，传承文化血脉，建设精神家园，他从2010年起开始编著《毛泽东诗词解读》。在此期间，他克服身体疾病，查找资料，字斟句酌，深入研究，其精神实在难能可贵。《毛泽东诗词解读》著述的出版，为我们研读毛泽东诗词，弘扬中国革命传统，践行社会主义核心价值观提供了又一个可供阅读的读本。

毛泽东是伟大的马克思主义者，无产阶级革命家、军事家、哲学家，也是成果卓著的诗人，诗词理论家。作为政治家的诗人、诗人的政治家，他为我们留下了丰富且充满独特风采的诗词作品。作为开国元勋的诗论家、词论家，诗论家、词论家的开国元勋，他为我们留下了独树一帜且彪炳千秋的诗词理论。毛泽东作为人民领袖，为中国共产党和中国人民解放军的创立和发展，为中华人民共和国的缔造和社会主义事业的发展，建立了不可磨灭的功勋。作为诗人、诗评家，他也为中国文化建设乃至世界文化的发展，做出了永载史册的贡献。他的伟大功绩，将永远镌刻在中华民族伟大复兴的历史丰碑上，中国人民永远铭记在心。

一位外国友人曾评价毛泽东说,“一个诗人赢得了一个新中国”。我们说毛泽东不仅赢得了一个新中国,而且还给我们留下了许多影响深远的宝贵的文化遗产——诗词创作和诗词理论。毛泽东诗词是人类诗歌宝库中的瑰宝,是我国传统诗词创作的一朵奇葩。毛泽东诗词作品,激扬文字、气象万千、豪迈奔放、大气磅礴,表现出坚强的革命意志、高尚的革命情操、澎湃的乐观主义精神,给人以强烈的震撼和巨大的鼓舞。在题材开拓方面,他打破历代诗词创作多以反映个人生活和思想情绪为主的艺术倾向,以波澜壮阔的社会革命和社会建设背景为创作题材,以革命家和艺术家的独特感受,史诗般地再现了中国革命风起云涌的历史画卷,使诗词创作进入一个前人所没有触及的新领域。在言志抒情、形象思维、意境想象、格律辩证、文采诗味等方面,他一扫古体诗词怀旧陈腐之气,注入生机、别开生面、承古开今、大气魄、大胸怀、追求新意,取得了前人所未有的卓著成绩,为我们留下了一份可贵的文化遗产。

诗评界共同认为毛泽东留下的这份文化遗产,具有三个鲜明的特点:从意境内涵讲,毛泽东诗词具有鲜明的革命史诗性质。迄今为止,中央文献研究室正式认定的毛泽东67首诗词(正编42首由毛泽东自己审定,附编25首由中央文献研究室审定),深刻地反映了中国革命与建设每一历史时期的重大事件,构成了丰富、曲折、壮丽的中国革命史诗画卷,也展现出人民领袖与中国人民在革命与建设中丰富的感情与心灵的脉动。从创作方法讲,毛泽东诗词是革命现实主义与革命浪漫主义相结合创作的艺术奇葩。毛泽东用共产主义世界观观察社会,将无产阶级远大理想与对现实生活的进取精神相结合,将革命英雄主义气概与脚踏实地的务实进取相结合,既有革命斗争的精神,也有细腻丰富的感情,还有对美好未来的追求。用这种两结合精神创作出的诗词,无疑是人类艺术史上的珍品。从艺术风格讲,毛泽东诗词“偏于豪放、不废婉约”,主导崇高、雄浑、豪放,亦有壮美、清丽、婉约。他擅长古为今用、推陈出新,巧妙运用神话、寓言、典故,吸收民间俚语、俗语、歌谣入诗入词,转借名人诗词佳句为己用,化腐朽为神奇,达到了当代古体诗词创作的艺术高峰。柳亚子先生读毛泽东诗词后,曾以“推翻历史三千载,自铸雄奇瑰丽词”的诗句赞颂。贺敬之同志评述毛泽东诗词时曾说:“毛泽东诗词以其前无古人的崇高优美的革命感情、遒劲伟美的创造力量、超越奇美的艺术思想、豪华精美的韵调辞采,形成了中国悠久的诗史上风格绝殊的新形态的诗美,这种瑰奇的诗美熔铸了毛泽东的思想和实践、人格和个性。在漫长的岁月里,可以毫不夸张地说,几乎是风靡了整个革命诗坛,吸引并熏陶了几代中国人,而且传唱到了国外。”

毛泽东生前曾多次说过:“我一辈子最大的爱好是读书。”毛泽东一生阅读、背诵、钻研、批注、评说、创作过多少古体诗词,可能永远是个谜。据中南海毛泽东故居图书管理组张贻玖统计,毛泽东在新中国成立后圈点批注过的诗词曲赋目录,总计达 1590 首。其中包括 1180 首诗、378 首词、12 首曲、20 篇赋,涉及诗人 429 位。至于读过而散佚的诗词和读过而未留下印记的诗词,则无法统计。由中央档案馆编辑出版的《毛泽东手书古诗词选》,就收录了毛泽东亲笔书写的古体诗词 117 首。中央文献研究室为纪念毛泽东120周年诞辰编辑《毛泽东年谱》(新中国成立以后)和《毛泽东读书集成》。《毛泽东读书集成》共 11 编,其中收入文学、艺术两编。文学编收入毛泽东阅读过的图书 437 种。其中包括诗词集、文集、随笔杂文集、小说集、文学理论集、古代文论、外国文学集等。在毛泽东大量阅读和圈点的图书中,我们可以看到,毛泽东是怎样从中国传统文化中继承优秀文化遗产,结合历史发展和社会生活变化,古为今用、推陈出新,创作出符合时代要求、反映历史发展和社会生活,受到人民大众广泛欢迎的诗词的。

我十分赞同王晓东先生研读毛泽东诗词“诗史合一、相得益彰”的观点。因为毛泽东是伟大的政治家,作为政治家的诗人,毛泽东整个的诗词创作是与中国革命和建设的历史紧密联系在一起的。在争取国家独立、民族解放、人民当家做主的漫长革命斗争中,毛泽东致力于探索具有自己特色，即与中国革命和建设发展紧密联系的创作道路，为我们留下了许多不朽的诗篇。毛泽东学生时代的诗词，反映出其求学的抱负和志趣。参加中国共产党后的诗词，抒发了作者投身革命的决心和为理想而奋斗的情怀。1927年领导秋收起义，投身农村土地革命运动，在赣西南、闽西创建中央革命根据地的诗词，记述了秋收起义、井冈山与中央苏区时期的峥嵘岁月。1934年中国工农红军实施伟大的战略转移，开始进行二万五千里长征，这段时期留下的诗篇，反映了中国工农红军不畏艰险、排除万难、誓将革命进行到底的大无畏英雄气概。抗日战争、解放战争时期，党领导各族人民群众，战胜国内外敌人，夺取中国新民主主义革命的伟大胜利，毛泽东诗词见证了这一时期的光辉历程。中华人民共和国成立以后，毛泽东诗词创作进入一个新的发展时期。新中国成立后百废待兴、任务艰巨，面对国际国内错综复杂的形势，中国共产党人要探索自己建设社会主义的发展道路。毛泽东诗词又深刻反映了这段历史时期曲折艰难的过程。毛泽东诗词谈古论今，评点风流人物，总结历史经验，表达出对社会主义宏伟事业的自豪和自信。面对全球反华势力政治上孤立、经济上封锁的种种罪恶行径，毛泽东诗词批判霸权主义和修正主义，赞颂革命战斗精神和英雄主义豪情，表露了他的雄壮心境和领袖节操。“文化大革命”期间，世事纷纭，人民江山靠谁守？毛泽东的诗篇又反映出对这场政治运动的深刻思考和复杂心境。毛泽东作为政治家的诗人，伟大民族英雄，中华人民共和国奠基人和开国元勋，给我们留下了许多千古不朽的光辉诗篇。这些诗篇体现了中国共产党领导中国人民在漫长的革命斗争和经济、文化建设进程中，历经千难万险，在世界历史发展进程中，在中华大地上演绎的无与伦比的伟大史诗。

我也十分赞同王晓东先生对毛泽东诗词“豪放婉约、名句格言、寓意深刻、诗词大家”的评价。毛泽东诗词作为中华民族的精神财富，是对中华古体诗词的继承、创新、超越和发展。毛泽东诗词创作源于古体诗词，但又高于古体诗词，在许多方面有所创新、有所突破、有所超越。毛泽东曾经说过："对于过去时代的文艺形式，我们也并不拒绝利用，但这些旧形式到了我们手里，给予改造，加进了新内容，也就变成革命的为人民服务的东西了。"从毛泽东诗词看，大至国家前途、民族命运、人民疾苦，小至个人忧乐、友情亲情、赋诗唱和，几乎涵盖社会生活与个人感情各个方面，古体诗词旧形式都有了新内容、新跨越。"军旅征战""托物咏志""咏史鉴今""借事咏物""吟情咏事"等类诗词，就将历代诗人词家没有涉及或无法涉及的，全新的题材内容展现在世人面前。如"问苍茫大地，谁主沉浮"的人生志向，"收拾金瓯一片，分田分地真忙"的土地革命战争，"战地黄花分外香"的革命正义战争，"枯木朽株齐努力"的人民战争，"太平世界，环球同此凉热"的和谐世界，"红军不怕远征难"的英雄气概，"世上无难事"的坚定信念，"数风流人物，还看今朝"的唯物史观，"一唱雄鸡天下白"的新中国诞生，"一桥飞架南北，天堑变通途"的社会主义建设成果，"要扫除一切害人虫，全无敌"的革命理念，这些诗例无不与时俱进、紧扣时代脉搏和跃动着时代精神，不仅让人耳目一新，得到思想上的教益、艺术美的享受，还从中看到了传统中华诗词的新生和发展道路。《卜算子·咏梅》是毛泽东诗词在意境上创新的典型代表作。毛泽东在读到宋人陆游咏梅词时，"反其意而用之"，写下了"风雨送春归，飞雪迎春到。已是悬崖百丈冰，犹有花枝俏。俏也不争春，只把春来报。待到山花烂漫时，她在丛中笑"的咏梅绝美词篇。陆游的《卜算子·咏梅》："驿外断桥边，寂寞开无主。已是黄昏独自愁，更著风和雨。无意苦争春，一任群芳妒。零落成泥碾作尘，只有香如故。"在意境的对比中，我们可以清晰地看到毛词的咏梅和陆词的咏梅，在词的格调、思想内涵、时代精神等方面的截然不同。陆游借梅花抒发个人不得志的情怀和洁身自好的品质，不向腐朽势力低头的气节，在自我的圈子里孤芳自赏。毛泽东则借梅花以言志，从国家和民族利益出发，在当时国际上反共反华势力的大合唱中，希望中国共产党人和真正的爱国者，任何时候都要具有梅花的坚定意志，狂风袭来时头脑清醒不迷，冰天雪地中不畏严寒，坚信尽管严冬来袭，繁花似锦的春天仍会俏立人间。毛泽东诗词在形象上的创新，为现代版的诗词写作开了新局面，提供了新样板。毛泽东诗词所描写的形象涵盖了人物、动物、植物、山川、河流等宇宙万物，鲜活准确，富有新意，多有创新。例如，在人物形象的选取上，一改传统诗词帝王将相、才子佳人占主导地位的情景，他所描写的、歌颂的是以人民为主的工农兵大众的群体形象。如"唤起工农千百万""三军过后尽开颜""百万雄师过大江""六亿神州尽舜尧""遍地英雄下夕烟""农民个个同仇""中华儿女多奇志""好八连，天下传"等群众形象。"人民，只有人民，才是创造历史的动力"，是毛泽东毕生存于心中的结缘之点。这些形象正是"人民"在诗词中的展现。这些是古人不能做到，也无法做到的。在对人物的描写上，毛泽东诗词观点明确，爱憎分明，形象鲜活。"眼角眉梢都似恨，热泪欲零还住""恰同学少年，风华正茂；书生意气，挥斥方遒""把酒酹滔滔，心潮逐浪高""赣水那边红一角，偏师借重黄公略""齐声唤，前头捉了张辉瓒""飒爽英姿五尺枪""谁敢横刀立马？惟我彭大将军""昨天文小姐，今日武将军""外侮需人御，将军赋采薇""孤鸿铩羽悲鸣镝，万马齐喑叫一声"，情感炽烈，褒贬适度，从前人的戒律中走出来，形成个性鲜明，具有时代特色的人物形象。写诗就要讲格律、押韵，毛泽东尊重并继承古典诗词创作格律，但又有所超越。毛泽东诗词中绝大部分完全符合古典诗词的韵律。但格律终归是一种形式，它必须为内容服务。毛泽东深谙格律，谨于格律，但不为格律所拘。例如，《为李进同志题所摄庐山仙人洞照》末句"乱云飞渡仍从容"是三平韵，毛泽东诗词宁可突破韵律而不因律害义。《沁园春·雪》中的"成吉思汗"四个字，《念奴娇·昆仑》中的三个"一截"以及《十六字令三首》中的"离天三尺三"等，都突破韵律，但这都是格律所允许的适度"容变"，突破韵律的通行变格。毛泽东诗词在继承传统上做了全新的开拓，使格律形式为内容服务，显现出强大的新的鲜活的生命力。这些不合韵律的地方，并不影响整首诗词的意境和优美，依然是中华诗词发展史上的绝唱和精品。这是毛泽东对诗词格律要求押韵、对仗、平仄的创新与超越。

毛泽东诗词作为中华古体诗词的杰出楷模，是指引中华古体诗词从低谷走向复兴的旗帜。1919年爆发的“五四”运动，为中国新文化运动开辟了新的前进方向。可是在砸烂“孔家店”，打倒“孔夫子”的喧嚣声中，诗词也被当作“污泥浊水”彻底抛弃。谬种流传，铲除妖孽。是毛泽东、朱德等老一辈革命家以及鲁迅、郭沫若等一批文化大家，以海纳百川的胸怀，在长期的革命征程与社会生活中，一直把诗词这种古老艺术形式，作为表达思想情感的载体，弘扬真善美的平台，抨击假丑恶的利器，挽救了古体诗词的衰败之势。若说毛泽东诗词对中华诗词发展的最大贡献，莫过于启迪人们创作古体诗词时，要将新的时代内涵同旧的艺术形式实现协调一致，完成“中国古典诗词表现现实生活的现代转型”。毛泽东诗词虽是旧体，但它把美景、深情、大事、哲理、理想融为一体，其内容使诗情、诗思、诗意、诗味都达到新时代孕育的高度，让人看到中国人民鲜活的精神面貌和生活姿影。毛泽东老一辈革命家诗词广泛流传，不仅彰显了旧体诗词的魅力和生命力，对于旧体诗词保护与传播，也起到了无可代替的作用。中华诗词因毛泽东诗词而正名，摆脱了强加在其身上的枷锁，使人们重新认识了古体诗词。在学习、普及毛泽东诗词的过程中，人们感受到了中华诗词的无穷魅力。在毛泽东诗词的感召和指引下，许多人开始学习写作诗词作品，并逐步形成了一定数量的作者群体，这也使中华诗词这朵古老的艺术之花，重新登上了社会主义文化的大雅之堂。在2012年中央国家机关在京组织的诗词创作评选中，截至12月30日，共有中央国家机关70个部门参加，参选诗歌作品6万多首，其中很大一部分是古体诗词。在由中华诗词学会、光明日报社、中央电视台等单位组织的“诗中国”当代诗歌创作比赛中，参赛的诗歌有3万多首，评出获奖作品260多首。手机信息参赛诗歌1.29亿首，其中很大一部分也是古体诗词。两次诗歌评奖与比赛，参赛人数、组织规模都是盛况空前的。这是中华古体诗词创作的崛起、复兴与繁荣。

我补充一点，关于中华诗词的发展道路。毛泽东在给臧克家等同志的信中说："诗当然应以新诗为主体，旧诗可以写一些，但不宜在青年中提倡，因为这种体裁束缚思想，又不易学。"时隔两天，毛泽东又一次约臧克家和袁水拍等人谈诗，补充说："新诗的发展，要顺应时代的要求，一方面要继承传统诗歌，包括古典诗歌和五四以来革命诗歌的传统，另一方面要重视民歌。诗歌的形式，应该比较精练，句子大体整齐，押大致相同的韵，也就是说具有民歌的风格。"1958年，毛泽东在成都会议上发表了《关于中国诗的出路》的讲话："我看中国诗的出路恐怕是两条：第一条是民歌，第二条是古典，这两方面都提倡学习，结果产生一个新诗。现在的新诗不成型，不引人注意，谁去读那个新诗？将来我看是古典同民歌这两个东西结婚，产生第三个东西。形式是民族的形式，内容应该是现实主义与浪漫主义的对立统一。" 1965 年，毛泽东谈诗时说："旧体诗词源远流长，不仅像我们这样的老年人喜欢，而且像你们这样的中年人也喜欢。我冒昧叫一声，旧体诗词要发展，要改造，一万年也打不倒。因为这种东西最能反映中华民族和中国人民的特性和风尚，可以兴观群怨嘛！怨（哀）而不伤，温柔敦厚嘛！"他还说："就我的兴趣说，则偏爱格律的……我不喜欢新诗，也不反对人家写新诗。""格律诗和新诗，都应该在发展中改造。""格律诗是打不倒的，除非有更好的东西代替它。至于新诗，也打不倒，青年人喜欢嘛！""新诗的作者，要学习格律诗的含蓄、凝练……格律诗要学习民族的时代色彩、乡土气息和人民情感……新诗、格律诗、民歌会不会取长补短，发展成为中间式的真正的新诗？我希望有那么一天。"毛泽东新诗发展道路论述发表后，旧体诗词以毛泽东为榜样，逐步发展壮大。旧体诗词独具特色的形式美、意境美、诗意美，深受人民群众的爱戴，旧体诗词创作与欣赏也成为一种独善其身、修身养性、滋养性灵、陶冶文心的良好方式。现在毛泽东诗词已成为中国人民家喻户晓、耳熟能详的艺术瑰宝，我们相信，毛泽东诗词必将成为指引中国诗歌发展的不朽丰碑。我们要学习、宣传、研究毛泽东诗词，用其指导诗词创作艺术实践，开创新旧体诗词创作双水分流、同奔未来的新局面，为诗坛词坛百花盛开浇水施肥，做出贡献。

王晓东先生未能看到自己竭尽心血完成的《毛泽东诗词解读》著述的出版,已成为永远无法弥补的历史遗憾。然而,他对毛泽东诗词的解读和研究,将借助《毛泽东诗词解读》著述的出版,不断产生积极和广泛的影响,因为这是对学习、研究和宣传毛泽东诗词,传承并促进中华诗词文化发展和交流所做出的长久的贡献。

中国毛泽东诗词研究会副会长

陶国斌

2014年4月10日